TOUT

D0932652

SUR LA
CUISINE
AU
BARBECUE

TOUT
SUR LA
CUISINE
AU
BARBECUE

Plus de 100 recettes savoureuses pour
faire griller presque tout

Dale Irvin et Jennifer Jenkins

Traduit de l'anglais par
Lorraine Gagné

ADA
éditions

Copyright © 2000 F+W Publications, Inc.
Titre original anglais : The Everything Barbecue Cookbook
Copyright © 2010 Éditions AdA Inc. pour la traduction française
Cette publication est publiée en accord avec Adams Media, Avon, Massachusetts

Éditeur : François Doucet
Traduction : Lorraine Gagné
Révision linguistique : Isabelle Veilette
Correction d'épreuves : Nancy Coulombe, Marie-Yann Trahan
Montage de la couverture : Matthieu Fortin, Sylvie Valois
Design de la couverture et illustrations : Barry Littmann
Mise en pages : Sylvie Valois
ISBN : 978-2-89667-022-2
Première impression : 2010
Dépôt légal : 2010
Bibliothèque et Archives nationales du Québec
Bibliothèque Nationale du Canada

Éditions AdA Inc.
1385, boul. Lionel-Boulet
Varennes, Québec, Canada, J3X 1P7
Téléphone : 450-929-0296
Télécopieur : 450-929-0220
www.ada-inc.com
info@ada-inc.com

Diffusion
Canada :   Éditions AdA Inc.
France :   D.G. Diffusion
                     Z.I. des Bogues
                     31750 Escalquens — France
                     Téléphone : 05.61.00.09.99
Suisse :   Transat — 23.42.77.40
Belgique :   D.G. Diffusion — 05.61.00.09.99

Imprimé au Canada   ⎰ODEC

Participation de la SODEC.
Nous reconnaissons l'aide financière du gouvernement du Canada par l'entremise du Programme d'aide au développe-
ment de l'industrie de l'édition (PADIÉ) pour nos activités d'édition.
Gouvernement du Québec — Programme de crédit d'impôt pour l'édition de livres — Gestion SODEC.

Catalogage avant publication de Bibliothèque et Archives nationales du Québec et Bibliothèque et Archives Canada

Irvin, Dale
        Tout sur le barbecue : plus de 100 recettes savoureuses pour faire griller presque tout
        Traduction de: The everything barbecue cookbook.
        ISBN 978-2-89667-022-2
        1. Cuisine au barbecue. I. Jenkins, Jennifer. II. Titre.

TX840.B3I7814 2010   641.5'784   C2009-941980-7

Table des matières

Introduction

▶ Tous les weekends de l'été, dans chaque cour, d'un littoral à l'autre littoral à l'autre littoral (j'inclus Hawaii comme un autre littoral), des signaux de fumée jaillissent de partout signifiant que tous les barbecues sont en action. Hamburgers, biftecks, poulet et aliments au goût de poulet sont jetés sur les barbecues brûlants par des adultes, hommes et femmes, revêtus de tabliers portant des inscriptions du genre «Embrassez le chef».

Ah, qu'est-ce qui peut se comparer à l'odeur de la viande ou du poisson en train de rôtir sur le gril! Organiser un barbecue est un Évènement avec un É majuscule, une Expérience avec Euphorie et une fête pour le goût et l'odorat. C'est parce que ce sont des repas préparés en plein air, nous reliant à la Terre, à la nature sauvage et au gazon que notre conjointe nous demandait de tondre depuis plus de trois semaines. De plus, pour la plupart d'entre nous, faire un barbecue nous rappelle toutes sortes de souvenirs.

Vous vous souvenez des pique-niques avec la famille lorsque papa brûlait tous les hot-dogs? Vous vous rappelez que nous devions manger les pains avec seulement du ketchup sans dire un mot? Je me rappelle les moustiques, les fourmis, les abeilles et les autres insectes bien décidés à se joindre à nous. Nous avions peur de mettre le feu au parc national. Vous vous rappelez que l'on oubliait toujours quelque chose? Et le poulet qui n'était pas assez cuit; nous espérions qu'il ne contenait pas de salmonelle.

Et par-dessus tout, les enfants détestaient entendre les adultes se chamailler.

— Darla, où as-tu placé les gants de cuisinier?

— Je pensais que tu les avais apportés, Ed.

— Pourquoi les aurais-je apportés? Ils étaient dans la cuisine, et c'est toi qui t'occupes de la cuisine!

— Je n'ai jamais dit que je les avais apportés et je ne les ai pas apportés!

— Comment veux-tu que je cuisine sans gants de cuisinier? Bon, je peux utiliser mon chandail. Aïe! C'est chaud!

Et ainsi de suite.

Et il s'ensuit le voyage à l'hôpital pour traiter les brûlures ou les contusions.

C'est beaucoup plus qu'un prix psychologique à payer pour avoir mal cuisiné en plein air. Ceci a coûté beaucoup, beaucoup d'argent au pays. Pas seulement en nourriture jetée dans les poubelles des parcs publics, mais en millions et millions de dollars de psychothérapie pour les enfants — ces pauvres victimes des guerres familiales appelées aussi «Cuisson en plein air».

Il n'en a pas toujours été ainsi. Il y a très, très longtemps, lorsque les hommes dont les bras velus trainaient par terre et portaient les cheveux à la taille, on cuisinait en plein air tous les jours. Tous les jours, non seulement parce que l'homme n'avait pas encore inventé l'électricité, les fours à micro-ondes ou les fours à convection, mais aussi parce que faire rôtir un masto-donte prenait beaucoup, beaucoup de temps. En réalité, longtemps avant que GE ou Whirlpool ou Thermador (ou leurs filiales, compagnies auxi-liaires et imitations) existent, il n'y avait que l'homme et le feu.

Les hommes primitifs faisaient cuire leur viande sur le feu parce qu'ils n'avaient pas d'autre choix et que c'était bon. De nos jours, plusieurs veu-lent revenir à la cuisine primitive, près de la nature. Aujourd'hui, les gens modernes comme les jeunes professionnels, les banlieusards et les hommes nommés Fern ont modernisé la cuisson en plein air. Ne voulant plus faire rôtir de mammouths laineux, nous exigeons de pouvoir faire cuire des plats comme du poulet vietnamien avec pois mange-tout et un succulent canard au gingembre avec des légumes printaniers. Nous, les humains, avec la conjonction de nos palais évolués et de notre bravade pour faire cuire des aliments dans la nature, avons créé une passion pour ce que l'on appelle «cuisine en plein air». (Nos ancêtres aux bras poilus disaient «mog», mais ceci est un sujet pour un autre livre.)

La cuisson en plein air ne sert plus seulement à faire cuire un repas, mais c'est aussi l'extériorisation du statut et de la masculinité. «Quelle puis-sance a ton barbecue?» demandent les hommes à leur voisin, par-dessus la clôture, à travers l'Amérique. La cuisson en plein air est maintenant une question de prestige, de classe et du genre de combustible utilisé.

On a remplacé les briquettes de charbon de bois par des grils fonctionnant au gaz, qui coûtent plus cher que la première maison de mes parents. Contrairement à leurs prédécesseurs, les «grilleurs» d'aujourd'hui ne se contentent pas de faire cuire leurs côtelettes sur des charbons fumants, ils doivent avoir les appareils dernier cri. Dans les premiers temps de l'histoire du barbecue, même la conscience du pouvoir du feu était à son début. Plus maintenant. La cuisson en plein air est devenue très sophistiquée. Tellement sophistiquée que l'ensemble de barbecue du patio (ces propriétaires urbains qui combinent leur amour du plein air avec le fait que le seul espace extérieur qu'ils possèdent est un patio en béton de 6 x 8 au troisième étage) peut facilement coûter 5000 $ et plus pour une installation complète.

Récemment, j'ai été choqué quand j'ai feuilleté un catalogue d'équipements extérieurs et que j'ai découvert un gril qui coûtait 5000 $ US. Je dois dire toutefois que ce n'est pas un gril ordinaire. Le Pro-Gril 2000 (ce n'est pas le vrai nom) offre plus de un million de BTU — et nous savons tous que ceci est très important — et remplace les briquettes de charbon de bois par des «grilles aromatisées» pour donner un goût ultime. Si vous êtes le propriétaire d'un Pro-Gril 2000, vous pouvez regarder fièrement les autres de haut et dire : «Je possède plus d'argent que j'en ai besoin et je suis prêt à le dépenser pour des choses comme celle-ci.»

Donnez-moi un sac de briquettes de charbon de bois, quatre litres de combustible liquide et une caisse de bière, et je puis vous assurer que vous ne pourrez pas faire la différence entre mes hot-dogs et ceux qui ont été cuits sur le Pro-Gril 2000. Et avec tout l'argent que j'économiserai, je pourrai acheter ce dont j'ai le plus besoin pour la saison des barbecues, soit le produit antimoustiques.

Mais que votre barbecue soit dans la ligne des Cadillac des grils ou que vous fassiez la cuisson sur une grille à gâteau et du papier d'aluminium, c'est ce livre qui vous aidera à faire la différence entre carbonisé et agréable, carcasses et cuisine, et médiocre et marinade. Vous deviendrez un professionnel. Avec nous, vous êtes entre bonnes mains.

Voici la véritable question à laquelle ce livre répond : est-ce que vous pouvez préparer un festin appétissant pour 12 personnes sur votre barbecue?

Pouvez-vous cuisiner quelque chose de si exquis qu'elles voudront revenir le weekend prochain? Voulez-vous qu'elles reviennent le weekend prochain? La réponse à toutes ces questions est un OUI retentissant!

Nous vous enseignerons la façon d'allumer un feu, avec quoi l'allumer, puis comment le maintenir. Vous apprendrez comment évaluer le degré de chaleur de vos briquettes sans pour autant avoir à vous brûler les doigts pour vérifier. Vous apprendrez des choses vraiment importantes au sujet de la conservation des aliments et de la sécurité afin que vous puissiez prévenir, vous aussi, le botulisme.

C'est un manuel complet au sujet de la cuisson sur le gril. Il y a de tout, vraiment de tout, sinon «tout» ne ferait pas partie du titre. Vous trouverez des recettes pour tout, des plats d'accompagnements aux flans de bœuf. Vous apprendrez comment fumer la viande, les différents types de substances utilisées pour ce faire, la différence entre un gril et un fumoir, puis comment réussir un délicieux barbecue, que vous ayez un gril sophistiqué ou que vous le fassiez sur un feu de camp.

Le livre *Tout sur la cuisine au barbecue* vous dira pratiquement tout au sujet de la cuisson sur le gril. Nous vous dirons comment choisir une grille pour faire cuire le poisson afin que ce dernier ne tombe pas entre les interstices et ne brûle sur les charbons de bois. Nous avons des milliers de recettes et toutes sortes d'idées et de conseils sur la sécurité qui impressionneraient même Smokey l'ours*. Nous avons beaucoup appris depuis l'homme des cavernes, et voici le meilleur de ce que nous avons recueilli pour vous.

---

* N.d.T. : Aux États-Unis, mascotte créée pour conscientiser le public aux dangers des feux de forêts.

Chapitre 1

Les différents types de grils

Un voyage de mille kilomètres commence toujours par un premier pas

Ainsi, vous avez décidé de faire le grand pas! Vous avez décidé de devenir un expert dans l'art de la grillade, d'inventer des repas si savoureux que votre nom deviendra synonyme de grands barbecues, pour voir si votre recherche de la grillade parfaite vous parachutera au temple de la renommée de la cuisson au barbecue. Et bien, nous sommes là pour vous dire que vous le pouvez!

Votre état d'esprit détermine votre position vis-à-vis de tout dans la vie, y compris de la cuisine en plein air. Bien sûr, vous devez tenir compte du bon choix des viandes, de la température idéale des briquettes de charbon de bois, des marinades et des assaisonnements adéquats.

Acheter le bon barbecue est ce qu'il y a de plus important si vous voulez devenir un expert dans l'art du gril. Voyons comment choisir l'article parfait pour vos besoins.

Bien que vous soyez invité à l'essayer, un feu à ciel ouvert est une façon très délicate de faire un barbecue. Un feu à ciel ouvert — en opposition à un feu rougeoyant de briquettes de charbon de bois ou à un feu ajustable au gaz — est difficile à maîtriser. Si vous cuisinez à ciel ouvert, il est à conseiller de placer votre viande à l'intérieur d'une grille de métal et de la tenir au dessus du feu. Cette façon est de loin à conseiller au lieu d'utiliser vos propres mains pour tenir la viande.

Connaître votre gril

Il y a quelques termes sophistiqués employés pour décrire les parties d'un barbecue.

Gril. Contenant de la source de chaleur que vous utilisez pour faire cuire les aliments. Des supports sont généralement inclus pour contenir les aliments sur la source de chaleur ou à côté (comme les porte-aliments), et souvent plusieurs autres articles, selon le prix payé.

Foyer. C'est la partie du contenant où se situent le feu, les briquettes de charbon de bois, le bois, ou autres sources de chaleur.

Grille. C'est le porte-aliment en métal qui supporte les aliments sur la source de chaleur ou à côté.

Grille à charbon. La grille à charbon est le support qui contient le charbon ou le bois dans le fond du foyer pour permettre à l'air de bien circuler.

Grille de lave. La grille de lave est le support qui retient les pierres de lave dans le fond du foyer pour permettre à l'air de circuler en dessous et au travers.

Couvercle, capot. Il est muni, la plupart du temps, d'une bouche d'aération pour améliorer la circulation de l'air et d'un thermomètre qui permet de vérifier la température sans avoir à le soulever.

Bouche d'aération. Une bouche d'aération est une simple ouverture, normalement une petite porte, dans le foyer du gril. Lorsqu'elle est ouverte et

Gril au gaz

que le feu reçoit beaucoup d'air, la flamme est très brillante et très forte. Lorsqu'elle est fermée, ainsi que le couvercle, le feu s'éteint graduellement. Elle peut être utilisée pour maîtriser la température du gril.

Bac d'eau. Il contient de l'eau ou un liquide aromatique qui s'évaporera dans les aliments, pour les parfumer ou leur donner de la saveur. Les bacs d'eau sont utilisés dans les fumoirs. Un bac d'eau peut être tout simplement une casserole en aluminium dans tout gril couvert.

Bac d'égouttement. Le bac d'égouttement est utilisé pour recueillir les gouttes de gras qui s'écoulent de la viande lorsqu'une source indirecte de chaleur est utilisée ou que les aliments sont cuits sur une rôtissoire ou à la broche.

Termes de base

Griller sur charbon de bois : Ce terme réfère aux aliments cuits sur un gril à feu très élevé pendant une très courte période de temps.

Rôtir sur charbon de bois : Ce terme réfère aux aliments comme les rôtis, la volaille et les côtes levées qui sont cuits très lentement durant une longue période de temps et qui finissent par avoir une saveur de fumée.

Choisir un gril : Je ne suis qu'un gril qui ne peut dire non

Il y a des grils de toutes les formes, de toutes les tailles et qui comportent différentes conditions sanitaires. Idéalement, vous courez vite à la quincaillerie pour acheter un nouveau gril tape-à-l'œil, avec un couvercle sophistiqué et une rôtissoire électrique. Mais ceci ne vous sera pas tellement utile si vous planifiez cuisiner dans la nature (à moins que vous ayez une très, très, très longue rallonge électrique ou un générateur solaire).

Comme nous ne savons pas où vous avez l'intention de cuisiner, nous ne décrirons que les différents types de grils offerts, et par la suite, vous serez en mesure de choisir. Pour être fonctionnels, les grils n'ont pas vraiment besoin d'être sophistiqués. Ils n'utilisent tous qu'une des quatre chaleurs suivantes : le bois, les briquettes de charbon de bois, le gaz ou l'électricité. L'acheteur a plusieurs options intéressantes, et toutes peuvent être utilisées pour préparer les aliments à différents niveaux de sécurité et de facilité.

Lisez les nombreuses options suivantes et vous pourrez trouver celui qui convient à votre patio, votre cour arrière et votre budget.

Conseils pour la cuisson à ciel ouvert

Lorsque vous cuisinez à ciel ouvert, gardez en mémoire ces conseils dont vous vous rappellerez facilement, car vous retrouvez le mot «FLAME» (flamme).

F pour feu. Repérez un endroit pour faire votre feu. Assurez-vous qu'il n'y a aucun débris aux alentours comme des branches, des feuilles mortes ou des torchons huileux qui pourraient s'enflammer facilement.

L pour lumière. Allumez le feu. Vous pouvez utiliser des allumettes, un briquet, un silex et de l'acier, deux bâtons frottés ensemble rapidement ou une torche à acétylène pour accomplir cette tâche.

A pour amas de cendres. Pour de meilleurs résultats, attendez que les flammes s'éteignent et que les cendres apparaissent dans le foyer. L'apparition des cendres indique que le feu est assez chaud pour que vous puissiez commencer la cuisson et elles agiront comme isolant tout en gardant le feu chaud.

M pour mettre la viande sur le feu et commencer la cuisson!

E pour enfin, vous pouvez commencer à manger!

Réunissez toutes les lettres et vous retrouverez l'épellation du mot FLAME (flamme), à moins que vous mélangiez les lettres; vous pourriez alors avoir LA FEM ou AM ELF.

Le brasero

Le brasero est un des types de gril que vous et votre père utilisiez vers les années 70. Ce genre de gril est tout simplement une assiette à pizza qui peut être utilisée comme une soucoupe munie d'un trépied, aussi bizarre que cela puisse paraître. La grille peut s'ajuster de haut en bas par un mécanisme à vis pour vous permettre d'ajuster la hauteur des aliments par rapport à la source de chaleur. Le problème avec le brasero est qu'il n'a pas de couvercle, donc les aliments ne peuvent pas cuire de façon uniforme ; ainsi vous vous retrouverez avec un poulet rouge d'un côté et croustillant de l'autre.

Ils sont encore vendus et toujours dans les mêmes couleurs ; rouge, noir, bleu, et avocat, la tendance des années 70. Vous pouvez en trouver un comme celui de votre père dans une vente-débarras pour environ 5 $. Si vous êtes un mordu des aliments brûlés et que vous aimez défier la mort, vous pouvez toujours considérer acheter un de ces appareils. N'oubliez pas de vérifier l'épaisseur du métal du foyer et des pattes, car elles ont tendance à plier. Si vous pouvez, évitez ce genre d'appareil.

Mais si vous insistez, ce que vous avez à faire est de remplir votre brasero de briquettes de charbon de bois, de bois ou de tout autre élément qui peut produire de la chaleur dans la cuvette, de jeter une allumette et de courir vite vous mettre à l'abri. Plus tard, lorsque les pompiers seront partis, jetez un coup d'œil aux briquettes pour voir si elles ont la couleur de la cendre ; elles deviendront rouges si vous soufflez dessus. C'est le signe que vous pouvez commencer à cuisiner en toute sécurité.

Il y a deux problèmes avec ces grils bas de gamme : premièrement, si vous soufflez trop fort, il se renversera et vous devrez cuisiner très rapidement sur le gazon. Deuxièmement, si vous avez une de ces antiquités des années 70, il y a de bonnes chances que les étincelles provenant de ce gril si peu sécuritaire brûlent votre chemise de polyester. Ces grils devraient réellement être vendus lors d'une vente-débarras pour beaucoup moins que 5 $. Mais si c'est ce que vous désirez réellement en souvenir de vos jeunes années, soyez très prudent en ne l'utilisant qu'en plein air et prenez soin d'avoir un extincteur à portée de la main. (Ceci n'est pas une blague.)

Les plus récents grils au charbon de bois ont un avantage marqué sur leurs prédécesseurs des années 70 et valent bien la différence de prix. Les braseros les plus récents et les plus coquets ont un foyer plus profond, sont fabriqués d'un métal supérieur et sont munis d'un couvercle. (On les appelle les grils au charbon de bois — voir page suivante !)

Le gril au charbon de bois

Ils sont semblables aux braseros sauf qu'ils ne se renverseront pas, à moins que votre fils ne l'accroche avec sa bicyclette BMX. On peut l'identifier par le fait qu'il possède des ouvertures d'aération dans le couvercle et que sa grille est fixe, donc elle ne bouge pas de bas en haut. La plupart de ces appareils sont munis d'une rôtissoire électrique ou fonctionnant avec piles. C'est comme un four, un gril et un fumoir en un même appareil.

Ils sont probablement les plus utilisés et les mieux appréciés en Amérique, car le couvercle réduit le temps de cuisson et augmente le goût de fumée.

Les ouvertures d'aération sont utiles, car vous pouvez maîtriser le temps de cuisson et aussi le degré de fumée dans vos aliments. Elles vous aident à ajuster la chaleur ainsi que l'apport d'aération. La plupart sont fabriqués en acier épais recouvert de porcelaine. Ceci aide à prévenir la rouille. Normalement, on peut se servir des ouvertures d'aération du bas pour retirer la cendre. La plupart des appareils sont équipés de roues. Ils sont de forme ronde d'environ 46 à 66 cm (18 à 26 po) de diamètre et en forme de boîtes carrées.

Gril au charbon de bois

On les trouve dans plusieurs quincailleries et magasins de patios pour environ 55 à 75 $ US. On peut les avoir en version plus petites et portatives de même que ceux faits de broche comme ceux de votre enfance. Ce type de gril est utile avec ou sans couvercle.

Le four à charbon de bois

Le four à charbon de bois est conçu pour retenir la chaleur et la fumée de telle façon qu'elles circulent autour des aliments tout comme dans le four traditionnel de votre cuisine. Les couvercles peuvent être des portes à cylindres, à charnières ou régulières, et la cuisson peut se faire à porte ouverte ou fermée. L'éventail de prix pour ces modèles varie grandement, et le raffinement pour lequel vous êtes prêt à payer plus comprend :

Un foyer ajustable en hauteur
Des grilles ajustables
Des déflecteurs de chaleur

Une table à dépecer

Une fenêtre d'observation

Un revêtement de grille qui facilite le nettoyage

Des grilles en forme de V pour faciliter le nettoyage

Un moniteur de chaleur

Un plateau pour les cendres

Une rôtissoire

Des accessoires pour le fumoir

Des dispositifs de ventilation

Des espaces de rangement

Un réchaud à petits pains (très utile lorsque vous êtes seul à cuisiner dehors en plein hiver)

Des roues

Le fumoir à l'eau et au charbon de bois

Ce gril a la forme d'un grand cylindre muni d'une grille (qui se transforme souvent en un gril traditionnel ouvert), d'un support à combustible, d'un plateau pour l'eau avec, sur le dessus, une grille pour les aliments, et souvent, une deuxième grille. La plupart du temps, les grilles sont ajustables de même que les supports à combustible. Quelques-unes sont faites en poterie, mais la plupart sont en acier. Le fumoir cuit les aliments à basse température, pendant une longue période.

La vapeur provenant du plateau d'eau élève la chaleur provenant du charbon de bois, et la fumée provenant des liquides aromatiques imprègne les aliments d'une façon constante durant la cuisson. Souvent, les liquides aromatiques peuvent être utilisés dans le plateau d'eau pour donner une saveur plus soutenue.

Les nouveautés en équipement pour gril

Comme la cuisson sur le gril est aussi vieille que le monde, je suis frappé par la contradiction de certaines nouveautés en équipements pour gril. Qu'est-ce qu'on peut vraiment faire d'autre avec le concept du feu? Vous serez surpris d'apprendre qu'il y a une grande variété d'options qui s'offrent au « grilleur » passionné. Commençons avec les améliorations de base.

Le charbon de bois fut tout d'abord un défi au feu. Au début, vous l'aspergiez avec le combustible à briquet, puis vous jetiez une allumette dessus. Quelques minutes plus tard, le feu s'éteignait et vous répétiez le même rituel. Cette fois-ci, lorsque le feu commençait à s'éteindre, vous ajoutiez plus de combustible à briquet, créant ainsi une véritable conflagration dans votre gril. Dans de rares cas, le feu atteignait le récipient de combustible, causant ainsi une explosion qui était entendue même par votre voisin qui est sourd. Ça se passait ainsi dans le temps ; maintenant, les fabricants offrent des briquettes de charbon de bois qui s'allument d'elles-mêmes. Avec ce procédé nouveau et amélioré, tous les grands chefs de barbecue n'ont qu'à mettre les briquettes en tas et les allumer. En très peu de temps (à moins qu'il vente beaucoup), vous obtiendrez des briquettes enflammées qui se transformeront en un lit de charbons rougeoyants.

Les véritables améliorations dans l'industrie de la cuisson sur le gril sont toutefois apparues avec la cuisson au gaz. Comme il y a de plus en plus de gens qui veulent cuisiner à l'extérieur, les fabricants font des grils avec plusieurs options qui vous intéresseront. Tout ce que vous avez à faire est de vous rendre à la quincaillerie de votre voisinage ou chez le vendeur de grils pour connaître les nouvelles tendances.

Certains des nouveaux grils peuvent pratiquement remplacer une cuisine entière. Non seulement ces grils ont une surface de cuisson, mais ils ont également des brûleurs additionnels pour les poêles ou les casseroles, et ont même des fours pour faire cuire du pain. Les caractéristiques de base incluent souvent une surface de cuisson de 0,56 m² (864 po²) (espace pour faire cuire 54 hamburgers de 10 cm [4 po] de diamètre en même temps), un cabinet en acier inoxydable, des brûleurs additionnels, et une surface de cuisson qui permet d'utiliser le gaz et les briquettes de charbon de bois ! Et ce n'est que le modèle de base. Vous pouvez aussi ajouter plusieurs options y compris une poubelle en acier inoxydable, un support pour les sauces, une serrure pour les copeaux de bois, un seau à champagne et un humidificateur. L'accessoire ultime est une surface à cuisson personnalisée qui marquera tout ce que vous cuisinerez de votre monogramme. Le prix de base d'un Bread Baker IV est de 4800 $ US, mais si vous ajoutez quelques options, vous dépasserez facilement les 5000 $ US. Et ça les vaut largement !

Les grils portatifs en aluminium

Ces coquettes petites inventions sont disponibles dans la plupart des épiceries, pour la cuisson à la hâte sur le charbon de bois. Ils se vendent au prix de 5 ou 10 $ US et sont généralement sécuritaires.

Mais la sécurité est loin de la performance. Si vous planifiez faire cuire un repas pour l'Action de grâces sur un de ces appareils, vous seriez mieux de commencer à la mi-juillet. Mais si vous voulez faire cuire des hot-dogs au parc ou à la plage, c'est un bon choix. Typiquement, ils sont munis d'un bassin, d'un élément de chauffage (charbon de bois ou un liquide semi-solide) et d'une grille pour les aliments. Ils sont bon marché et font le travail, mais ils ne sont pas faits pour un chef. Si vous avez dans l'idée de faire du camping ou un pique-nique sur la plage avec un de ces appareils, allez-y, mais apportez quelques sandwichs pour vous aider à patienter pendant que la petite surface à cuisson de 23 x 28 cm (9 x 11 po) chauffe et cuit lentement votre repas.

Une précaution à prendre avec ces grils portatifs : durant les périodes de sécheresse, pour prévenir les risques d'incendie, assurez-vous de ne pas installer votre gril sur le gazon sec, des feuilles ou des aiguilles de pin. De plus, même si ce gril a sa place sur la table parce qu'il est portatif et de petit format, ne le placez pas sur la nappe (en papier ou en tissu) ou sur toute surface qui pourrait brûler. Une table à pique-nique en bois fera, mais ce serait préférable sur le béton, le sable ou tout simplement par terre.

Les hibachis

Les *hibachis* sont des grils japonais faits normalement de fonte. Ils sont très lourds; ils dureront pendant plusieurs générations. Ils deviennent très chauds à cause de l'efficacité de la fonte; ainsi, vous aurez besoin de moins de combustible et de moins de temps. Les *hibachis* sont très simples, sans couvercle, à ciel ouvert, avec des grilles ajustables. Typiquement, ils sont munis d'ouvertures de ventilation situées en dessous, pour vous aider à maîtriser la température.

Leur désavantage est qu'ils possèdent une très petite surface — 2 grilles carrées de 20 cm (8 po) chacune. C'est parce que ce gril a été conçu au Japon et que là-bas, il y a plus de personnes que d'espace disponible. Ils ont besoin de petits grils pour leurs petits patios, mais comme avec d'autres produits japonais, ils atteignent une très grande qualité avec de très petites composantes. Mais si vous espérez faire rôtir un quartier de bœuf, vous devrez le hacher pour en faire de la viande à hamburger afin que les petites grilles puissent le contenir.

(Ça me rappelle un vieux proverbe qui demandait comment peut-on manger un éléphant ? *Une bouchée à la fois !*)

Les *hibachis* sont devenus populaires avec l'apparition des films de kung-fu. Vous rappelez-vous les films avec la Sauterelle et le Maître ? Vous rappelez-vous comment ils faisaient chauffer les côtés d'un *hibachi* pour se tatouer les bras ? Aujourd'hui, si vous aimez vraiment votre *hibachi*, mais que vous oubliez que la fonte est conductrice de chaleur sur les deux côtés du gril, vous pourriez vous faire un beau tatouage permanent. Aïe ! La vérité : ils sont réellement très chauds à l'extérieur. Si vous avez de jeunes enfants, vous devriez être très prudent avec ces grils. Par contre, ils sont très stables et ne se renverseront pas. Bons pour les bateaux, les petits espaces, etc.

Les grils d'intérieur

La tendance pour les maisons des années 2000 comprend la possibilité d'avoir un gril intérieur. Ma voisine bien branchée a non seulement un gril intérieur dans son four, mais également un four à pizza et un réchaud pour petits pains dans son four traditionnel. Évidemment, elle ne fait pas la cuisine.

Les grils d'intérieur sont incroyablement faciles à utiliser. Vous tournez un bouton de réglage et une flamme apparaît. Ils se nettoient très facilement, spécialement si vous avez un domestique. Ils peuvent vous rendre les mêmes services qu'un gril d'extérieur. Mais vous n'aurez pas l'ambiance que vous auriez à l'extérieur. Vous n'aurez pas à vous soucier des ours qui viendront humer votre repas pour avoir leur part. Vous n'aurez pas besoin de tuer les moustiques avec votre spatule, d'éloigner les abeilles qui rôdent autour de vos sauces ni d'essuyer rapidement le morceau de viande que vous aurez échappée par terre et que personne ne voudra manger.

L'autre avantage des grils intérieurs est que si vous faites un fiasco, le réfrigérateur n'est qu'à quelques pas et que vous pouvez toujours préparer des pâtes ou autre chose si les biftecks sont carbonisés plus qu'à la façon cajun.

Mais le désavantage est, naturellement, que vous pouvez vous en servir dans le confort de votre propre cuisine. Quel plaisir pouvez-vous en retirer? Les aliments peuvent goûter «grillés», mais vous n'aurez pas la même sensation «loin de tout» lorsque vous les mangerez.

Les grils d'intérieur au gaz, intégrés sur la cuisinière

Cette option est offerte pour les cuisinières résidentielles et la plupart des cuisinières commerciales intérieures haut de gamme. C'est ce dont on se sert dans les restaurants à service rapide pour préparer les hamburgers. C'est une grande feuille d'acier plate qui est chauffée au gaz. Elle devient extrêmement chaude et permet de cuire les aliments rapidement.

La boîte réfléchissante en fer-blanc

Jadis, ce type de gril était très populaire pour usage à l'intérieur. C'est une boîte en métal (normalement en fer-blanc) avec un côté ouvert. La boîte est munie d'une broche que l'on tourne manuellement et est placée directement sur le feu d'un foyer intérieur. Assurez-vous d'utiliser un bac d'égouttement avec cette source indirecte de chaleur.

Les grils faits à la maison

Vous pouvez fabriquer un gril avec plusieurs articles courants que vous avez sous la main. Les plus courants sont le papier d'aluminium, les grilles à gâteaux, les pierres, les cintres, les barils d'huile, les ressorts de lit (ils font tourner les hamburgers d'eux-mêmes!), les grilles de voiture qui ne sont pas recouvertes de chrome et les rôtissoires en aluminium pour dindes.

Lorsque vous fabriquerez votre propre gril, vous aurez besoin de trois articles :

1. Une base ininflammable qui peut contenir, d'une façon sécuritaire, le combustible;

2. Un combustible (briquettes de charbon de bois, bois, briquettes, gaz, etc.);

3. Une grille pour supporter les aliments, placée assez haut au-dessus du combustible pour les empêcher de brûler ou de cuire trop lentement.

Ces grils faits à la maison peuvent être construits de façon très simple ou ils peuvent être très compliqués comme ceux qui sont construits en brique de façon permanente dans votre cour.

Les grils électriques

Les grils électriques pour l'extérieur sont excellents. Les plus récents ont des contrôles de température, des rôtissoires, des minuteries et plusieurs autres options qui ne laissent aucune place à l'erreur humaine.

La plupart utilisent le courant 110 volts que l'on trouve dans presque toutes les maisons. Avant de choisir un gril électrique, vous devez vous assurer qu'il y aura de l'électricité à l'endroit où vous planifiez l'installer. La plupart ont des roues, et il sera facile de le ranger et de le ressortir pour les fêtes.

Si la distance est trop grande, vous voudrez peut-être choisir un gril au gaz propane (voir ci-dessous) ou vous pouvez acheter une très longue rallonge à la quincaillerie. Elles ne coûtent pas cher et on peut les trouver en d'autres couleurs qu'orange vif (comme vert gazon). NE PAS utiliser une rallonge maison et ne prenez pas la chance d'utiliser des convertisseurs de «mise à la terre» à «non mise à la terre». Naturellement, la longueur de votre rallonge déterminera la distance où vous pourrez installer votre gril dans la nature.

Le fumoir électrique

Le fumoir électrique fumera tout d'abord vos aliments (viande, poisson, fromage, saucisse, gibier, etc.) et par la suite générera et fera circuler de l'air chaud et sec. La nourriture est entassée sur le gril, qui est ensuite placé dans le fumoir. Un plateau est rempli d'éléments aromatiques comme des copeaux de bois ou autres combustibles, et le procédé de fumage commence et finit simplement en appuyant sur un bouton. Il peut prendre jusqu'à 24 heures pour compléter le fumage de certains aliments, mais généralement, les appareils sont très efficaces. Essayez de le remiser à l'extérieur dans un endroit à l'abri, comme un garage, où il pourra y avoir de la ventilation et où il ne vous gênera pas.

Le gril électrique d'intérieur

Les grils d'intérieur varient du gril amincissant de George Foreman au modèle de base. Recherchez un gril d'intérieur muni d'un bac d'égouttement amovible, de grilles faciles à nettoyer, d'une extension détachable et d'un couvercle qui ferme hermétiquement pour emprisonner les jus.

Les grils au gaz

Les grils portatifs au gaz sont ceux que l'on utilise le plus souvent aujourd'hui. Alors que ce n'est pas un choix pratique pour cuisiner dans la nature, ces grils sont ceux qu'on retrouve le plus souvent dans les cours lors des barbecues du 4 juillet.

Les enthousiastes du gril au gaz sont des personnes différentes des amateurs de gril au charbon de bois. De la même façon que l'on retrouve des admirateurs des Cubs ou des White Socks, mais rarement des deux en même temps, les utilisateurs de grils sont divisés entre le gaz et le charbon de bois. Les amateurs de charbon de bois clament que leur façon est la forme originale de cuisson et qu'ils obtiennent un feu plus chaud, ce qui est mieux pour la cuisson. En vérité, la cuisson à ciel ouvert a été le premier gril, mais la plupart veulent l'oublier aujourd'hui. Honteux, n'est-ce pas? Où sont passés ces bons vieux jours? Les utilisateurs de gaz vantent la facilité d'utilisation d'un gril au gaz comme étant son plus grand avantage. Les grils au gaz s'allument en tournant un bouton, chauffent rapidement et sont relativement faciles à nettoyer. Les utilisateurs de charbon de bois ripostent en clamant que les grils au gaz coûtent plus cher et ne sont pas portatifs. Il est mieux de se dire : à chacun son choix. Le meilleur gril pour vous est celui que vous aimez le mieux. Voici quelques points à prendre en considération au sujet des grils au gaz, qui vous aideront à prendre une décision.

Gril portatif au gaz

Les grils au gaz sont offerts au gaz naturel ou au gaz propane. Les grils au gaz naturel sont installés de façon permanente sur le patio, car le gaz naturel vient directement de la maison. Le gril au gaz naturel est en quelque sorte une extension de votre propre cuisinière au gaz.

Les grils au gaz ont toutes sortes d'options intéressantes (comme des rôtissoires, des senseurs de chaleur, des ouvertures d'aération ajustables) et fonctionnent au moyen d'une petite bonbonne de gaz propane ou sont reliés directement à la ligne d'approvisionnement de la maison. Ces grils sont pratiques, tellement faciles à utiliser et demandent très peu d'assemblage. La source d'énergie est le gaz, une énergie propre. Comme décoration, la plupart des gens mettent des pierres de lave ou des pierres à la base de leur gril. Elles aident à retenir un peu la chaleur, elles sont jolies et peuvent également niveler les flammes. Le côté négatif ici est que vous aurez à nettoyer ou remplacer les pierres; à la longue et à l'usage, les pierres de lave se désintégreront.

Choix de matériel pour la cuisson en plein air

Tire-bouchon — cet article est important si vous amenez votre amoureuse à un barbecue sur la plage et que vous voulez lui demander sa main. Vous aurez besoin d'un tire-bouchon afin de célébrer son acceptation avec une bouteille de vin dispendieuse. À moins, bien sûr, que vous soyez le genre de personne qui préfère le champagne avec un bouchon qui se dévisse; dans ce cas, préparez-vous à recevoir une réponse négative.

Tous les grils au gaz et même les grils électriques utilisent un genre de briquettes, comme une pierre de lave. Le bon côté des briquettes est que lorsque la viande dégoutte, la fumée monte et pénètre dans les aliments, leur donnant ainsi plus de saveur. Ou bien, si vous désirez, vous pouvez ajouter des copeaux de bois de plusieurs arômes, pour la même raison, et garder les briquettes propres en utilisant un bac d'égouttement.

Naturellement, à cause de la grosseur de ces grils, vous ne pouvez les transporter qu'autour du patio. Vous ne voudrez pas apporter votre gril au gaz en camping par exemple, à moins que personne n'aille avec vous, car vous ronflez toute la nuit et que vous avez un attrait non naturel pour un objet inanimé. Pour la plupart des gens normaux, si vous voulez faire du vrai camping, vous rechercherez un gril au butane, comme décrit au paragraphe suivant.

Les grils portatifs au butane

Le butane est le combustible le plus employé pour les grils portatifs. La combustion est propre et ne laisse presque pas de résidu. C'est le gril idéal pour le camping — le gril Coleman vert forêt. Mes grands-parents en avaient un.

Je me souviens qu'un été, lorsque j'avais environ 7 ans, ils m'ont amené faire du camping. Le poêle qu'ils avaient utilisé était un petit gril Coleman vert. Ma grand-mère avait préparé les meilleurs œufs brouillés, des hot-dogs avec des fèves au lard, des guimauves fondues et, je pense, de la crème glacée, mais je peux me tromper sur ce dernier point. Après tout, je n'avais que 7 ans !

Le grand avantage de ce petit poêle, autre que le fait que grand-papa l'avait boulonné sur une feuille de contreplaqué montée sur le côté de la fourgonnette afin qu'il ne glisse pas par la fenêtre, est que le feu était constant. Tant qu'il y avait du butane dans le petit réservoir, il chauffait très bien. Il n'était probablement pas plus difficile à utiliser que le gril au gaz de grand-mère à la maison. Mais le temps d'utilisation était limité au contenu du petit réservoir.

Je ne me rappelle pas avoir fait cuire des gâteaux ou des soufflés sur un tel gril, mais vous n'aurez pas à le faire lorsque vous aurez pris connaissance des recettes de ce livre. Il y a toutes sortes de bonnes choses que vous pouvez préparer avec un de ces grils très facilement transportables. Les grils Coleman ont même un écran anti éclaboussures/protecteur contre le vent afin que ce dernier n'éteigne pas votre feu. On peut le plier pour qu'il devienne très petit, mais vous ne voudriez probablement pas l'utiliser si vous allez dans la nature, car il pèse environ 4 kg (9 lb). Les routards auront besoin du gril décrit ci-dessous.

Les grils de fortune

Si vous vous retrouvez dans la nature sans un gril, vous devrez vous débrouiller pour en fabriquer un avec du papier d'aluminium et un bâton. Le choix du bâton est crucial dans cette création. Il devra avoir la forme d'un Y et devra être assez vert pour ne pas qu'il brûle dans vos mains. Vous pourriez aussi utiliser des bâtons en forme de B, de Q ou de H, mais ils sont assez difficiles à trouver.

En tenant le bâton par la tige (la partie inférieure du Y), entourez le haut du Y (qui ressemble également à un V) avec du papier d'aluminium, de façon à créer une poêle à frire en forme de triangle. Placez vos aliments sur le dessus du papier d'aluminium et tenez-le au-dessus du feu. Si vous ne pouvez pas trouver de bâton, les aliments peuvent être complètement enveloppés de papier d'aluminium et placés en bordure du feu jusqu'à ce qu'ils soient cuits, mais c'est plus long et vous n'aurez pas autant de plaisir. De plus, si vous êtes dans les bois et que vous ne pouvez pas trouver de bâton, vous ne devriez pas allumer de feu de toute façon.

Si vous avez une grille en métal, il est très facile de la placer sur le feu à la hauteur désirée en utilisant quelque objet que ce soit. Des pierres, des bûches et une pile d'albums des Hanson peuvent faire l'affaire. Lorsque la viande semble être cuite d'un côté (selon votre jugement), tournez-la pour continuer la cuisson. À moins que le feu soit en train de s'éteindre, essayez de ne pas ajouter d'autre bois, mais plutôt de continuer la cuisson sur les braises très chaudes.

Vous pouvez même fabriquer votre foyer avec une boîte de carton et du papier d'aluminium. Couvrez l'intérieur et l'extérieur de la boîte avec du papier d'aluminium. Pour le couvercle, couvrez un autre morceau de boîte de carton — plus grand que l'ouverture de votre boîte — avec du papier d'aluminium. Placez une casserole en aluminium remplie de briquettes chaudes dans le fond de la boîte. Placez sur la casserole en aluminium une grille provenant de votre gril en métal ou toute autre pièce d'équipement pour la cuisson. Mettez les aliments que vous voulez faire cuire sur la grille. Puis, fermez la porte du four avec le couvercle de carton recouvert de papier d'aluminium. Vérifiez vos aliments comme vous le feriez avec votre four conventionnel, et dans un temps de cuisson comparable, vous pouvez préparer n'importe quoi, du rôti au gâteau, en passant par le pain.

Que vous vouliez faire un feu à partir de briquettes ou de charbon de bois, vous aurez besoin d'un endroit pour circonscrire le feu. Un contenant à café en métal de 1,35 kg (3 lb) fera l'affaire. Premièrement, commencez par vider le café et gardez-le pour plus tard. Ou bien si vous êtes dans la nature, vous pouvez le laisser pour les ours et autres animaux (naturellement, très loin de votre campement). Comme ils n'ont jamais été chez Starbucks, il y a des chances qu'ils ne voient pas la différence entre des grains de café secs et des grains fraîchement moulus java tourbillon-moka-framboise-frappé provenant de véritables grains du Nicaragua dans un verre de mousse de polystyrène.

Deuxièmement, enlevez le fond de la boîte de métal, et vous aurez ainsi un grand cylindre. À l'aide d'un ouvre-boîte de métal en forme de triangle, ou de tout autre objet pointu, faites plusieurs trous dans une partie de la boîte. Mettez ensuite la boîte par terre, la partie trouée vers le sol. Remplissez la boîte avec environ une douzaine de briquettes et versez avec précaution du combustible liquide. À l'aide d'une allumette, allumez le feu. Attention : Ne restez pas au-dessus du feu lorsque vous l'allumez, ou vous pourriez perdre un ou deux sourcils.

Les grils de pierres

Les barbecues faits de pierres ont été populaires à deux reprises dans l'ère moderne : durant la période néanderthalienne et durant les années 50 du siècle dernier. Fait intéressant, le premier gril de pierres néanderthalien a été construit 2 ans avant la découverte du feu.

L'avantage majeur du gril de pierres est qu'il est fait pour durer toujours. Il y a des pierres depuis très longtemps et elles seront encore là pour très longtemps. Le mauvais côté est qu'il est très difficile à déplacer. Il n'est pas portatif comme les grils modernes au charbon de bois ou au gaz, alors, construisez-le exactement où vous le voulez parce qu'il ne bougera plus, jamais. Il n'y a pas d'entretien spécial pour ces grils, vous n'avez qu'à les allumer pour commencer la cuisson.

Le gril du routard dans la nature

Si vous êtes dans la nature et avez besoin d'un gril pour faire cuire votre repas, vous pouvez prendre de grosses pierres ou de grosses bûches. Disposez les bûches ou les pierres de la taille d'un gros pamplemousse ou d'un ballon de football dégonflé en un cercle pas plus grand que 91 cm (3 pi) de diamètre. Faites votre feu à l'intérieur de ce cercle et servez-vous des pierres pour tenir en équilibre votre poêle à frire, une grille et un panier que vous tenez vous-même. Si vous voulez être un peu plus sophistiqué et impressionner les autres qui sont perdus dans les bois tout comme vous, vous pouvez construire un foyer en forme de trou de serrure.

Un foyer en forme de trou de serrure est tout simplement un arrangement de pierres en forme d'une ancienne serrure. En d'autres mots, il est en forme de cercle avec un petit espace carré en dessous du cercle. Commencez votre feu dans la partie circulaire, et lorsque les briquettes sont chaudes, traînez-les dans l'espace carré. Ce type de gril vous donne un feu de camp pour vous tenir au chaud dans sa partie circulaire et une petite surface pour les briquettes sur lesquelles vous pouvez faire votre cuisson. Si vous le désirez, vous pouvez ajouter une grille métallique sur la surface carrée pour vous permettre de faire cuire plusieurs aliments en même temps, ce qui est beaucoup plus facile.

Assurez-vous de toujours bien éteindre votre feu de camp avant de partir. Sinon, vous pourriez mettre le feu à la forêt, ce qui pourrait contrarier l'ours qui porte un chapeau de garde-forestier.

Conseils aux routards au sujet de la cuisson en plein air

La plupart des routards veulent être certains d'avoir du combustible afin d'avoir un bon repas à la fin de la piste ; ils utilisent alors des grils portatifs, qui sont légers et commodes. La plupart des routards utilisent une variété de nourriture déshydratée qu'ils réhydratent au campement. Par contre, si vous planifiez faire cuire vos aliments à ciel ouvert dans la nature, voici quelques outils qui pourraient vous aider à rendre votre expérience plus intéressante :

- *Un écran déflecteur pour le vent.* Léger, durable et à l'épreuve de la chaleur, un déflecteur pour le vent peut être acheté dans la plupart des magasins de camping et de sports. Il est très pratique lorsque l'on veut allumer un feu par un soir venteux lorsque tous ont faim et sont fatigués. Vous pouvez l'installer autour de votre foyer jusqu'à ce que le feu soit réellement pris.

- *Une bonne longueur de grillage à poule de forte épaisseur et 2 pointeurs extensibles ou des antennes de télévision.* Le grillage à poule est léger, mais il prend beaucoup d'espace. Vous pouvez fabriquer une grille pour votre barbecue en aplatissant le grillage à poule, en insérant les antennes à travers les trous des deux côtés et en enveloppant le tout de papier d'aluminium. C'est simple, ça peut être nettoyé facilement, c'est réutilisable et très facile à transporter.

- *Un grand filet avec une corde.* Un filet est essentiel lorsque vous voulez cuisiner en pleine nature et que vous voulez préserver vos aliments des animaux sauvages. Nous vous suggérons fortement de placer vos aliments dans un filet et de l'attacher à un arbre à une hauteur telle que les ours et les autres animaux ne pourront l'atteindre. Les mailles sont très utiles, car vous pouvez voir ce dont vous avez besoin. Si vous fermez hermétiquement vos sacs de plastique, vous ne serez pas seulement protégés de l'eau, mais aussi des insectes et des ours.

- *Une cuillère de bois à long manche.* Plus légère qu'une cuillère en métal, la cuillère en bois peut être infiniment utile dans la nature et peut devenir l'accessoire ultime pour la cuisson. C'est votre meilleur choix pour préparer les œufs brouillés, brasser le café et mélanger les aliments.

Une grosse roue en guise de barbecue

Une autre idée, en cas d'urgence, est de prendre une roue de voiture ou de camion pour la transformer en barbecue. La roue (ou la partie de métal) est ininflammable et d'une grandeur intéressante pour faire un barbecue. Ne prenez pas le pneu (ou la partie en caoutchouc), qui est non seulement inflammable, mais qui dégagera une fumée nauséabonde lorsqu'il brûlera. Vous pouvez trouver facilement des roues de voiture sur les bords des routes et dans les dépotoirs. À moins que vous ne soyez vraiment mal pris, je ne vous conseille pas d'enlever la roue de votre voiture. Au lieu de ça, démarrez le moteur, allez au magasin de votre quartier et achetez un gril.

Les brouettes et les pots à fleurs

Si vous possédez une brouette, vous avez déjà un gril. Tout d'abord, il est très important que votre brouette soit en métal. Une brouette en plastique ou faite en partie de plastique aura fondu bien avant que vos biftecks ne soient prêts à manger.

Remplissez votre brouette avec 15 cm (6 po) de terre, de sable ou de gravier. Ce sera l'isolement contre la chaleur extrême. Ensuite, placez une feuille de papier d'aluminium au centre et mettez les briquettes de charbon de bois en pile sur l'aluminium. Allumez le feu et préparez-vous à faire griller vos aliments. Lorsque vous voyez une fine couche de cendres sur le feu, il est temps de commencer. Si vous possédez une grille assez grande, vous pouvez l'appuyer sur le dessus de la brouette. Sinon, empilez des briques ou des grosses pierres sur le rebord extérieur et utilisez-les pour retenir votre grille. Si vous ne possédez pas de brouette, vous pouvez utiliser une voiturette d'enfant de la même façon. Lorsque vous utilisez la voiturette pour faire un feu, assurez-vous qu'elle ait refroidi complètement avant de promener quelqu'un dedans.

Si vous vivez dans un appartement ou dans un condominium, vous ne possédez probablement pas de brouette, et si vous n'avez pas d'enfant, vous n'avez probablement pas non plus de voiturette. Dans ce cas, si vous n'avez besoin que d'un petit feu, vous pouvez le faire dans un pot à fleurs en grès. Prenez un grand pot à fleurs (d'environ 30 cm [1 pi] de diamètre et de 30 cm [1 pi] de profondeur), puis emplissez-le de 15 cm (6 po) de terre, de sable ou de gravier. Placez une feuille de papier d'aluminium sur le dessus et empilez-y vos briquettes. Lorsque votre feu est prêt, placez une grille de métal sur le pot de grès. Ce peut être une grille que vous avez déjà — peut-être une grille de votre four grille-pain. Si les briquettes deviennent trop chaudes, vaporisez-les avec un peu d'eau et essayez de les tenir loin du bord du pot. Si le pot devient trop chaud, il peut se fêler ; mais avec de la chance, votre nourriture sera déjà cuite à ce moment-là.

Les foyers

Si rien d'autre n'est à votre portée, vous pouvez toujours faire un gril de fortune en creusant un trou. Non seulement vous aurez l'air viril en creusant le trou, mais vous ferez un retour dans l'histoire. Un foyer est probablement le type de gril connu le plus vieux de l'humanité. Si c'était assez bon pour nos ancêtres préhistoriques, c'est sûrement bon pour nous. Pour faire un foyer, creusez un trou d'environ 30 cm (1 pi) de profondeur et 60 cm (2 pi) de diamètre. Ces dimensions n'ont pas à être exactes pour le succès

Conseils pour les grils dans le désert

Voici quelque chose que je n'ai jamais essayé, mais un vieux prospecteur d'Arizona, que j'ai connu lorsque j'étais enfant, a vécu et est mort dans le désert. C'était un vrai rat du désert qui pouvait laisser sa petite roulotte, qu'il partageait avec sa femme, et partir pendant des semaines dans le désert de l'Arizona seulement avec un couteau. Il m'a dit qu'il avait appris ça des Indiens navajos et qu'eux-mêmes l'avaient appris des serpents. Je ne suis pas trop sûr au sujet des livres de recettes de la famille des serpents, mais si on se fie à la physique, ceci fonctionnerait peut-être. C'est logique.

Le désert d'Arizona est rempli de petits cactus trapus et charnus appelés «cactus baril». Ils sont reconnus pour être ronds et recouverts de longues épines jaunes. M. Wright, le prospecteur, nous a dit à juste titre que ce cactus est rempli d'eau. Il a sorti son couteau (qui avait une lame de 20 cm [8 po]) et a coupé le tiers supérieur d'un cactus pour prouver son point. L'intérieur était comme une caverne pâteuse et boueuse. Il a dit qu'on pouvait la boire si on avait réellement soif, et qu'il n'y avait que les gens qui ne savaient pas où chercher l'eau qui pensaient que le désert était sec.

Il m'a dit que lorsqu'il était dans le désert et qu'il attrapait un animal, il lui enlevait la peau, le vidait et le jetait dans un cactus avec quelques oignons sauvages, s'il pouvait les trouver, de même qu'avec quelques grosses pierres réchauffées par la chaleur du soleil, puis refermait le tout. À son retour pour dîner à la fin de la journée, voilà! Comme dans une mijoteuse, son ragoût de lapin l'attendait.

Par contre, il n'avait pas de recette pour enlever les épines du cactus. Nous vous avertissons — n'essayez pas cette recette à moins d'être un vieux prospecteur de l'Arizona!

du votre feu de foyer. Faites votre feu dans le foyer, et quand les braises sont incandescentes, c'est le temps de commencer la cuisson. Si vous avez une grille en métal, placez-la dans le trou et supportez-la avec des pierres ou des bûches mouillées. La plupart des hommes des cavernes n'avaient pas de grilles en métal, donc si vous n'en avez pas, ne vous en faites pas.

Si vous n'avez pas de grille en métal, vous pouvez envelopper vos aliments dans du papier d'aluminium et les faire cuire directement sur les briquettes, mais puisque vous avez probablement utilisé une pelle pour creuser le trou, vous pouvez également l'utiliser pour la cuisson. En premier, enlevez le plus de terre possible de la pelle. Puis, recouvrez-la de deux épaisseurs de papier d'aluminium et placez-la sur les briquettes chaudes pour la faire chauffer. Lorsqu'elle est chaude, placez votre hamburger ou votre bifteck dessus et regardez bien le grésillement. Vous pouvez essayer de tourner votre hamburger à mi-cuisson en prenant le manche de la pelle et en le faisant sauter dans les airs, mais il tombera probablement par terre. Utilisez plutôt une spatule, un couteau ou une pièce plate de bois pour le tourner.

Après le dîner, assurez-vous que le feu est complètement éteint en remettant dans le foyer la terre que vous aviez enlevée auparavant. Ou bien, vous pouvez le remplir avec la terre d'un autre foyer que vous avez creusé parce que vous avez vraiment impressionné la gent féminine par vos aptitudes à creuser.

Les broches et les rôtissoires

L'art de la rôtissoire s'est perdu en Amérique, et c'est à cause de l'équipement utilisé. La partie principale d'une rôtissoire est un objet long et pointu appelé une broche.

Je me rappelle que lorsque j'étais enfant, mon père utilisait la rôtissoire de son gril pour faire cuire à peu près tout. La rôtissoire mécanique était une innovation à ce moment-là, et tout le monde faisait cuire ses aliments sur une broche. Il est bien certain que l'on n'a pas commencé à faire rôtir à ce moment-là ; on avait déjà commencé aux temps préhistoriques, lorsque mon grand-père était jeune.

Je ne sais pas qui a eu en premier l'idée de faire cuire de la viande en l'enfilant sur un bâton et en la faisant tourner au-dessus d'un feu, mais j'espère bien que c'est un Français nommé Rotissoirié. Toute personne qui invente un outil important comme la rôtissoire mérite que son nom soit donné à l'invention. Malheureusement, ce n'est probablement pas le cas. Il s'appelait peut-être Grenouille, c'est pourquoi il a choisi un autre nom pour son invention. De toute façon, vous devez admettre que la rôtissoire est géniale.

En tournant au-dessus du feu, les aliments cuisent uniformément de tous les côtés à cause de la chaleur indirecte pendant qu'ils carbonisent à l'extérieur à cause de la chaleur directe. Comme si ce n'était pas suffisant, la cuisson à la broche fait que les viandes s'arrosent d'elles-mêmes à chaque tour de broche. On pourrait la considérer comme la meilleure forme de cuisson si ce n'était du fait que ce ne sont pas tous les aliments qui se prêtent à ce genre de cuisson. On ne peut pas s'imaginer un hamburger sur une broche, pas plus que des poivrons farcis, des S'more, des salades ou la plupart des plats de pâtes. On devrait réserver la rôtissoire pour les coupes de viande épaisses, par exemple les rôtis, les gigots d'agneau, et les poulets entiers, dindes et canards. Vous pouvez aussi faire rôtir un cochon de lait entier, mais vous devrez vêtir des habits de l'époque de la Renaissance pour le manger et lui mettre une pomme dans la gueule.

Vous pouvez utiliser une rôtissoire avec un gril au gaz ou au charbon de bois si vous pouvez y adapter les accessoires de la rôtissoire. Avant d'acheter les accessoires pour rôtir, assurez-vous qu'ils conviennent à votre gril. Plusieurs nouveaux grils sont vendus avec ces accessoires. Il y en a d'autres qui sont intéressants, par exemple un interrupteur sur le moteur électrique, une corde assez longue pour atteindre une prise de courant et un moteur à différentes vitesses. Ce dernier n'est pas nécessaire, mais c'est une option intéressante pour les aliments qui demandent une cuisson plus rapide ou plus lente. Rappelez-vous cet important adage tiré d'une vieille chanson qui avait repris les paroles du vieux et sage roi Salomon : «Pour tout, tourne, tourne, tourne. Il y a un assaisonnement, tourne, tourne, tourne.» Il y a très longtemps, c'était ce qu'on chantait lorsque l'on cuisinait.

Le tournebroche de la rôtissoire devrait être muni de fourchons pour maintenir la viande en place. Les fourchons sont normalement retenus par des écrous à oreilles ; assurez-vous qu'ils maintiennent bien votre viande sur la broche.

Temps de cuisson pour la rôtissoire

1 escargot : environ 2 min

1 poulet de Cornouailles : (moins de 900 g [2 lb]) 25 à 30 min

1 poulet : (1,35 à 1,8 kg [3 à 4 lb]) 40 min à 1 h

1 canard : (1,8 à 2,5 kg [4 à 5 lb]) 1 à 1½ heure

1 côte de bœuf rôtie désossée : (1,35 kg [3 lb]) 1 à 1 h 30

1 rôti de porc désossé : (900 g à 1,35 kg [2 à 3 lb]) de 1 à 1 h 30

1 gigot d'agneau : (900 g à 1,35 kg [2 à 3 lb]) 1 à 1 h 30

1 porc entier : (27 kg [60 lb]) presque 1 journée

1 éléphant africain, n'incluant pas les oreilles : presque 1 mois

En préparant votre gril au charbon de bois pour la rôtissoire, vous utiliserez les deux méthodes de chaleur, directe et indirecte, en installant vos briquettes comme suit :

1. Allumez votre feu avec le charbon de bois empilé sur le gril.

2. Lorsque le feu est chaud (les briquettes sont couvertes de cendre grise), séparez les briquettes en deux rang, un de chaque côté du tournebroche. Chaque rang devrait être à environ 10 cm (4 po) du centre du gril.

3. Placez un bac d'égouttement entre les deux rangs de briquettes.

4. Enfilez votre viande sur la broche et serrez-la bien avec les fourchons. Placez la broche dans les ouvertures prévues à cet effet et mettez le moteur en marche. Durant la cuisson, les jus s'écouleront dans le bac d'égouttement.

5. Gardez le feu haut en ajoutant de nouvelles briquettes à chacun des rangs au besoin. En règle générale, il faut ajouter environ une douzaine de briquettes de chaque côté toutes les heures.

Si vous voulez utiliser une rôtissoire sur un gril à gaz, vous aurez probablement à en acheter un nouveau. La cuisson à la broche requière des

Rôtis de porc

Dans certaines parties du pays, et parmi certains groupes sociaux, les rôtis de porc sont une des meilleures utilisations de la rôtissoire. Les rôtis de porc sont particulièrement populaires pour les réunions de voisins, les réunions de famille où tout le monde aime le porc, et les rassemblements des amateurs de motocyclettes. Motocycliste moi-même, j'ai participé à ces réunions et elles sont toujours agréables. Quel que soit l'évènement célébré, les réunions où l'on déguste du rôti de porc sont toujours très intéressantes, mais elles demandent beaucoup de travail. Comme la cuisson prend de 8 à 10 heures pour un porc de 27 kg (60 lb), un rôti de porc demande beaucoup d'attention. Quelqu'un doit s'assurer que le feu est toujours allumé et se maintient à une température adéquate; on doit s'assurer, en tout temps, que le porc cuit de façon uniforme; et une autre personne doit toujours voir à l'approvisionnement en bière. Somme toute, le rôti de porc est un travail d'équipe.

Si vous n'avez jamais personnellement fait rôtir un porc, je vous suggère de demander l'aide de rôtisseurs saisonniers. (Je veux dire des personnes qui l'ont déjà fait.) Demandez des conseils et planifiez de l'aide bien avant la fête. Vous pouvez même louer des grils ou des rôtissoires industrielles. Allez voir les boutiques où on loue de tout. Non seulement ils vous loueront l'équipement, mais ils vous donneront aussi une liste des choses à faire et à ne pas faire, comme vous assurer que le porc est complètement cuit avant d'en offrir à vos invités et de ne jamais manquer de bière. Le thermomètre inséré dans la patte arrière doit indiquer entre 76 et 85 °C (170 et 185 °F) pour que le porc soit très bien cuit. Faites attention que la sonde du thermomètre ne touche ni à l'os ni à la broche.

Lorsque vous serez prêt à servir le porc, assurez-vous d'avoir une grande surface propre pour le dépecer. Si le porc est très bien cuit, la viande se détachera d'elle-même des os. Idéalement, il ne faudrait pas que ça se produise avant que vous l'enleviez du gril.

Un porc d'environ 27 kg (60 lb) bien garni (avec des vêtements de la Renaissance ou avec de la farce et des marinades savoureuses) vous donnera environ de 60 à 70 portions. Servir un porc non farci est considéré comme très impoli, et si vous avez déjà vu un porc nu, vous savez ce que je veux dire. Ce n'est pas très joli.

sources de chaleur de chaque côté de la broche, ainsi vous aurez besoin d'un gril avec plusieurs brûleurs allant du devant à l'arrière. Vous avez peut-être déjà un gril avec cette configuration ; dans ce cas, vous n'aurez pas à en acheter un nouveau. Chanceux ! Alors, vous n'aurez qu'à allumer les brûleurs du devant et ceux de l'arrière tout en laissant ceux du centre éteints (si vous avez un gril avec des brûleurs au centre). Placez un bac d'égouttement sous la broche comme vous le feriez avec un feu de charbon de bois et enfilez votre viande sur la broche. Ajustez les fourchons et placez la broche dans les ouvertures de la rôtissoire prévues à cet effet, et vous êtes prêt à démarrer votre engin… je veux dire, votre moteur.

Comment fabriquer un bac d'égouttement

Un bac d'écoulement est utilisé pour recueillir le jus des viandes afin qu'il ne souille pas votre gril. Vous pouvez utiliser n'importe quel bac à bec, comme un vieux moule à pain en aluminium, une plaque pour biscuits roulés ou tout autre moule semblable. Tapissez-le tout d'abord de papier d'aluminium pour en faciliter le nettoyage.

Si votre pièce de viande est trop petite pour être proche des briquettes et que le bac d'écoulement ne s'ajuste pas convenablement, vous pouvez fabriquer votre propre bac. Prenez une grande feuille de papier d'aluminium et pliez-la de façon à ce qu'il y ait au moins 3 épaisseurs. Repliez les bords et pincez les coins.

Assurez-vous que le gril ait refroidi avant d'enlever le bac, car le gras figé sera beaucoup plus facile à retirer que s'il est chaud et liquide.

Vérifiez souvent la cuisson des aliments, et badigeonnez ceux-ci avec votre liquide préféré (ou avec une de nos sauces ou marinades savoureuses décrites plus loin dans ce livre) pour les garder humectés.

La partie la plus délicate dans la cuisson d'un rôti à la broche est de s'assurer que la viande est bien balancée sur la broche. Si elle n'est pas bien balancée, la broche ne tournera pas adéquatement et vous vous retrouverez avec un rôti à moitié brûlé et à moitié cru. Ce n'est ni impressionnant ni santé de le servir ainsi (spécialement à votre belle-mère). Pour balancer un rôti désossé, insérez une broche en son centre et attachez-le bien avec des fourchons. Pour vérifier qu'il est bien balancé, tenez un bout de la broche dans chaque main et tournez-la délicatement dans vos paumes. Si la viande ne tourne pas uniformément ou « tombe », elle n'est pas balancée. Réajustez la broche en la réinsérant dans la viande.

Les rôtis qui ont un os sont difficiles à balancer. Pour contrebalancer le poids des os, insérez la broche diagonalement dans le rôti, puis ajustez bien les fourchons et vérifiez si le tout est bien balancé.

Comment vérifier si mes aliments sont bien cuits ?

Le temps de cuisson à la broche peut varier selon la chaleur du feu, la distance de la broche du feu et les aliments à cuire. Vous trouverez un tableau à la page 24 sur les temps approximatifs de cuisson, mais la meilleure façon pour savoir si votre repas est cuit est d'utiliser un bon thermomètre à viande. Arrêtez la broche de tourner et insérez le thermomètre dans la partie la plus épaisse de la viande. Ne redémarrez pas le moteur de la rôtissoire avant d'avoir enlevé le thermomètre, car il tournera et non seulement il sera étourdi, mais il pourra soit tomber, soit être trop proche des briquettes, ce qui faussera la lecture.

Mon gril est meilleur que le vôtre !
— Comparaison des grils

Choisir un gril est une importante décision, parce que vous pouvez investir de 5 $ US pour un gril des années 70 acheté lors d'une vente-débarras à 5000 $ US pour le Pro-Gril 2000 ou un de ses semblables aussi virils. De plus, à moins que vous n'en preniez pas soin, il pourrait être transmis de génération en génération. Comme dans : « Je me rappelle lorsque mon père utilisait ce même gril, mon fils. »

Nous vous facilitons la tâche, même si les fabricants de grils d'Amérique peuvent censurer ce livre. Il y a six choses de base à considérer lors du choix d'un gril si vous êtes un homme, et sept si vous êtes une femme. (Vous êtes chanceuses, mesdames, qu'une femme soit coauteure de ce livre !) Voici les sept points à considérer :

Ajustement. Pouvez-vous ajuster la source de chaleur? Ceci se fait normalement par les ouvertures d'aération, les couvercles, les grilles ajustables, les cadrans, les jauges de température et ainsi de suite.

Sécurité. Est-ce que le gril est sécuritaire? Certains modèles bon marché sont faits de métaux douteux qui peuvent faire céder les pattes et ainsi répandre les briquettes chaudes et la nourriture. D'autres modèles ne dureront pas, car le foyer est de qualité moindre et fondra rapidement, se déformera ou rouillera, exposé aux intempéries.

Facilité d'utilisation. Est-ce que le gril sera assez facile à utiliser ou serez-vous obligé de rester à côté tout le temps pour vous assurer que votre dîner ne sera pas brûlé?

Disponibilité de combustible. Avoir votre gril branché directement à votre système électrique ou à votre système au gaz est beaucoup plus pratique que d'avoir des bonbonnes de gaz. Utiliser des bonbonnes de gaz est beaucoup plus pratique que d'avoir du bois que vous devrez bûcher avant votre dîner. Et ainsi de suite.

Facteur gadget. D'accord, tous les « grilleurs » d'Amérique. Vous savez que les gadgets sont agréables, vous savez que vous les voulez, vous voulez être capables de créer des chefs-d'œuvre qui vont faire les délices d'un gourmet au toucher d'un bouton, en opposition au fait que vous aurez à vous tenir constamment près de votre gril avec un tournevis pour ajuster vos grilles pendant que votre nourriture cuit en partie.

Entretien facile. Est-ce qu'il est facile d'entretenir ce truc pour qu'il soit propre et paraisse bien? Ici, nous ne parlons pas que de l'hygiène (est-ce que la grille est hygiénique lorsque vous y mettez votre nourriture?), mais aussi du temps que vous passerez pour le préparer pour l'entreposage d'hiver (et ainsi de suite).

Apparence. Comme certains hommes trouveront qu'un brasero d'un vert avocat provenant d'une vente-débarras serait parfait pour le patio, je crois que certaines femmes — et certains hommes qui ont très bon goût — qui liront ce livre seront de mon avis. Il est aussi important qu'un gril soit attrayant que le goût des aliments et leur apparence dans les assiettes.

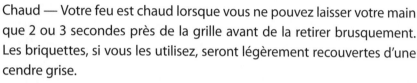

Tous ces facteurs importants sont évalués sur une échelle de 1 à 5 (5 étant génial, 1 étant « pensez-y bien avant de l'acheter »). Zéro veut dire qu'il ne peut même pas être évalué, et s.o. veut dire « sans objet » ou ne s'applique pas.

Les températures

Chaud — Votre feu est chaud lorsque vous ne pouvez laisser votre main que 2 ou 3 secondes près de la grille avant de la retirer brusquement. Les briquettes, si vous les utilisez, seront légèrement recouvertes d'une cendre grise.

Moyen — Votre feu est moyen si vous pouvez laisser votre main au niveau de la grille de 4 à 5 secondes. Vous pouvez voir les briquettes incandescentes à travers la couche de cendre grise.

Bas — Votre feu est bas si vous pouvez laisser votre main au niveau de la grille au moins 6 à 7 secondes. Les briquettes sont recouvertes d'une bonne épaisseur de cendre grise, si le feu brûle depuis un certain temps.

Le gril le plus apprécié en Amérique

Un bref coup d'œil au tableau comparatif des grils (page 30) vous dira pourquoi, en premier lieu, nous avons choisi de cuisiner à l'intérieur. Les anciennes méthodes de cuisson n'étaient pas seulement difficiles, mais dans certains cas, dangereuses. Le gril le plus utilisé en Amérique aujourd'hui, selon certaines sources dignes de confiance, mais qui veulent demeurer anonymes, est le gril au charbon de bois. Certains utilisent des briquettes de charbon de bois, ce qui est plus difficile, et d'autres sont électriques, ce qui est plus facile, mais qui, selon certains, altèrent la saveur. Ces grils sont notre premier choix, comme nous n'avons pas 5000 $ à dépenser pour le Pro-Gril 2000 ou ses semblables. Ils sont offerts dans une variété de couleurs agréables, sont sécuritaires et pratiques, et d'un bon rapport qualité/ prix. L'acier recouvert de porcelaine sera facile à nettoyer et les roues sont pratiques pour le transporter dans la remise pour l'hiver. Il y a très peu d'entretien autre que de nettoyer l'extérieur et les grilles, et de vider le foyer de temps à autre. Notre meilleur choix : le gril au charbon de bois.

Tableau comparatif des grils

Genre	Ajustement	Sécurité	Facilité	Combustible	Gadgets	Entretien	Apparence
Brasero	2	1	2	1	s.o.	4	1
Gril de pierre encastré	0	3	2	1	s.o.	4	dépend
Poêle de camping au butane	3	3	4	5	3-4	5	
Super four au charbon de bois	5	5	4	3	5	3-4	5
Gril électrique d'extérieur	3-5	5	5	5	1-3	3	1-5
Gril électrique d'intérieur	5	5	5	5	2-5	4-5	4-5
Gril d'intérieur au gaz intégré	4	4	5	5	2-5	4-5	4-5
Hibachi	2	3	4	1	s.o.	3	s.o.
Gril avec bonbonne de gaz	5	3	5	4-5	3-4	4	1-5
Gril raccordé au gaz	5	5	5	5	3-4	4	1-5
Gril au charbon de bois	4-5	4-5	4	4	3-5	4	1-5
Gril à ciel ouvert	0	0	0	0	0	s.o.	festive
Fumoir électrique	5	5	5	5	4-5	5	3
Fumoir au charbon de bois	5	3	3-4	3-4	2-5	4	5
Boîte réfléchissante	0	2	2	4	0	1	dépend
Gril portatif électrique	3	5	5	5	3	2-3	s.o.

Échelle d'évaluation

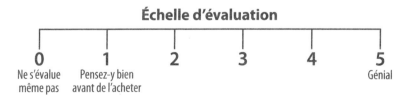

0	1	2	3	4	5
Ne s'évalue même pas	Pensez-y bien avant de l'acheter				Génial

Chapitre 2

Tout sur les combustibles, le bois et les briquettes de charbon de bois

Chérie, tu peux allumer mon feu...

Les hommes primitifs ont expérimenté la cuisine au barbecue en faisant cuire leur nourriture sur un feu en plein air. Ils s'asseyaient tous en cercle avec des contenants de Tupperware remplis de viandes marinées (de tigres à dents de sabre, d'apatosaures, de licornes, etc.) et attendaient la foudre. Dès qu'ils voyaient des éclairs frapper le sol, ils s'empressaient de se rendre sur le site. Avec de la chance, les éclairs avaient allumé un feu ; ils sortaient alors le gril, puis la fête commençait. Trop souvent, toutefois, le feu s'éteignait avant que le repas ne soit cuit. Puisque l'homme primitif (et la femme) n'était pas très versé dans la connaissance du feu, il ne leur venait pas à l'esprit d'ajouter du combustible pour alimenter le feu. Aussitôt qu'ils ont compris ce concept, ça n'a été qu'une question de temps avant qu'ils réalisent qu'ils pouvaient le transporter à leur village. Dès lors, ils n'arrêtaient pas de faire des feux, sauf lorsqu'il pleuvait.

Pour garantir une source de feu constante, Al E. Oop a inventé le premier système à produire des étincelles. Il a trouvé qu'en frottant ensemble deux objets, il pouvait se produire des étincelles qui pouvaient par la suite allumer un feu de brindilles. Avant que vous puissiez dire le mot « entrepreneur », M. Oop vendait son invention « feu en bouteille » partout au pays. Nous connaissons tous la suite.

Conseils astucieux avant de commencer

Suivre les instructions du fabricant si vous en avez. Comme mon père a toujours dit : « Quand tout échoue, lis les instructions. »

Pour les grils au charbon de bois

- Ouvrez toutes les ouvertures de ventilation et le couvercle, puis enlevez la grille.
- Utilisez des briquettes de très bonne qualité faites de bois dur comme l'orme, le hickory, le bouleau, le chêne ou l'érable. Ils brûlent proprement sans laisser d'odeur.
- Allumez le feu en utilisant une des méthodes intelligentes décrites ci-contre.
- Laissez brûler les briquettes de 15 à 20 minutes ou jusqu'à ce qu'elles soient recouvertes d'une couche de cendre gris pâle.

Pour les grils au gaz

- Pensez au vent et à la température extérieure avant de commencer votre barbecue. Ces deux facteurs influeront sur le temps de cuisson.
- Préchauffez votre gril environ 20 minutes.
- Enlevez les grilles et vaporisez-les avec un enduit végétal.

Allume-feux de fortune

En plus des méthodes connues pour allumer un feu, comme les allumettes, le briquet ou en frottant deux scouts ensemble, voici quatre vraies méthodes qui pourraient fonctionner si vous vous trouvez dans une situation d'urgence.

Méthode 1 — Acier et silex

Cette méthode remonte au temps où un pionnier a utilisé son fidèle couteau pour tailler une pierre. Il n'était pas très intelligent, mais en frappant l'acier sur la pierre, il a créé une étincelle. Placée à proximité de petit bois sec (des combustibles comme des aiguilles de pin, des brindilles), cette étincelle peut créer une flamme qui pourrait se transformer en un feu. Peu importe ce que vous avez vu à la télévision ou dans un film, cette méthode est ardue et ne fonctionnera pas s'il y a plus de 1% d'humidité.

Méthode 2 — Loupe

Vous avez probablement utilisé une loupe à l'extérieur seulement pour brûler des fourmis, mais cette même chaleur qui brûle les insectes peut être utilisée pour commencer un feu d'urgence. Dirigez la loupe de telle façon que les rayons du soleil soient dirigés directement sur du bois sec. En premier, il se produira de la fumée et éventuellement, le feu s'allumera. Important : cette méthode ne peut servir que le jour. J'ai déjà essayé de commencer un feu avec une lampe de poche, et les piles se sont vidées. Si seulement j'avais connu la méthode décrite ci-dessous.

Méthode 3 — Laine d'acier et piles pour lampe de poche

C'est sans contredit la façon la plus impressionnante d'allumer un feu d'urgence. Vous aurez besoin de 2 piles D pour lampe de poche ou de 1 pile de 9 volts. Vous aurez aussi besoin d'une laine d'acier fine (au moins 00).

Déchirez une portion de 1 cm (½ po) de laine d'acier et étirez-la en la tournant jusqu'à ce qu'elle mesure 20 cm (8 po) de long. Placez ensuite les 2 piles une par-dessus l'autre, comme elles seraient placées dans une lampe de poche. Mettez ensuite un bout de la laine d'acier sous la pile du dessous. Puis frottez l'autre bout de la laine d'acier sur le dessus de la pile placée en haut. Il se produira alors des étincelles que vous voudrez avoir tout près de vos vieilles amies, les brindilles séchées.

Si vous utilisez une pile de 9 volts, placez la laine d'acier sur les deux terminaux, et vous obtiendrez aussi du feu.

Méthode 4 — La méthode de la télévision

Je regardais un film à la télévision, au sujet du sauvetage de l'avion d'une équipe médicale, qui s'était écrasé dans les montagnes durant une tempête. Pour attirer l'attention, les survivants avaient décidé d'allumer un feu, mais puisqu'ils étaient des professionnels de la santé et ne fumaient pas, personne n'avait de briquet ni d'allumettes. Ils ont trempé une couverture dans le carburant de l'avion, qu'ils ont facilement trouvé dans les réservoirs. Pour commencer le feu, ils ont utilisé des palettes de défibrillation (qu'ils avaient à bord), qu'ils ont frottées ensemble. L'étincelle qui en a résulté a mis le feu à la couverture, et les passagers ont été sauvés. Je n'ai aucune idée si cette méthode donnerait les mêmes résultats dans la vraie vie, mais je tenais à vous raconter cette histoire au cas où vous vous trouveriez à un barbecue avec des techniciens médicaux d'urgence et que vous ne pouviez pas allumer un feu.

Sources de chaleur et façons de partir un feu

Tel que discuté au chapitre 1, un barbecue peut être quelque chose d'aussi simple qu'une poêle avec une source de chaleur en son centre. La source de chaleur peut être n'importe quoi brûlant lentement. Ici, nous ne parlons pas d'une pile de vieux journaux par exemple, mais vous pourriez être surpris de voir que votre maison renferme autant de possibilités vous permettant de commencer un feu. Voici quelques idées et des conseils pour vous faciliter la tâche.

Sterno

Quelque chose de petit comme une boîte de gel inflammable de la marque Sterno vous aidera grandement en cas d'urgence. Enlevez tout simplement le couvercle de la boîte et approchez-en une allumette. Vous obtiendrez immédiatement une flamme assez chaude pour faire cuire un hot-dog, faire rôtir une guimauve ou faire fondre le fromage de votre sandwich grillé. C'est ce que l'on utilise le plus souvent lorsque l'on fait des fondues.

Brûleur maison

Vous pouvez obtenir votre propre flamme dans une boîte en construisant votre brûleur maison. Prenez une boîte de conserve de thon vide et du carton ondulé. Coupez le carton en lanières aussi larges que la hauteur de la boîte de conserve. Assurez-vous de bien couper ces lanières à travers l'ondulation, ainsi les trous paraîtront. Roulez les lanières en un cylindre pour qu'il puisse être contenu dans la boîte. Faites chauffer de la paraffine au bain-marie et versez-la sur le carton jusqu'à ce que la boîte en soit remplie. Vous avez maintenant votre brûleur maison. Lorsque c'est le temps de la cuisson, allumez le carton dans la boîte à l'aide d'une allumette. Si vous voulez, vous pouvez placer l'allumette au centre de la boîte et l'allumer ensuite. L'allumette vous servira de mèche. Le brûleur s'enflammera, car la paraffine servira de combustible pour le carton. Vous pourrez alors utiliser votre brûleur, qui durera entre 1 h 30 et 2 h. Si le feu menace de s'éteindre, vous pouvez mettre un morceau de cire sur la flamme et, en fondant, elle ajoutera au combustible. Génial, non ?

Allumer un feu *œfficacement*

Voici une nouvelle façon d'allumer un feu qui conviendra parfaitement si vous êtes loin de la maison.

Commencez par préparer votre allume-feu en vous procurant une boîte à œufs. Il est essentiel que la boîte à œufs soit en carton et non en mousse. Enlevez la partie supérieure et placez-la sous la partie inférieure de la boîte du dessous pour les emboîter l'une dans l'autre. Faites fondre de la paraffine dans un bain-marie sur votre cuisinière. Le niveau de combustion de la paraffine est très bas, alors faites-la fondre au bain-marie ou dans une boîte de conserve vide que vous placerez dans une casserole d'eau bouillante. Versez environ 0,5 cm (¼ po) de paraffine dans chaque alvéole.

Pendant que la paraffine refroidit, mettez une briquette de charbon de bois dans chacune des alvéoles. Votre préparation est maintenant terminée.

Lorsqu'il est temps d'allumer votre feu, placez la boîte à œufs sur le gril ou dans l'emplacement prévu pour votre feu, et ajoutez d'autres briquettes autour et sur le dessus. Mettez le feu au carton avec une allumette. La boîte à œufs et la paraffine brûleront longtemps et mettront le feu à vos briquettes.

Bougies

Ce n'est pas une source de chaleur très rapide, mais en cas d'urgence, vous pouvez faire bouillir de l'eau dans une boîte de soda vide au-dessus de quelques bougies. Ce truc nous vient directement du pays des tremblements de terre. Eh oui, la Californie. La façon la plus simple de le faire est de toujours avoir des bougies et des allumettes à portée de la main. L'eau prendra du temps à bouillir, selon le nombre de bougies que vous aurez, mais ça pourra se faire. Vous pouvez aussi faire réchauffer une boîte de conserve de fèves au lard ou toute autre conserve de la même façon.

Rouleau de vieux journaux

Voici comment faire. Roulez un journal en le serrant bien, en commençant par le côté où on ouvre les pages et en roulant vers le centre. Attachez bien le rouleau avec de la ficelle ou du fil de coton. N'utilisez pas de magazines, car les produits chimiques utilisés pour la couleur sont toxiques ; mais une ou deux bûches de journaux roulés très serrés vous donneront un feu qui durera très longtemps.

Allumeurs électriques

Si vous n'avez plus d'allumettes, vous pouvez utiliser un allumeur électrique pour mettre le feu à vos briquettes. Ces allumeurs ressemblent à une boucle en métal avec une prise de courant au bout. Pour les utiliser, placez la boucle au milieu des briquettes. Ne la mettez pas sur le dessus, mais bien au centre. Branchez l'allumeur dans une extension solide et l'autre bout de l'extension dans une prise de courant mise en terre. Comme la boucle chauffe, les briquettes commenceront à se consumer. Lorsque les cendres apparaîtront sur les briquettes (de 8 à 10 min), débranchez l'allumeur et enlevez-le. Maintenant, attendez la formation d'une fine couche de cendre grise et vous serez prêt pour la cuisson.

Cheminées d'allumage

Les cheminées d'allumage sont une alternative qui ne requière ni liquide ni électricité. Cette cheminée est un tube d'environ 25 cm (10 po) de haut et 15 cm (6 po) de diamètre — plus ou moins quelques centimètres d'un côté comme de l'autre — faite en acier. Normalement, elle est munie d'une poignée ininflammable qui sert à l'enlever lorsque le feu est commencé, et elle est perforée de quelques trous en bas du tube pour aider à la combustion. Pour faire un feu de briquettes à l'aide d'une cheminée d'allumage, placez-la dans le fond de votre gril. Chiffonnez quelques feuilles de papier journal (la page de l'éditorial est habituellement la plus inflammable) et placez-les au fond de la cheminée. Ensuite, remplissez la cheminée de briquettes jusqu'en haut. Allumez les feuilles de papier journal par un des trous de la base. Comme le papier brûle, les briquettes s'allumeront, et dans 20 à 30 minutes, vous pourrez commencer à faire la cuisson. Assurez-vous de ne pas enlever la cheminée pendant un bon 20 minutes. Lorsque le feu est prêt, enlevez délicatement la cheminée par la poignée en utilisant des gants ininflammable. Disposez de la cheminée dans un endroit hors de la portée des enfants, des animaux et de la parenté lourdaude (Hé, est-ce que cette chose est chaude?) jusqu'à ce qu'elle ait refroidi.

Cubes d'allumage solides

Ces cubes d'allumage sont des blocs ou des bâtons compressés qui s'allument facilement avec des allumettes. Ils brûleront pendant environ une demi-heure — assez longtemps pour que les briquettes ou le bois s'allument.

Allumeur au propane

Ce sont tout simplement des bâtonnets de plastique qui contiennent de l'essence à briquet. Vous appuyez sur un bouton et voilà! Il est commode d'avoir des allumeurs au propane au camping, lorsque vous voulez rapidement créer une ambiance dans la chambre à coucher, durant un tremblement de terre ou une panne générale de courant, lorsque vous voulez allumer votre feu de foyer sans brûler le poil de vos bras, et ainsi de suite. La plupart ont une petite fenêtre pour vous permettre de voir le niveau de gaz qui vous reste, et également un bouton qui vous permet d'ajuster la hauteur de la flamme. N'aimez-vous pas les choses que vous pouvez maîtriser?

Essence à briquet

Utilisez l'essence à briquet avec précaution. Vous la versez sur les briquettes de charbon de bois. Vous la laissez pénétrer dans les briquettes ou le charbon, attendez environ une minute pour qu'il s'imprègne; allumez-la et vous obtenez une flamme. La flamme s'éteindra dans quelques minutes. N'utilisez jamais de l'essence à briquet lorsque

Essence à briquet

les aliments sont déjà sur la grille. Pourquoi voudriez-vous mettre des aliments sur une grille froide de toute façon?

Pouf! Le dragon magique

L'essence à briquet peut provoquer de grands rires ou de graves blessures. Soyez-en averti.

Visualisez ceci : Par une douce soirée à Phoenix, le soleil se couchait derrière les cactus. David, 21 ans, décide d'inviter son amie, que nous n'appellerons pas Jennifer, 18 ans, pour un dîner. Il voulait l'impressionner par ses compétences viriles dans l'art de faire du barbecue. Au lieu de ça, il a presque perdu la vie au cours de ce dîner.

N'ayant pas les connaissances de base pour utiliser un gril, ce fut son premier désavantage. Le second fut le gril lui-même : c'était un vieux gril branlant aux briquettes de charbon de bois installé de façon permanente dans le béton de son immeuble. David a empilé beaucoup de briquettes. La moitié du sac. Ensuite, il y a versé une bouteille complète d'essence à briquet.

David savait qu'il devait attendre avant d'allumer le feu. Alors, de façon cavalière, il jeta une allumette dans la soupe d'essence. Whoosh! Le tout s'est enflammé! Des flammes de 1,2 m (4 pi) de haut menaçaient les arbres des environs. Il a rapidement retiré son bras du gril. Il n'était pas brûlé, mais les poils ont roussi! Son visage est devenu couleur cendre. Son amie de 18 ans a pouffé de rire. Ils ont pu avoir un dîner agréable après que les flammes furent éteintes, une heure plus tard.

Combustibles

Briquettes de charbon de bois

Pour commencer, laissez-moi vous dire que dans un crayon au plomb, il n'y a pas de plomb, comme il n'y a pas de charbon dans le charbon de bois. Le plomb dans un crayon est en réalité du graphite, et le charbon dans le charbon de bois est réellement du bois. Pourquoi ne l'ont-ils pas appelé «charbois?» Ça sonne bizarre. (Nous saurons la vérité sur le charbois à la page 46.) Charbon de bois sonne beaucoup mieux. Le charbon de bois est du bois que l'on a brûlé sans permettre une combustion complète... et s'il vous est arrivé de ne pas avoir une combustion complète, vous savez à quel point c'est frustrant.

Peu après la découverte du feu, l'homme primitif a découvert le charbon de bois. Ça a été par accident, lorsqu'il a jeté de la terre sur un feu pour savoir si elle allait brûler. Personne n'a jamais dit que l'homme primitif était l'ampoule la plus brillante du chandelier, probablement parce qu'il n'y avait pas de chandelier à ce moment-là. Il suffit de dire que jeter de la terre sur un feu n'était pas tellement brillant. Le feu était éteint, mais en même temps, le bois n'a pas pu continuer à brûler. Lorsque le bois carbonisé fut mis à découvert, l'homme primitif (appelons-le Wuggy) a découvert que lorsqu'il brûlait, le bois était plus chaud, plus propre et plus efficace que le bois vert.

C'est parce que dans le bois carbonisé (ou charbon de bois), la résine et l'eau se sont évaporées. Normalement, le bois de foyer contient de 20 à 30 % d'eau, alors que dans le charbon de bois il n'y en a que 2 à 3 %. Puisque l'eau — comme la terre — ne brûle pas très bien, moins votre combustible en contient, plus votre feu sera chaud et rapide. De plus, le charbon de bois est offert en sacs pratiques de 4,5 kg (10 lb) alors que le bois de foyer est disponible en gros morceaux, comporte des risques de vous faire des échardes, et vous devrez utiliser des instruments comme les haches et les hachettes.

Le charbon de bois est offert sous plusieurs formes. La plus connue est la briquette, qui a la forme d'un petit oreiller carré. Au fil des ans, on a essayé des formes autres que le petit oreiller, mais elles n'ont pas été populaires. Pendant un certain temps, il y a eu la briquette en forme de jetée-tapis qui a été suivie par une briquette en forme de duvet, mais les gens sont toujours revenus à la forme originale.

Les briquettes sont faites de bois qui a été carbonisé et pulvérisé. Cette poudre est alors moulée en un des deux types de briquettes. Les briquettes naturelles contiennent de l'amidon naturel qui les relie. Les briquettes de composition contiennent aussi le bois pulvérisé et carbonisé, mais utilise le pétrole ou la paraffine comme agent liant. Ces dernières peuvent contenir également des ingrédients autres que le bois carbonisé, comme de la poussière de charbon ou des petits morceaux de bois.

La quantité de charbon de bois dont vous aurez besoin pour votre barbecue dépend grandement de la taille de votre gril et de la nourriture à faire cuire. Il est certain que vous aurez besoin de plus de briquettes pour faire cuire un rôti que pour faire griller un hot-dog. Les conditions atmosphériques peuvent également affecter votre feu. Si la température est extrêmement humide, venteuse ou froide, vous aurez besoin de beaucoup plus de briquettes que par une belle journée. En règle générale, vous prendrez environ 30 briquettes de charbon de bois pour faire cuire complètement 450 g (1 lb) de viande.

Le charbon de bois est plus noirci, la seconde fois qu'on l'utilise

Saviez-vous qu'on peut réutiliser le charbon de bois? La plupart des gens ne réutilisent pas les briquettes et laissent le feu mourir de lui-même. Mais lorsque j'étais enfant (ne haïssez-vous pas les phrases qui commencent par ces mots?), les briquettes ne poussaient pas dans les arbres et il fallait éviter le gaspillage. Alors, aussitôt les aliments cuits, nous éteignions le feu et gardions les briquettes pour un autre repas. Voici plusieurs méthodes que vous pouvez utiliser pour éteindre vos briquettes afin de les réutiliser un autre jour :

• **Méthode 1** — Vaporisez-les avec de l'eau, à l'aide d'un arrosoir ou de la fine bruine venant d'un boyau d'arrosage. Remuez délicatement le feu afin de vous assurer que l'eau mouille toutes les briquettes. ***ATTENTION À LA VAPEUR.*** Vaporiser de l'eau sur un feu chaud créera de la vapeur qui pourrait vous brûler. Ne vous tenez pas directement au dessus du feu lorsque vous vaporisez de l'eau et tenez-vous loin du nuage de vapeur. Si vous avez un conduit qui va de votre gril à votre salle de bain, vous pouvez créer un sauna pendant 30 secondes, mais pour la plupart des gens, il est très difficile de courir du gril à la salle de bain à temps pour en jouir.

• **Méthode 2** — Plongez les briquettes une par une dans un seau d'eau à l'aide de pinces. Elles s'éteindront immédiatement. Ensuite, jetez l'eau et laissez sécher les briquettes — qui peuvent encore être chaudes.

Conseils sur le combustible

Dans le monde du barbecue, il n'y a rien de plus embarrassant ou frustrant que de manquer de combustible. Si vous utilisez un gril au charbon de bois, vous devriez savoir si vous en avez assez avant de commencer, parce que vous pouvez voir dans le sac à briquettes. S'il ne vous reste que trois briquettes, vous manquerez sûrement de combustible. Gardez-en toujours un sac supplémentaire dans le garage.

Si votre gril au gaz est branché à la ligne de gaz naturel de votre maison, évidemment, vous ne manquerez jamais de combustible. Si vous faites la cuisson sur un gril au gaz avec bonbonne, par contre, vous aurez de la difficulté à savoir combien il vous reste de combustible, mais il y a certaines méthodes pour vous aider. Certains grils sont équipés d'un système élaboré de balance qui évalue le poids de votre bonbonne à gaz et vous donne ainsi une idée du reste du combustible. Il y a aussi des bandes en plastique qui s'attachent sur le côté de la bonbonne et qui changent de couleur pour indiquer ce qui reste. Certaines nouvelles bonbonnes sont conçues avec cet accessoire. Quel que soit le système utilisé, vous pouvez toujours mal interpréter puis manquer de combustible. Pour prévenir, faites une des choses suivantes :

1. Gardez une bonbonne supplémentaire dans un endroit sécuritaire… comme le garage de votre voisin.
2. Faites remplir votre bonbonne juste avant votre fête.
3. Gardez un sac de briquettes de charbon de bois au cas où. Si vous manquez de gaz, voir la section au chapitre 1 sur les grils de bonne fortune et faites un nouveau feu. Dites à vos invités que c'est de cette façon que les pionniers faisaient cuire leur nourriture et que vous voulez être authentique.

Entraîné pour le barbecue

Mon grand-père Alexandre avait l'habitude de me raconter des histoires du temps qu'il était très jeune, durant la Grande Dépression. Je parie que vos grands-parents peuvent vous raconter des histoires similaires.

Le charbon était la source principale de combustible pour sa famille durant les hivers froids de Chicago. Mais le charbon était très cher et les temps étaient très durs. Alors écoliers, Oncle Robert et grand-père s'emmitouflaient et, par temps neigeux et très froid, marchaient le long des voies ferrées — souvent pendant plusieurs kilomètres —, cherchant de gros morceaux de charbon qui auraient pu tomber des trains. Grand-père me disait qu'il faisait tellement froid le long des voies ferrées qu'il leur fallait envelopper leurs mains avec des haillons, mais alors il leur était très difficile de ramasser les gros morceaux de charbon et de les mettre dans les sacs en toile qu'ils transportaient.

Non seulement il était difficile de trouver de gros morceaux de charbon, mais il fallait qu'ils se battent avec des adultes et des enfants plus grands qui cherchaient la même chose le long de la voie ferrée. Ils ont passé au travers comme l'ont fait tous les autres. Mon grand-père a fini par acheter une grande maison dans un beau quartier, mais il n'a jamais oublié ces jours de privation. Ça vous donne à penser, n'est-ce pas ?

- **Méthode 3** — Si vous avez un gril à charbon de bois, fermez le couvercle et les ouvertures d'aération. Le feu manquera d'oxygène et les briquettes s'éteindront d'elles-mêmes. Ah, les miracles de la physique. Ne jetez pas un coup d'œil furtif lorsqu'elles sont en train de s'éteindre, car elles se rallumeront.

Quand vous réutilisez les briquettes de charbon de bois, placez-les sur le dessus des nouvelles briquettes. Elles peuvent être un peu plus difficiles à rallumer la deuxième fois, mais elles brûleront aussi bien.

Oncle Jack

Je crois que mon oncle Jack était bien avant son temps lorsqu'il s'agissait d'allumer lui-même un feu. Pour allumer un feu de charbon de bois, il mettait trois briquettes dans un pot de verre et les couvrait d'essence à briquet. Il refermait le couvercle et attendait jusqu'au lendemain. Lorsque nous allions au parc public pour un barbecue, Jack ouvrait tout simplement le pot de ses trois briquettes saturées et inflammables et les plaçait sur le gril. Il ajoutait des briquettes autour. Finalement, il plaçait une allumette au bas de la pile, et les trois briquettes saturées suffisaient pour allumer le feu et enflammer toute la pile.

La façon la plus souvent utilisée pour allumer des briquettes une seconde fois est l'essence à briquet. Placez vos briquettes en pyramide pour commencer un feu avec de l'essence à briquet. La pyramide n'a pas besoin d'être parfaite. En réalité, n'hésitez pas à les placer en pile. Arrosez-les généreusement avec de l'essence à briquet. Vous n'avez pas à les imprégner, mais ne soyez pas radin non plus. L'idée est d'avoir assez de feu pour que les briquettes commencent à brûler par elles-mêmes. Servez-vous de votre jugement et mettez assez d'essence pour commencer le feu, mais pas trop pour que vos sourcils roussissent lors que vous y jetterez une allumette.

Après que les briquettes ont été arrosées d'essence de briquet, allumez une allumette et tenez-la près de la pile pour allumer les briquettes. Lorsque le feu aura commencé, votre première tâche est terminée. Asseyez-vous et reposez-vous, vous le méritez.

Dans 20 à 30 minutes, votre feu devrait être prêt pour la cuisson. Votre première indication est une fine couche de cendres grises à la surface des briquettes. Lorsqu'elles sont recouvertes de cendre aux trois quarts, il est temps de commencer. Lorsqu'elles ne sont recouvertes qu'à la moitié, il est encore trop tôt pour la cuisson. Ne soyez pas trop pressé, car le feu ne sera pas assez chaud. D'où découle l'expression « faire les choses à moitié ».

Maîtrisez les flambées

La cuisson en plein air peut être une activité stressante, et si vous avez vraiment une mauvaise journée — le chien a mangé tous les hamburgers, vous n'avez plus de gaz pour votre gril, vous manquez de bière, etc. —, vous pouvez quelquefois vous enflammer. Vous parlerez hargneusement à tante Sylvia sans aucune raison, et vous traiterez le pauvre oncle Théodore de mouilleur de lit. S'il vous arrive de vous enflammer de cette façon, étendez-vous immédiatement, mettez une serviette d'eau froide sur votre front et écoutez la musique de Yanni jusqu'à ce que la tension s'apaise. Si, par contre, votre gril fait des flambées, continuez à lire.

Les flambées sont un problème commun lorsque vous faites la cuisson au charbon de bois. Pendant que votre repas cuit sur le gril, le gras de la viande dégouttera sur les briquettes chaudes et il s'enflammera. Il flambera vos aliments, qui deviendront noircis et brûlés. À moins que vous ne vouliez avoir des aliments à l'allure cajun, ce n'est pas bon pour votre repas. Aussi, saviez-vous que la viande brûlée est cancérogène ? Oui, c'est vrai.

Pour maîtriser ces petites conflagrations, ayez toujours sous la main une bouteille ou un pistolet rempli d'eau. Un des pistolets à eau super puissants appartenant à un de vos enfants serait plus amusant, mais si vous n'êtes pas en train de préparer une soupe sur votre gril, un petit pistolet à eau de 59 cents acheté dans la section des jouets fera l'affaire.

Maintenant bien armé, lorsque vous verrez la mauvaise flamme montrer ses vilaines couleurs, attrapez votre arme et tirez sur la coupable avec un jet soutenu de H_2O. Comme Saint-Georges avec le dragon crachant du feu, ceci est votre chance de démontrer réellement votre machisme en faisant la cuisson sur le gril. Protégez votre famille ! Arrosez !

Homme + voiture = pique-nique

La plupart d'entre nous savons que Henry Ford a inventé la Ford modèle T, mais saviez-vous qu'il a aussi contribué à faciliter la cuisine au barbecue ? Au début des années 1900, Ford tournait la manivelle du modèle T qui s'appelle Tin Lizzies à un bon rythme, et comme chaque voiture avait un châssis fait de bois, il a décidé qu'il était mieux d'acheter une scierie pour fabriquer les châssis. Il acheta une scierie dans le nord du Michigan et découvrit que plus il préparait de châssis, plus il lui restait de petits morceaux de bois. Étant toujours un entrepreneur, Ford essayait d'imaginer comment utiliser ces restes de bois. Il a rapidement réalisé qu'il pouvait couper le bois et le convertir en briquettes de la forme du petit oreiller qu'on connaît aujourd'hui. Au début, il vendait ces briquettes dans les agences automobiles de Ford, mais la demande s'est accrue, ainsi que la distribution.

Aujourd'hui, nous utilisons toujours les briquettes créés par Ford, elles s'appellent les briquettes de charbon de bois Kingsford®. C'est la marque la plus populaire sur le marché. Je gage que vous ne le saviez pas !

Bien, il est sûrement plus intéressant et plus gratifiant de sauver des demoiselles en détresse, mais vous vous en occuperez plus tard. En ce moment, vous cuisinez pour la famille.

Prévenez les flambées

Pour prévenir les flambées, enlevez le gras de vos biftecks et de vos rôtis et enlevez la peau du poulet. Ainsi, non seulement vous empêcherez la montée des flammes provoquées par le gras de viande qui tombe sur les briquettes, mais vous aurez aussi un repas plus sain avec moins de gras.

Si votre gril a un couvercle, fermez-le ainsi que les ouvertures d'aération pour étouffer rapidement la flambée. Si les flammes sont hautes, une poignée de sel de table les éteindra. Si tout ceci ne suffit pas, il a été dit que des feuilles de laitue Iceberg placées sur les briquettes préviendront les flambées. Comme la laitue est composée de 95 %

d'eau, le feu sera étouffé avant même que la flambée commence. Cependant, cette méthode donnera un goût bizarre à votre salade.

Un autre conseil contre les flambées est de saisir d'abord la viande sur un feu très chaud afin d'en sceller les jus. Puis, élevez le gril pour compléter la cuisson. Aussi, gardez votre gril propre.

Entreposage des briquettes de charbon de bois

Comme les briquettes contiennent 1/10 de l'humidité du bois vert, la dernière chose que vous voulez est que l'humidité retourne dans le combustible. Les briquettes sont poreuses et absorbent l'humidité, ainsi il est important de les garder au sec. C'est pourquoi ils mettent des filtres de charbon dans les purificateurs d'eau et les aquariums. Si vous entreposez vos briquettes dans un sac, assurez-vous que le sac est dans un endroit sec, à l'abri des intempéries. Vous vous rappelez les éléments, n'est-ce pas? Ils étaient sur la grande table dans le local de sciences en septième année. Le radon, le lithium, le chrome, le magnésium, le fer, le zinc et ainsi de suite. Assurez-vous de garder vos briquettes loin de ces éléments, de la pluie et de la neige aussi. Le mieux est d'entreposer vos briquettes (sacs et autres) dans un grand contenant en plastique qui peut se fermer hermétiquement. Une poubelle en plastique peut servir à entreposer quelques sacs de briquettes; de plus petits contenants sont aussi offerts.

Une autre possibilité est d'enlever délicatement chaque briquette de son sac original et de les mettre dans un sac à sandwich en plastique fermé hermétiquement. Vous pouvez même indiquer les dates d'expiration avec des couleurs différentes. Ainsi, vos briquettes se conserveront au sec pendant très longtemps, mais votre famille et vos amis vous trouveront un peu maniaque et ne vous permettront plus d'approcher du gril.

Voici enfin la vérité au sujet du charbois

Le charbois n'est pas aussi idiot qu'il le paraît. Je m'excuse de mes commentaires précédents. C'est en réalité du charbon de bois dans sa forme la plus naturelle, une sorte de retour à la nature. Le charbois est populaire auprès des environnementalistes de Birkenstock. Brûler de gros morceaux de bois dans un four sans oxygène produit le charbois. Le pauvre, il ne peut pas respirer. Ainsi, il suffoque, ce qui le déshydrate et le carbonise. Le résultat donne des morceaux de bois comme auparavant, mais ils sont devenus le charbois. Ce dernier est le préféré des chefs exigeants, car il est chaud et brûle proprement, et aussi parce que c'est branché. Il est plus difficile à trouver que le charbon de bois, mais il vaut la peine d'en acheter un sac et de l'essayer.

Conseils sur la sécurité

- Ne prenez jamais un ustensile chaud sans utiliser un gant de cuisinier ou une poignée.
- De la vapeur et de l'air chaud se ramassent dans les grils couverts. Ouvrez avec précaution.
- N'utilisez jamais de charbon de bois à l'intérieur, car il dégage du monoxyde de carbone, qui est aussi nocif que celui qui se dégage du tuyau d'échappement de votre voiture.
- Pour allumer le charbon de bois ou autres combustibles, n'utilisez jamais d'alcool, d'essence, de kérosène ou de dynamite. Ils peuvent exploser et causer de graves dommages.

Bois

Alors que la plupart d'entre nous optent pour la cuisson sur gril utilisant du charbon de bois déjà préparé ou du gaz propane, il peut venir un temps où nous aimerions essayer de faire la cuisson comme la faisaient nos ancêtres. De nos jours, quelques restaurants de luxe sont équipés de grands fours à bois qu'ils utilisent pour préparer tout, de la pizza jusqu'aux viandes. Tout aliment cuit dans un four à bois prendra le goût du bois sur lequel il est cuit. Certains bois transmettent une saveur sucrée, alors que d'autres donnent des saveurs beaucoup plus soutenues. Tous les bois vous donneront une saveur de fumée, car c'est ce que le bois donne. Les feux de bois sont faciles à commencer en utilisant des journaux comme allumeurs. Si vous avez une cheminée d'allumage (ou un grand contenant à café), placez les journaux dans le bas et les morceaux de bois sur le dessus. Allumez avec une allumette, et vous aurez bientôt une belle flambée. Jetez le bois dans votre gril et attendez quelques minutes pour qu'il se transforme en charbons rougeoyants. Lorsque ceux-ci sont prêts, vous pouvez commencer la cuisson comme vous le feriez avec tout autre type de combustible. Seulement, rappelez-vous que le feu de bois a tendance à être plus chaud que le feu de charbon de bois ou de gaz ; ainsi, réglez votre temps de cuisson en conséquence.

Lorsque vous utilisez des copeaux de bois pour votre barbecue, vous devez normalement les circonscrire dans un bac (comme un bac d'écoulement) et les utiliser selon les instructions du fabricant. Typiquement, vous les ferez tremper pendant quelques minutes avant de les utiliser. La vapeur dégage la fragrance.

Pour le choix de votre bois, différents bois auront différentes propriétés. La plupart des bois spécialisés se vendent dans un sac avec un feuillet d'instructions. Si vous utilisez du bois de votre terrain, faites tremper les copeaux au moins 20 minutes avant de les répandre sur votre source première de chaleur, ou utilisez du bois régulier.

Et au cas où vous ne le sauriez pas, différents arbres donnent différents types de bois. Regardons les différents types de bois en les plaçant par catégories, en commençant par…

Vieux Doc Watkins

Ça me rappelle l'histoire du Dr Watkins qui avait l'habitude de prendre un daiquiri à la fin de chaque journée de travail. Son barman favori le lui préparait chaque jour, avec une saveur de fruits différente. Un jour fatidique, le barman a réalisé qu'il n'avait plus de fruits pour le daiquiri du Dr Watkins. Ne voulant pas désappointer son client favori, le *mixologue* a préparé la boisson en utilisant la seule saveur qu'il pouvait trouver : la fumée de hickory. Après que le Dr Watkins a goûté au mélange, il a demandé au barman : «Quel nom porte ce mélange, mon ami ?» Ce à quoi le barman a répondu : «Bien, c'est un daiquiri au hickory, Doc.* »

---

* N.d.T : Le hickory daiquiri est une boisson bien connue aux États-Unis.

Arbres fruitiers

Les bois de pommier et de cerisier sont les bois de choix, mais le bois de tout autre arbre fruitier pourra être utilisé à la condition, naturellement, que le bois soit mort. Les bois de pommier et de cerisier donnent une fumée légère, sucrée et fruitée, qui est assez douce pour le poulet ou la dinde, mais qui ne peut pas donner de saveur au jambon. Le bois de pommier donne aux aliments une saveur nette mais acidulée. En règle générale, si la viande s'accompagne bien de compote de pommes ou de tarte aux pommes, choisissez le bois de pommier.

Le cerisier donne à votre nourriture une saveur sucrée et fruitée et un goût certain de cerise. Encore une fois, en règle générale, utilisez le cerisier avec un repas qui s'accompagne bien d'une sauce aux cerises ou d'une tarte aux cerises comme dessert. Un canard aux cerises me vient immédiatement à l'esprit, mais toute volaille bénéficiera de l'élixir du bois de cerisier, comme je pense que toute volaille s'accompagne bien d'une tarte aux cerises comme dessert.

Je sais que les raisins ne poussent pas dans les arbres (et l'argent non plus, selon ma mère), mais la vigne séchée peut être utilisée pour faire griller des repas plus lourds comme un bifteck ou d'autres viandes. Les Français favorisent probablement la vigne séchée comme combustible parce qu'ils en ont beaucoup. Puisque la France produit beaucoup de vin, vous savez qu'à la fin d'une saison il y aura un surplus de vignes. Ce combustible donne un feu très chaud, alors, faites bien attention de ne pas brûler votre viande.

Mesquite

Le bois de mesquite est devenu très populaire ces derniers temps probablement parce que le mot est agréable à dire. Allez-y dites mesquite. C'est agréable, non? C'est comme si vous alliez dire moustique et vous finissez par dire mesquite. C'est une bonne blague!

Le mesquite est le bois le plus utilisé lorsque l'on fait des recettes mexicaines et du Sud-Ouest des États-Unis. Vous obtiendrez une saveur soutenue de fumée qui s'adapte bien avec le bœuf sous toutes ses formes. Le mesquite est le bois qui est le moins bien connu aux États-Unis. Il est bien pour la cuisson sur le gril parce qu'il devient très chaud, mais moins que la moyenne des autres bois pour le barbecue. La fumée a un goût qui passe d'acidulé à

Fabriquer une bûche avec du papier d'aluminium

Étape 1 — Faites tremper 320 à 640 g (1 ou 2 tasses) de copeaux de bois dans un bac rempli d'eau pendant au moins 30 min.

Étape 2 — Préparez une pièce carrée de papier d'aluminium épais, de 30 à 45 cm (12 à 18 po) (selon la largeur de votre papier). Pliez-la en deux pour en obtenir un rectangle.

Étape 3 — Égouttez les copeaux et placez-les au centre du rectangle. Roulez bien serré le papier d'aluminium et les copeaux à l'intérieur afin de former un rouleau ou une bûche. Rabattez le joint supérieur afin de garder le tout ensemble. Laissez les extrémités ouvertes et percez quelques trous dans la bûche afin que l'arôme s'en échappe.

Étape 3½ — Peignez la bûche en brun et, avec un marqueur noir, dessinez de petites veinures à l'extérieur. D'accord, cette étape est une farce.

Étape 4 — Enlevez la grille de votre gril au gaz et mettez la bûche directement sur les pierres de lave. Ensuite, allumez le gril.

Étape 5 — Durant la cuisson, la fumée s'échappera de la bûche pour parfumer vos aliments.

Étape 6 — Acceptez les félicitations et les compliments de vos invités pour votre chef-d'œuvre.

amer si la cuisson dure trop longtemps. Malgré tout ce que l'on entend au sujet du Sud-Ouest, peu de chefs de gril utilisent le mesquite.

Autres bois

Puisque la plupart des bois brûlent, vous avez un grand choix de combustibles. Rappelez-vous qu'un bois qui brûle proprement, pour la cuisson, donne une chaleur presque sans fumée. Les bois durs comme le chêne brûlent proprement. Les bois mous comme le pin font beaucoup de fumée.

Puisque différentes sortes de bois sont disponibles dans différentes régions*, utilisez le meilleur bois que vous pouvez trouver. Par exemple, les pacaniers se trouvent à profusion dans le Sud tandis que les aulnes prédominent au Nord-Ouest. En plus des bois fruitiers ou du mesquite, vous pouvez utiliser une grande variété de bois durs qui vous donneront un repas savoureux. Le chêne est le bois de prédilection pour la plupart des chefs professionnels. Il brûle proprement et donne une saveur agréable à presque toutes les sortes de viandes, de volailles et de fruits de mer. Le bois de hickory est aussi un choix intéressant. On l'utilise pour les barbecues dans le Sud. Il donne une excellente saveur à toutes les viandes, spécialement au porc.

De la laitue seulement, chérie

S'il vous reste des feuilles de laitue Iceberg après avoir couvert les briquettes de charbon de bois, voici un délice spécial provenant de l'ère de la Grande Dépression de Chicago. Ce délice, une page de l'histoire des États-Unis, consistait à saupoudrer 5ml (1 c. à thé) de sucre sur une feuille de laitue, de la rouler comme un petit taco et de la manger à petites bouchées. Avec tout le sucre qu'ils mettent dans les bouteilles de vinaigrette, cette recette n'était pas si mauvaise et en plus, chaque bouchée vous rendra nostalgique.

Le cèdre n'est pas un bon choix comme combustible pour un barbecue, car il possède trop de fragrance, et vos aliments goûteront comme s'ils sortaient d'une garde-robe en cèdre. C'est la même chose avec le pin et tout

---

* N.d.T. : Les auteurs parlent ici de régions des États-Unis.

autre bois mou. Ces bois brûlent trop rapidement, donnent trop de fumée et une vilaine saveur de résine, alors ne les utilisez pas pour le barbecue.

Enfin, à moins que vous ne soyez très affamé, n'utilisez pas de débris de bois de construction pour la cuisson. Ils sont bien pour allumer un feu dans un baril de 200 l (50 gal) afin que vous puissiez être debout autour avec vos amis et chanter des airs *doo-wop* comme ils le faisaient dans *Rocky*, mais ce n'est pas un bon choix pour la cuisson. Les débris de bois de construction sont souvent traités avec des substances chimiques qui peuvent empoisonner vos aliments avec de la fumée cancérogène. Tenez-vous-en loin !

Aulnes : Bois traditionnel du Nord-Ouest Pacifique pour fumer le saumon, l'aulne est également utilisé pour les autres poissons et la volaille. Il a une saveur délicate.

Hickory : Le hickory est le roi des bois utilisés pour faire le barbecue dans le Sud, au même titre que le pain de maïs est roi. Son goût soutenu et chaleureux est parfait pour faire cuire une épaule de porc ou des côtes levées, il améliore aussi toute viande rouge ou volaille.

Érable : Moyennement fumé et sucré, l'érable se prête bien à la cuisson de la volaille, du jambon et des légumes.

Chêne : Si le hickory est le bois roi des barbecues, le chêne en est la reine. Agressif mais toujours agréable, le chêne est le bois dur le plus polyvalent, se mélangeant bien avec la plupart des saveurs. Le résultat avec le bœuf est divin.

Pacanier : Choix de plusieurs chefs professionnels, le bois de pacanier brûle bien et offre une saveur subtile. Certaines personnes disent que c'est une version douce du hickory.

Le bois ajoute de la saveur

Les copeaux de bois, les vignes ou les morceaux de bois peuvent ajouter une saveur délicieuse à vos aliments :

- Pour le poulet, essayez la vigne, le sassafras, le mesquite, le hickory, l'aulne et le pacanier.
- Pour les légumes, essayez le mesquite, la lavande et le faux-poivrier.

- Pour les fruits de mer, essayez l'aulne, le mesquite, la lavande, le sassafras et la vigne.
- Pour le veau, essayez les arbres fruitiers et la vigne.
- Pour l'agneau, essayez les arbres fruitiers et le mesquite.
- Pour le porc, essayez les arbres fruitiers, le hickory, le chêne ou le sassafras.
- Pour le bœuf, essayez le hickory, le mesquite, le chêne et la vigne.

Trempez les copeaux, les morceaux de bois ou la vigne dans l'eau froide pendant 30 à 40 minutes avant de les utiliser. Égouttez-les et étendez-les généreusement au-dessus des briquettes de charbon de bois. Pour les grils au gaz ou les grils électriques, enveloppez-les bien dans du papier d'aluminium et disposez-les sur le dessus du gril. Assurez-vous de laisser les bouts ouverts. Percez quelques trous dans le papier pour en laisser échapper l'arôme.

Copeaux de bois

Si vous ne pouvez pas vous procurer de bois aromatique pour cuisiner sur le gril, vous pouvez obtenir les mêmes résultats culinaires en utilisant des copeaux de bois. Je ne parle pas des copeaux que votre enfant met dans la cage du hamster. Normalement, on fait tremper les copeaux dans l'eau pendant au moins 30 minutes afin qu'ils puissent fumer lorsqu'on les mettra sur le feu, et ainsi parfumer les aliments. Avec un feu de charbon de bois, les copeaux de bois humides sont placés directement sur les briquettes chaudes. Si vous avez un gril au gaz, vous pouvez aussi utiliser des copeaux de bois, mais vous devrez les enrouler dans du papier d'aluminium dont vous aurez laissé les bouts ouverts, ce que l'on appelle une bûche, et la placer directement sur les pierres de lave.

Chapitre 3

Accessoires et entretien du gril

Outils professionnels

Si vous vous préparez à faire des grillades, il vous faut le bon équipement. Vous aurez besoin de beaucoup plus que d'un gril. Nous avons dressé une liste des outils et accessoires dont vous aurez besoin pour la cuisson sur le gril afin d'avoir une bonne expérience avec le barbecue, autant à la maison que dans la nature.

Accessoires de base pour la cuisson sur le gril

La cuisson sur le gril est une aventure semblable à un voyage de pêche. C'est un passe-temps qui demande très peu d'équipement au départ, mais il se prête facilement à tout ce que vous pouvez penser éventuellement acheter en vous disant qu'il améliorera votre expérience. Voici une liste des accessoires pour barbecue que vous voudrez peut-être acheter.

Pinces : Le fait qu'elles possèdent de longs manches qui ne deviendront pas chauds est une qualité que vous devez rechercher pour l'accessoire le plus utilisé. Les pinces sont utiles pour tourner la viande autant que pour déplacer les briquettes très chaudes. Les pinces avec un manche en bois sont meilleures, car elles ne deviendront pas chaudes, et à la rigueur, vous pouvez toujours les utiliser comme combustible ! Si vous tournez les aliments avec une grande fourchette à barbecue, vous percerez la viande et les jus s'en échapperont.

Fourchettes à barbecue et palette : De longs manches en bois sont préférables pour ces deux accessoires. La fourchette sert à tenir la viande en place pour qu'elle ne tombe pas du gril lorsque vous la tournez ou que vous la coupez, et la palette (aussi appelée spatule) est utilisée pour tourner les aliments. N'utilisez pas de fourchette pour tourner les aliments : utilisez plutôt une palette ou des pinces. Encore une fois, si vous percez les aliments, les jus s'en échapperont.

Pinceau pour badigeonner : Un long manche est préférable. À la rigueur, vous pourriez toujours utiliser un pinceau de peintre avec des soies naturelles, que vous aurez pris soin de bien nettoyer.

Pinceaux pour badigeonner

Vous pouvez acheter un pinceau pour badigeonner dans un magasin d'articles de cuisine ou vous pouvez faire ce que je fais — utiliser un pinceau de peintre. Un pinceau de 3,5 cm (1½ po) semble répondre à tous mes besoins. Si vous cuisinez une grosse pièce de viande comme un porc complet, ou un demi-bœuf, vous voudrez peut-être prendre un pinceau de 10 cm (4 po).

Lorsque vous aurez utilisé un pinceau de peintre, nettoyez-le complètement (avec du savon et de l'eau !) et rangez-le avec vos autres accessoires. Ne le gardez pas avec vos autres pinceaux de peintre, ceux qui trempent déjà dans le diluant pour peinture dans le garage.

Allumettes ou briquet au butane : À moins que vous ayez un gril au gaz muni d'un allumeur intégré, vous aurez besoin d'un allumeur. Un briquet au butane à long bec est le parfait allumeur. Pour des façons différentes d'allumer un feu, voir à la page 33.

Ouvre-bouteille : Au cas où vous auriez soif et que vous vouliez une boisson froide et givrée.

Le tablier du cuisinier : Vous pouvez penser que c'est bizarre, mais il y a une très bonne raison pour porter un tablier lorsque vous cuisinez. Des sauces qui éclaboussent, des étincelles qui s'envolent, des erreurs, des braises qui brûlent et toutes les autres choses qui font que la cuisine sur gril comporte des dangers. Porter un tablier de coton robuste protégera vos vêtements ou votre peau si vous êtes un nudiste ou si vous cuisinez nu pour une autre raison. Les tabliers pour barbecue portant des slogans bizarres peuvent être amusants. « Le roi de la viande morte » est le pire des slogans. Un tablier avec un slogan est bien dans une fête parce que les invités sauront qui remercier ou blâmer pour le dîner. De plus, selon vos invités et la quantité d'alcool servie avant le dîner, un tablier avec le slogan « Embrassez le cuisinier » pourrait vous faire découvrir de nouveaux amis, et on ne sait jamais ou ça pourrait conduire. De plus, vous aurez moins de distractions si vous semblez un peu plus officiel — personne n'osera demander à celui qui porte le tablier d'aller lui chercher une bière.

Combustibles : Charbon de bois, briquettes, bois, bois d'allumage, papier journal et autres types de combustible pour vous aider à allumer, maintenir et alimenter le feu.

Grattoir pour gril (facultatif, à moins que vous utilisiez le gril d'un parc public) : Cet accessoire est utilisé pour enlever les résidus de la cuisson précédente. Sur un gril public, vous ne savez pas ce qui a été cuit avant que vous vous en serviez, donc on suggère de bien gratter.

Nettoyant à four ou un tampon SOS et un seau rempli d'eau chaude savonneuse : Il y a plusieurs façons de nettoyer un gril, et un nettoyant à four ou un tampon à récurer accompliront la tâche.

Votre écusson de scout ou de guide Smokey l'ours (obligatoire pour tous les chefs) : Porter un écusson de scout lorsque vous cuisinez sur le gril démontre à vos invités que vous avez eu une formation de base dans l'art de cuisiner en plein air et les rassurera sur vos capacités de chef.

Bouteille pour vaporiser : Ma bouteille contient environ 1 l (1 pinte) d'eau, avec un embout réglable et peut vaporiser jusqu'à une distance de 3 m (10 pi) par une journée calme. Un pistolet à eau en plastique bon marché fera aussi l'affaire.

Extincteur : Encore une fois, je pense qu'il vaut mieux prévenir que guérir. La plupart des gens n'auront jamais à utiliser un extincteur pour éteindre un feu sur le gril, mais il est rassurant de savoir qu'il y en a un à la portée, en cas de besoin. Comme je fais le barbecue sur mon patio qui est situé près de mon garage, je garde l'extincteur à la portée, près de la porte du garage. Vous n'avez pas besoin de l'avoir près de vous, mais vous devriez pouvoir le trouver facilement en cas de besoin.

Thermomètre à viande : C'est votre meilleur accessoire lorsque vient le temps de vérifier la cuisson de votre viande. Traditionnellement, un thermomètre à viande ressemble à un long clou surmonté d'un cadran. On l'insère dans la viande lors de la cuisson et il indique la température interne. Un thermomètre «à lecture rapide» ressemble à une fourchette, et lorsqu'inséré dans la viande, il vous donne la température — instantanément. Contrairement aux thermomètres traditionnels, les thermomètres à lecture rapide ne sont pas laissés dans la viande pendant la cuisson.

Brosse métallique : Vous *allez* nettoyer votre gril, n'est-ce pas ? Une brosse métallique munie d'un long manche rendra votre tâche beaucoup plus facile. Optez pour celle qui est munie d'un grattoir métallique pour gril. Ça vous aidera à gratter les aliments qui ont cuit et sont encore sur le gril. Vous pouvez utiliser la brosse métallique pour nettoyer votre gril pendant qu'il est chaud, ce qui est bien. Lorsque les aliments ont refroidi, il est beaucoup plus difficile de les enlever.

Gants de cuisinier : Ai-je besoin de vous rappeler que vous travaillez avec le feu et que le feu peut être très chaud ? Les meilleurs gants de cuisinier sont résistants à la chaleur et au feu et sont assez longs pour couvrir une partie de vos bras. Des poils de bras roussis ne sont pas vraiment une bonne chose (même si c'est un bon nom pour un groupe rock). Vous porterez ces gants lors de la cuisson, pour faire des ajustements d'urgence au gril et pour enlever les bacs d'égouttement du foyer. Investissez pour votre sécurité.

Le sel : À moins que vous ne soyez Jimmy Buffet et que vous vouliez écrire une chanson au sujet de votre dernière salière, vous avez besoin d'une pleine salière près de vous pour la FIN de la cuisson. Ne salez jamais vos aliments avant qu'ils ne soient cuits, car le sel déshydrate les aliments. (C'est pour cette raison qu'on l'utilise pour faire sécher la viande !)

Voler très haut

Un jour, comme c'était la première fois qu'un parachutiste sautait d'un avion, et qu'il piquait vers la terre, il s'aperçut que son parachute ne s'ouvrirait pas. Il tirait et tirait sur la poignée d'ouverture de son parachute et rien ne se produisait. Soudainement, il a vu un homme venir vers lui dans la direction opposée. Pensant que c'était un autre parachutiste, il lui cria : « Connaissez-vous quelque chose aux parachutes ? » À ceci l'homme lui répondit : « Non, connaissez-vous quelque chose aux grils au gaz ? »

Un chiffon de coton propre (comme un gant de toilette) et un peu d'huile à cuisson : Pour huiler votre gril avant d'y placer vos aliments. Ceci rend le nettoyage plus facile.

Un panier à légumes : Ces petits objets formidables sont faits de métal recouvert. Vous le remplissez avec tous vos légumes ou du poisson et vous le placez directement sur le gril. Assurez-vous d'utiliser un panier fait de petites mailles afin que les petits morceaux d'aliments ne passent pas au travers. N'importe quel panier en métal fera l'affaire, mais les paniers conçus spécialement pour le gril vous donneront une meilleure maîtrise sur les aliments et un meilleur résultat. Ils se nettoieront plus facilement (celui que j'utilise a un revêtement antiadhésif).

Lampe de poche : Pour les barbecues de minuit, en particulier sur la plage, il n'y a rien de mieux qu'une lampe de poche et des piles supplémentaires. (Sauf peut-être un casque de mineur qui est surmonté d'une lampe.) Ainsi, vous pourrez voir que vous faites cuire un bifteck et non votre cannette de bière. Aussi, elle sera très utile si vous échappez les hamburgers sur le gazon, et que vous voulez les récupérer rapidement, en enlever les saletés et les remettre sur le gril.

Planches à découper : Les meilleures planches à découper ne sont pas classées selon le matériau dont elles sont faites (par exemple en plastique, en bois ou en métal), mais bien par le fait qu'elles ont des petites rainures pour permettre de récupérer les jus. Assurez-vous de nettoyer complètement les planches avant de les utiliser. Les pores de la surface peuvent contenir des bactéries qui peuvent vous rendre malade. Aussi, si vous coupez de la viande crue avant de la faire griller, assurez-vous de nettoyer complètement la planche avant de couper quoi que ce soit d'autre, incluant la viande cuite.

Panier de métal à charnières : Des grilles minces faites de fils entrecroisés sont très utiles lorsque vous faites cuire un poisson entier. Il est possible d'y faire cuire également des légumes, mais nous préférons pour cela un panier à légumes.

Support pour brochettes : Ça vous semble curieux ? La prochaine fois que vous ferez cuire des brochettes et que vous aurez de la difficulté à les enlever du gril, vous serez content d'avoir acheté un support ! Il maintiendra vos brochettes à environ 2,5 cm (1 po) de la grille, ce qui les empêchera d'y adhérer.

Contenants à charbon de bois : Assurez-vous d'acheter un contenant à briquettes qui se ferme hermétiquement pour les protéger contre l'humidité. Cette dernière changera votre temps de cuisson. Une poubelle de 22,5 kg (50 lb) avec un couvercle bien ajusté fera l'affaire. Fabriquez une belle pelle en prenant un contenant d'eau vide de 4 l (1 gallon) puis en coupant le goulot et une partie d'un côté ; vous obtiendrez ainsi un ramasse briquettes. Pour la plupart des grils, une pelletée suffira.

Table d'appoint : Même si votre gril possède déjà une étagère sur le côté, vous n'aurez probablement pas assez de place pour y déposer une assiette, tous vos ustensiles, une bouteille à vaporiser et votre verre. Procurez-vous une table d'extérieur de bistro bon marché à une vente-débarras.

Au sujet des brochettes

Offertes en métal ou en bambou, ces pratiques petits bâtons font des chichekébabs en un claquement de doigts. Si vous utilisez des brochettes en bambou, trempez-les dans l'eau pendant 30 minutes avant de les utiliser sur le gril. Si vous prenez des brochettes en métal, soyez prudent, car elles deviennent très chaudes. Récemment, j'ai vu ce que je pense être les plus belles brochettes que l'on puisse acheter : de très jolies brochettes en acier inoxydable, surmontées de différentes têtes d'animaux en laiton. Elles étaient adorables, et comme elles sont en acier inoxydable, elles ne rouilleront pas. Elles sont de meilleure qualité que les brochettes en chrome, ou pire encore, que les brochettes avec une poignée en plastique (qui peut fondre).

Faits au sujet des brochettes

Les oignons, les tomates et les poivrons deviennent plus tendres et plus fragiles lorsqu'ils sont grillés.

Plusieurs ont perdu des morceaux d'ananas ou d'autres fruits et légumes parce qu'ils n'ont pas bien enfilé les morceaux sur les brochettes. Une façon de résoudre le problème est d'utiliser 2 brochettes — passez la première dans les aliments sur un côté à environ ⅓ du bord. Et faites la même chose avec l'autre brochette dans l'autre sens. On appelle cette méthode « l'embrochage parallèle », et elle empêche les aliments de tomber.

Il est plus facile de manipuler les aliments avec des brochettes. Imaginez le mal que vous auriez si vous deviez placer de petits morceaux de viande et de petites tomates cerise entre les tiges de votre grille, puis les prendre avec de longues pinces et les tourner! Vous auriez 50 % de chances qu'il vous en reste assez pour manger quand vous aurez fini cette pagaille.

Les légumes croustillants et les fruits ont tendance à se séparer en deux lorsque vous voulez les enfiler sur la brochette. Vous pourriez prendre de très petites brochettes en métal ou en bambou pour prévenir les désagréments. Pour empêcher que les brochettes en bambou ne cuisent et deviennent noires en même temps que votre nourriture, faites-les tremper dans l'eau froide pendant 30 minutes avant de vous en servir.

Sortes de brochettes

Brochettes doubles, normalement faites en aluminium : Celles-ci sont utiles, car elles empêchent les aliments de se séparer.

Brochettes décoratives en métal : Comme les brochettes dont on a parlé précédemment, surmontées de têtes d'animaux.

Grosses brochettes en métal : Elles sont plus épaisses et plus robustes que les petites brochettes en métal. Elles sont normalement utilisées pour les grosses pièces de viande, mais elles sont trop grosses pour les légumes fermes, car elles les feraient éclater. Utilisez plutôt les petites brochettes en métal pour les légumes et les fruits.

Petites brochettes en métal : Celles-ci sont normalement faites de fer, d'acier inoxydable ou d'aluminium. Les premières brochettes étaient probablement en bambou, mais les premières petites brochettes en métal furent probablement fabriquées de morceaux de fer dans les prairies du Far Ouest. Je peux imaginer un groupe de cow-boys, en plein champ, gardant un troupeau de bétail alors que le vieux Cookie, le chef, est en train de préparer un repas de bœuf braisé avec une sauce aux prunes et au gingembre. Ces petites brochettes en métal sont idéales pour les fruits et les légumes.

Support à chichekébabs : Cette invention astucieuse facilite votre expérience. Un support typique à chichekébabs comprend 6 brochettes reliées à un cadre. Vous enfilez simplement les aliments sur les brochettes et vous les attachez toutes au cadre. Ce support les tient fermement à une distance convenable, et vous tournez le tout lorsque nécessaire. Très commode et facile à utiliser. Ce que tout amateur de chichekébabs doit avoir.

Batterie de cuisine de fortune

Un oignon

Si vous devez utiliser un gril de fortune, il y a des chances que vous n'ayez pas tellement d'accessoires pour barbecue sous la main. Après tout, c'est un cas d'urgence. Si vous n'avez ni marmite ni casserole pour cuisiner, vous pouvez faire cuire vos aliments dans un oignon. Si vous faites cuire un hamburger qui pourrait profiter du goût de l'oignon, allez-y et servez-vous-en.

Enlevez tout d'abord les pelures et coupez l'oignon en deux. Évidez ensuite le centre de chaque moitié d'oignon pour obtenir une cavité afin d'y mettre vos aliments. Faites une boule avec la viande, placez-la dans les deux cavités de l'oignon et enveloppez chaque moitié dans une feuille de papier d'aluminium. Placez les oignons sur les briquettes. Selon ce que vous ferez cuire, le temps de cuisson sera de 25 à 50 minutes.

Le papier mouillé ne brûle pas

Dans un cas d'urgence, vous pouvez faire bouillir de l'eau dans un verre en papier.

Si le liquide est chauffé dans un verre en papier, le contenant ne brûlera pas. C'est un miracle de la science que votre voisin le professeur de physique pourrait vous expliquer. Tout ce que je sais, c'est que ça marche.

Versez de l'eau dans un verre en papier non ciré et mettez-le sur les briquettes. Si le feu vient en contact avec le dessus du verre, ce dernier peut brûler, mais seulement jusqu'au niveau de l'eau. L'eau dans le verre bouillira pour que vous ayez une tasse de thé. Vous pouvez aussi utiliser cette méthode pour faire bouillir des œufs ou faire chauffer du lait.

La boîte de conserve de Jennifer

Une simple boîte de conserve en aluminium pourra vous servir de petite poêle. ATTENTION : l'aluminium s'infiltre dans tous les aliments humides, et le niveau élevé d'aluminium dans votre sang est relié à l'Alzheimer, selon certaines études. Mais si vous êtes prêt à courir le risque, juste pour cette fois, vous pouvez obtenir un récipient convenable en coupant, taillant ou en enfonçant un bout de la boîte. (Ce n'est pas crucial, mais si vous devez y mettre autre chose que du liquide, comme des fèves au lard, c'est plus facile s'il y a une plus grande ouverture.)

Faites chauffer au-dessus de la flamme. Vous pouvez fabriquer une poignée si nécessaire, ou vous pouvez tout simplement placer la boîte très près des flammes. L'aluminium est un grand conducteur de chaleur, alors ce sera vite prêt. La cuisson des contenus plus lourds, comme les fèves au lard, sera plus longue, et vous devrez les remuer.

Le hachoir de Rita

Voici une bonne idée pour ceux et celles d'entre vous qui ne veulent pas de Cuisinart. J'ai appris ce truc d'une de mes bonnes amies du Missouri. Un jour qu'elle était en train de préparer des biscuits, elle m'a demandé de hacher les noix de Grenoble.

«Essaie avec ça», m'a-t-elle dit. Elle m'a tendu une boîte de conserve de laquelle elle avait enlevé le papier et coupé l'une des extrémités. Il n'y avait aucun tranchant. Je l'ai enfoncée dans le bol de noix et pouf! Comme par magie! C'est bon pour les noix, le céleri, les pommes de terre cuites, presque tout aliment semi-solide qui a besoin d'être haché. Les morceaux ne sont pas uniformes, mais comme c'est rapide! Et bon marché en plus!

Poignées de fortune

Vous pouvez utiliser une chemise roulée en boule ou toute autre pièce de tissu épais pour enlever quelque chose de chaud du feu. Mais assurez-vous de l'avoir pliée plusieurs fois avant. Si un aliment est très chaud, essayez de le percer avec un bâton solide ou un pôle de tente avant de le prendre avec vos mains.

Tous les ustensiles deviennent plus chauds à la flamme que sur votre cuisinière, alors soyez encore plus prudent. Si vous voulez savoir à quel point la surface de métal est chaude avant d'y toucher, laissez tomber une goutte d'eau dessus. Si cette dernière grésille ou s'évapore, c'est signe que c'est beaucoup trop chaud.

Ustensiles de fortune

Dans la nature, chaque campeur sait qu'il peut utiliser un bâton comme instrument à tout faire. Un bâton peur servir de fourchette, de broche ou de cuillère pour brasser. Vous pouvez vous en servir pour enlever les objets chauds du feu, raviver les briquettes et vous protéger des prédateurs comme les sangliers et les porcs-épics. Vous pouvez agacer les animaux que vous croyez être des opossums pour voir s'ils en sont réellement. Vous pouvez aller piquer les ronfleurs dans les tentes voisines. Mais personne n'a encore trouvé la façon de manger de la soupe avec un bâton, à moins qu'il ne puisse le tailler au couteau.

En supposant que vous ne vouliez pas le tailler au couteau pendant que vous travaillez, vous pouvez fabriquer des cuillères de bonne fortune avec beaucoup de choses dans la nature. Vous pouvez enrouler un bâton dans une feuille de papier d'aluminium de 3,5 cm (1½ po) plus long que le bâton. Ensuite, donnez-lui la forme d'une cuillère. Voilà! Parfait pour les céréales, la soupe et autres aliments légers.

Nettoyer votre gril et le préparer pour l'hiver

Il est de très grande importance de donner à votre gril les soins nécessaires, c'est-à-dire de le garder propre. Non seulement il fonctionnera mieux, mais il durera plus longtemps. Il y a plusieurs façons de nettoyer votre gril. Il existe sur le marché plusieurs outils destinés à vous faciliter la tâche. Voici quelques méthodes simples que nous avons utilisées. Choisissez celle que vous préférez.

Tout d'abord, utilisez toujours un bac d'écoulement avec un gril au gaz afin qu'il reste propre en tout temps. Vous pouvez aussi le recouvrir de papier d'aluminium pour le protéger de la saleté. Mais si vous ne connaissiez pas le truc du papier d'aluminium ou que vous avez acheté un gril d'occasion, il y a beaucoup de choses que vous pouvez faire pour rendre votre gril éclatant en un tournemain.

Il y a des petits instruments de 15 cm (6 po) de long que vous pouvez acheter dans les magasins où l'on vend des articles pour barbecue. On les appelle « grattoirs à grilles » et ne sont que de simples pièces d'acier découpées qui comportent deux entailles du diamètre des tiges de votre grille. Vous mettez l'entaille du grattoir à un bout d'une tige de votre grille et, en appliquant une pression, vous la grattez jusqu'à l'autre bout. Tige par tige, vous nettoyez ainsi votre grille.

Épatant en un tournemain : produits de nettoyage pour grils

Ayez quelques-uns des articles suivants à la portée de la main pour que votre gril paraisse propre :

— Des gants de caoutchouc épais ;
— Des tampons de laine d'acier ;
— Une bouteille de produit nettoyant pour le four ;
— Du liquide à vaisselle dégraissant ;
— Un seau ;
— Un grattoir à gril ;
— Une brosse métallique ;
— Des lunettes de sécurité ;
— Un tournevis (pour serrer les boulons au besoin) ;
— Peut-être une petite quantité de peinture noire pour gril ;
— Des pierres de lave neuves ;
— Une vieille brosse à dents (pour atteindre les endroits difficiles).

Ce n'est pas la façon la plus facile, mais cette méthode est bien pour un nettoyage rapide. Si vous pouvez enlever les grilles, il est plus facile de faire une des choses suivantes :

Si vous avez un évier de cuisine, un évier utilitaire ou un tapis de caoutchouc pour évier assez grand pour contenir les grilles, remplissez-le d'eau chaude et de détergent dégraissant. Laissez tremper les grilles pendant un certain temps et grattez-les ensuite avec un grattoir à grille (décrit ci-dessus) ou une brosse métallique (en vente dans les quincailleries).

Encore plus facile, mesurez vos grilles pour savoir si vous pouvez les mettre dans votre four. Si oui, vous pouvez facilement les nettoyer avec un nettoyant à four. Suivez simplement les instructions sur l'emballage, et ce sera très facile. Vaporisez, faites chauffer et essuyez.

Pour nettoyer le reste de votre gril, vous pouvez laver l'extérieur avec de l'eau et du savon. Si la graisse persiste, il existe sur le marché plusieurs bons dégraissants qui redonneront une très belle apparence à l'extérieur de votre gril, en peu de temps.

Si votre gril de choix utilise du charbon de bois, vous devriez périodiquement enlever l'accumulation de cendre, ce qui réduira le risque d'avoir de la cendre dans votre nourriture, pour votre hygiène et votre sécurité. Pour ce faire, enlevez les grilles et, à l'aide d'une truelle ou d'une vieille cannette, enlevez les cendres avec précaution et mettez-les dans un contenant bio-dégradable, comme un sac en papier. IMPORTANT : Assurez-vous que la cendre soit froide avant de l'enlever. Les braises peuvent brûler durant plusieurs heures. Si vous mettez de la cendre chaude dans un sac de papier, elle pourra mettre le feu au sac.

Après que vous avez fini d'enlever presque toute la cendre de votre gril, vous êtes prêt à l'entreposer pour l'hiver. Remontez le gril et entreposez-le dans un endroit à l'abri des intempéries, comme le garage. Si votre gril doit rester dehors durant l'hiver, couvrez-le avec une bâche à l'épreuve de l'eau ou une feuille de plastique, et sécurisez-le en place avec de grosses pierres.

Si vous utilisez un gril au gaz, la préparation hivernale sera bien différente. La première étape : fermez le gaz. Il n'y a rien de pire que de nettoyer un gril lorsqu'il y a une fuite de gaz inflammable. À moins, naturellement, que vous ne vouliez plus faire de cuisson sur le gril et que ceci soit votre chant du cygne.

Après avoir fermé le gaz, vous avez deux options. La première option implique que vous démontiez le gril pièce par pièce, boulon par boulon, vis par vis. Ensuite, nettoyez à fond chaque partie avec une brosse métallique et un solvant industriel très fort. N'oubliez pas de mettre des gants de caoutchouc pour accomplir cette tâche. Un habit complet qui protège des produits chimiques n'est pas une mauvaise idée. Lorsque toutes ces pièces sont propres, rassemblez le gril et entreposez-le dans votre garage, votre remise ou votre salon.

Pain sur un bâton

Un pain sur un bâton, c'est simple : c'est un pain cuit sur un bâton. On prépare la pâte à partir d'un mélange à pâte tout usage. Préparez la pâte selon les indications sur l'emballage, puis roulez-la en une longue corde. Cherchez un bâton d'environ 1 cm (½ po) de diamètre et, à l'aide d'un couteau, enlevez les derniers 20 cm (8 po) d'écorce. Enroulez ensuite la corde de pâte autour de la partie du bâton d'où vous venez d'enlever l'écorce. Lorsque la pâte est en place, tenez le bâton au-dessus du feu, en le tournant de temps à autre, jusqu'à ce que le pain devienne doré. Retirez alors le bâton d'au-dessus du feu et enlevez le pain. Remplissez l'espace laissé par le bâton avec du beurre ou de la confiture.

La seconde option demande que vous le couvriez de plastique, que vous le sécurisiez avec des briques et que vous l'oubliiez jusqu'au printemps prochain. Au printemps, vous l'arroserez avec votre boyau d'arrosage et vous serez prêt à commencer à vous en servir.

Housses pour grils

Il est toujours important de protéger votre gril des intempéries. La pluie et la neige peuvent transformer le gril le plus raffiné en un amas de ferrailles. Aujourd'hui, avec le prix des grils s'approchant du prix d'une voiture neuve, vous voudrez vous assurer qu'il aura bonne allure, et ce, pour longtemps. Rappelez-vous ceci : un gril qui a bonne apparence cuit de meilleurs aliments.

La meilleure housse pour votre gril est sans contredit celle qui aura été faite sur mesure. Par exemple, si vous avez un Pro-Gril 2000, la meilleure housse possible sera certainement celle qui aura été conçue spécialement pour ce modèle. C'est celle qui s'ajustera le mieux à votre gril.

Votre deuxième meilleur choix est une housse faite pour une multitude de grils du Débutant Hamburger jusqu'au Prometheus 286 Maître-cue. Si vous retrouvez le nom de votre gril sur l'emballage, vous avez de bonnes chances que la housse fasse.

Si la nécessité est la mère de l'invention, McGyver doit en être le père. Si votre gril est encore sans housse, vous pouvez en improviser une avec ce que vous trouvez à la maison. Par exemple, un rideau de douche tenu en place avec du ruban adhésif entoilé fera une excellente housse contre les intempéries, mais vous devrez remettre du ruban adhésif chaque fois que vous vous servirez de votre gril. Une housse pour automobile fera l'affaire aussi, puisque vous ne l'avez pas utilisée pour recouvrir votre voiture depuis la deuxième semaine suivant son achat.

Recharge des bonbonnes au gaz

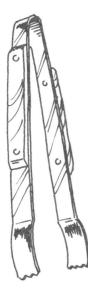

Si votre gril n'est pas relié à la ligne d'alimentation en gaz de votre maison, vous aurez besoin, de temps en temps, de faire recharger vos bonbonnes de propane. Le propane pour votre gril est exactement le même que l'on utilise pour les véhicules récréatifs. La bonbonne est cette chose curieuse de métal beige ou blanc que vous trouviez si lourde lorsque vous avez acheté le gril et qui vous paraît si légère maintenant. Les bonbonnes de gaz pour les grils sont fabriquées de façon sécuritaire — elles sont faites de métal fort et résistant à l'impact pour que, s'il vous arrive de les frapper par accident, l'explosion ne vous envoie pas dans les airs.

On peut aussi les recharger. Fermez la valve et dévissez l'écrou qui relie la valve au réservoir. La manière de recharger une bonbonne de propane de façon sécuritaire est d'aller dans un endroit où l'on vend du propane, comme un garage où l'on vend de l'essence. Recherchez le panneau pour le propane — vous ne le retrouverez probablement pas avec la liste des prix de l'essence. Vous pouvez également rechercher les détaillants de propane dans les Pages Jaunes sous la rubrique « Propane ».

Apportez la bonbonne, une grande boîte ouverte et du papier journal au garage. Demandez au vendeur de vous dire comment visser le boyau d'alimentation sur la valve. Lorsqu'elle est remplie, vous pouvez l'attacher sur le siège de la voiture à l'aide de la ceinture de sécurité, ou bien la déposer dans la grande boîte et chiffonner du papier journal tout autour pour qu'elle ne bouge pas. Les bonbonnes de gaz sont très inflammables, et un impact sérieux (comme appliquer les freins abruptement) pourrait faire que la bonbonne frappe un objet pointu et explose. Soyez très prudent et prenez toutes les précautions possibles lorsque vous transportez du propane.

Nettoyage et remise en place des pierres de lave

Nous avons hérité d'un gril au gaz des propriétaires desquels nous avons acheté notre maison ; ils s'en allaient vivre en condominium. Le gril au gaz, branché sur la ligne d'alimentation de gaz de la maison, était dans un état lamentable, mais quand même utilisable.

Avant d'y faire cuire un repas, j'ai retiré toutes les pierres de lave, les ai plongées dans un seau d'eau savonneuse et les ai frottées avec une brosse à légumes pour en enlever la saleté et la graisse. J'ai ensuite fait tremper les grilles, les ai frottées à fond avec plusieurs tampons de laine d'acier, ai poli le métal avec du poli pour chrome, vissé les pièces de bois qui manquaient à la tablette et repeint le métal noir avec de la peinture noire pour métal. Avec le temps et l'énergie que j'ai investis, j'aurais pu acheter un nouveau barbecue !

Voici une façon facile de nettoyer les pierres de lave. Couvrez le gril avec du papier d'aluminium épais, et laissez un espace de 2,5 cm (1 po) entre les bouts du papier d'aluminium et les bords du gril. Vous aurez ainsi une bonne ventilation. Allumez à feu élevé et laissez chauffer pendant environ 10 minutes. Et voilà ! Vous aurez des pierres propres !

Si vous préférez remplacer vos pierres de lave, laissez-moi vous dire quelque chose que j'ai appris à la fin de cet été-là, alors que je regardais les accessoires de piscine que l'on essayait d'écouler. Les pierres de lave peuvent être achetées séparément. Elles ne font pas partie du gril, et vous n'avez pas besoin de les laver à la main. Elles se désintègrent après avoir brûlé pendant un certain temps et elles sont sales, c'est pourquoi vous devriez les enlever et les jeter à la fin de chaque saison de barbecue. Achetez-en tout

Idées loufoques pour des usages du papier d'aluminium

Le papier d'aluminium est le meilleur ami qu'un chef «grilleur» ait jamais eu. Non seulement vous pouvez l'utiliser pour tapisser le gril afin qu'il soit plus facile à nettoyer, mais vous pouvez y faire cuire vos aliments et y conserver les restes. Voici quelques idées d'utilisation plus audacieuses.

- Mettez une grande feuille de papier d'aluminium sur votre figure pour créer une impression de masque. Pressez-la bien jusqu'à ce que vous ayez toutes les empreintes. Retirez délicatement le papier d'aluminium de votre figure et remplissez le moule de Jell-O. Laissez-le prendre, et vous pourrez servir à vos invités un dessert qui vous ressemble.

- Vous pouvez utiliser plusieurs douzaines de rouleaux de papier d'aluminium pour faire un abri au-dessus de votre gril en cas de pluie. Un auvent en aluminium vous gardera au sec, mais je ne vous suggère pas d'y rester si vous voyez des éclairs.

- Couvrez toute votre vaisselle, vos verres et vos ustensiles avec du papier d'aluminium. Après le repas, tout ce que vous aurez à faire sera de tout déballer, et vous n'aurez rien à laver. C'est un peu comme lorsque l'étrange tante Maude recouvrait ses canapés de plastique épais.

simplement une nouvelle boîte à l'épicerie, à la quincaillerie ou à la pharmacie au début de l'été suivant. Plusieurs de ces magasins vendent aussi des produits d'entretien et des accessoires pour le gril que vous aurez du plaisir à regarder.

Chapitre 4

Sauces et marinades

Le barbecue à toutes les sauces

On trouve deux millions de marques de sauce barbecue sur le marché, aujourd'hui. Vous pouvez les trouver chez votre épicier, mais pour les sauces plus particulières, vous devrez vous tourner vers les boutiques spécialisées ou les acheter par catalogue. Mon épicerie offre des sauces barbecue jamaïcaines, à l'oignon de Maui, au champagne, à la moutarde au miel, celles de Paul Newman et plusieurs autres. Si vous n'êtes pas intéressé par les sauces simples de Heinz ou de Del Monte, achetez les autres mentionnées ci-dessus. Vous pouvez trouver toutes sortes de sauces et de marinades vraiment intéressantes sur le marché

Mais la partie formidable de la cuisine sur le gril, et celle qui vous rendra populaire dans votre coin, est que vous pouvez préparer vous-même votre sauce. Commencez avec les meilleurs ingrédients que vous pourrez trouver, et achetez exactement ce que demande la recette pour obtenir la meilleure saveur possible. En d'autres mots, le basilic fraîchement haché ne donnera pas le même goût que le basilic séché que vous avez dans votre armoire depuis 5 ans.

Et n'utilisez pas ce vieil oignon minable qui traîne au fond de votre tiroir à légumes! Courez vite en acheter un frais chez l'épicier!

L'autre point important est de mesurer. Mesurer signifie vous donner la peine de mesurer les ingrédients comme le demande la recette. Vous ajoutez ce que vous devez selon la quantité demandée. Cela paraît facile, mais c'est quelque chose que les boulangers savent depuis longtemps — le faire bien la première fois, c'est-à-dire en mesurant. Vous aurez besoin de cuillères à mesurer, et de préférence une mesure de 500 ml (2 tasses) pour les liquides et un ensemble de tasses à mesurer en acier inoxydable pour les ingrédients secs.

Et enfin, le temps demandé et l'ordre dans lequel vous devez accomplir les étapes sont des points très importants dans une cuisine. Si ça vous fait penser aux cours de chimie de l'école, c'est parce que c'est exactement la même chose. Lorsqu'une recette demande de « préchauffer le gril », préchauffez-le. Lorsque c'est écrit : « Dans un petit bol, mélanger... », il y a habituellement une bonne raison — comme le fait que vous aurez bientôt besoin d'un plus grand bol dans lequel vous verserez le contenant du petit bol. Pour ce qui est du temps, si on demande : « mariner pendant la nuit », ça signifie d'environ 9 heures le soir jusqu'à 9 heures le lendemain matin. N'essayez pas de faire mariner les aliments à la hâte — ça ne fonctionne pas ainsi. Vous n'obtiendrez pas la pleine saveur ni les mêmes résultats si vous ne faites mariner vos aliments que quelques heures au lieu des 12 heures demandées.

Alors, nous avons beaucoup de sauces et de marinades. Nous les avons incluses, parce que plusieurs personnes veulent préparer leurs sauces elles-mêmes. Les nôtres viennent de partout dans le monde, d'où l'impressionnante variété de saveurs. Les gens font du barbecue et préparent probablement leurs sauces d'accompagnement depuis la découverte du feu. J'ai déjà lu que les sauces en France — Meunière, Hollandaise, et ainsi de suite — avaient été inventées pour masquer le goût de la viande avariée, due au manque de réfrigération. Beurk! J'ai lu aussi quelque part que le ketchup, à l'origine, était fait avec du jus de palourdes, du citron et du jus ou du lait — j'en ai des frissons —, et que les tomates et le sucre sont arrivés beaucoup plus tard. (J'aimerais bien savoir s'ils ont enlevé les palourdes.) De toute façon, réjouissez-vous des commodités que nous avons aujourd'hui et de la possibilité de déguster de si bonnes sauces.

Conseil pour hacher les fines herbes

Un ami d'Afrique du Sud m'a montré ce truc spécial pour hacher et émincer les fines herbes et autres choses du genre. Mettez une poignée de fines herbes dans un bol d'eau froide et brassez-les un peu avec votre main. Retirez-les de l'eau, égouttez-les ou même épongez-les avec des essuie-tout. À l'aide de ciseaux propres, coupez les tiges, si nécessaire. Puis, mettez les fines herbes dans une grande tasse à café. Coupez-les jusqu'à ce que vous ayez atteint la taille voulue. L'espace restreint de la tasse et l'utilisation de ciseaux rendent plus facile une tâche qui aurait pu être fastidieuse avec un couteau.

Par définition, une sauce est un liquide qui sert à badigeonner les aliments ou les accompagner. Une marinade sert à faire tremper les aliments pour qu'ils en retirent les saveurs, et à les badigeonner par la suite durant la cuisson. Toute marinade peut être transformée en sauce en ajoutant de la fécule de maïs ou de la farine à environ 125 ml (½ tasse) d'eau, en mélangeant bien afin que les grumeaux disparaissent, en versant sur la marinade et en faisant cuire jusqu'à épaississement. Par contre, si vous avez fait mariner de la viande crue dans cette marinade, ne l'utilisez jamais pour faire une sauce, car le niveau de bactéries pourrait vous être très dommageable.

Faites plaisir à vos yeux en regardant notre impressionnante collection de sauces et de marinades. Les possibilités de créations culinaires ne sont limitées que par votre créativité. Après les avoir essayées, changez-les pour les adapter au goût de votre famille. Nous espérons que vous apprécierez cette section de notre livre. C'est pour vous!

Si vous aimez votre sauce barbecue avec une touche piquante, je vous propose d'essayer la recette à la page 84, qui est la sauce favorite de Dale. Elle est piquante, mais pas au point d'avoir besoin de plusieurs litres d'eau pour éteindre le feu. Cette recette donnera assez de sauce pour la moitié d'un petit pays. Toutefois, elle se gardera au réfrigérateur dans un récipient bien fermé. Normalement, je ne fais cette sauce qu'une ou deux fois durant la saison du barbecue.

Mariner la viande

Mariner signifie faire tremper. Lorsque vous marinerez votre viande, vous la ferez tremper dans votre marinade préférée et attendrez que cette dernière ait été absorbée par la viande. Si vous avez un petit morceau de viande dans un grand bol, il vous faudra beaucoup de marinade pour couvrir la viande. Placez plutôt votre viande dans un sac de plastique qui ferme hermétiquement. Ajoutez assez de marinade pour entourer la viande, puis refermez le sac en enlevant le plus d'air possible. Cette méthode forcera la marinade à pénétrer dans la viande, et le temps de marinade sera moins long et plus économique puisque vous n'aurez pas besoin d'autant de liquide.

Badigeonner les viandes

Badigeonner veut dire mouiller la viande périodiquement au moyen d'un liquide. Si vous faites ainsi, vous serez assuré d'avoir une viande juteuse et délicieuse pour votre repas.

Mon outil de prédilection pour badigeonner est une bouteille à vaporiser que l'on peut se procurer dans n'importe quelle épicerie ou magasin bon marché. Cette bouteille contient le liquide de votre choix, et chaque fois que vous pressez, la pompe libère une brume qui arrosera votre viande. J'aime bien remplir ma bouteille avec de l'eau, car ça me permet d'éteindre les flammes, et la viande s'arrose d'elle-même ainsi. Ceci n'ajoute aucune saveur, mais vous pouvez badigeonner votre bœuf avec le liquide de votre choix. Un bon choix de liquide ou de sauce serait à base d'huile et de vinaigre, d'agrumes ou même de yogourt. Le yogourt, toutefois, n'est pas un choix génial pour une bouteille à vaporiser. Si vous utilisez une solution qui contient beaucoup de sucre pour badigeonner, ne l'appliquez que vers la fin. Le sucre est porté à brûler et donnera une mauvaise apparence à vos aliments.

Faits au sujet de l'arrosage des aliments

Mieux vaut prévenir que guérir. Vous voudrez souvent faire mariner votre viande, votre poulet ou vos fruits de mer crus avant de les faire cuire. Après les avoir mis sur le gril, vous réalisez qu'il vous reste beaucoup de marinade et pensez : «Je pourrais bien badigeonner ma viande avec.» **Toutefois,** la viande crue, le poisson et la volaille peuvent contenir de vilaines bactéries comme la salmonelle et la E. coli ; alors le liquide qui a servi à mariner est un véritable bouillon de culture. Pour cette raison, **N'UTILISEZ JAMAIS la marinade pour badigeonner vos aliments.**

Vous pouvez aussi arroser les aliments en utilisant une pompe à jus. Cet accessoire ressemble à un compte-gouttes énorme qui sert généralement à arroser la dinde à l'Action de grâces. Dehors, au barbecue, il peut servir à asperger tout, du poulet aux aliments qui goûtent le poulet. Il est particulièrement utile si vous faites cuire une viande dont vous recueillez les jus. Si les jus sont ramassés dans un bac d'aluminium, récupérez-les avec la pompe à jus et arrosez-en votre viande. Répétez au besoin, jusqu'à ce que vous ayez épuisé le jus.

Vous pouvez aussi arroser avec une grande cuillère, ou si vous n'en avez pas, avec une petite cuillère rattachée à un long manche. Trempez tout simplement la cuillère dans le jus et versez-le sur la viande.

Recettes
de sauces et
de marinades

Sauce pour badigeonner le porc

1 l (4 tasses) de jus de pomme
1 l (4 tasses) de vinaigre de cidre de pomme
250 ml (1 tasse) de sel
125 ml (½ tasse) de poudre d'ail
125 ml (½ tasse) de poudre d'oignon
250 ml (1 tasse) de sauce Worcestershire
250 ml (1 tasse) d'huile de Canola
15 ml (1 c. à soupe) de thym moulu
5 ml (1 c. à thé) de poivre noir
5 ml (1 c. à thé) de moutarde sèche
5 ml (1 c. à thé) de poivre de Cayenne (facultatif)

Mélanger tous les ingrédients et faire mijoter pendant 5 minutes. Se conserve jusqu'à 3 semaines au réfrigérateur (bonne pour la volaille aussi).

Beurre au fromage (pour le maïs grillé)

60 ml (4 c. à soupe) de beurre ou de margarine, ramolli
125 ml (½ tasse) de fromage cheddar fort, râpé
2-3 oignons verts, hachés
2,5 ml (½ c. à thé) de sauce Worcestershire
1,25 ml (¼ c. à thé) d'assaisonnement au chili
1,25 ml (¼ c. à thé) de poivre noir

Combiner tous les ingrédients. Brasser pour bien mélanger. Couvrir et conserver au réfrigérateur jusqu'à l'usage. Étaler sur le maïs grillé durant la cuisson ou à table.

Glaçage à l'abricot pour le barbecue

1 oignon blanc moyen, râpé

30 ml (2 c. à soupe) d'huile végétale

125 ml (½ tasse) de confiture d'abricots, réduite en purée à l'aide du
robot culinaire ou du mélangeur

250 ml (1 tasse) de nectar d'abricots en conserve

30 ml (2 c. à soupe) de sauce Worcestershire

15 ml (1 c. à soupe) de vinaigre de cidre

1,25 ml (¼ c. à thé) de piment de la Jamaïque moulu

1,25 ml (¼ c. à thé) de cannelle moulue

Flocons de piment rouge (au goût)

Faire sauter l'oignon dans l'huile pendant 5 minutes. Ajouter le reste des ingrédients et brasser fréquemment jusqu'à ce que la confiture soit dissoute. Réduire la chaleur et laisser mijoter pendant 10 minutes.

Servir sur le porc ou le poulet, ou utiliser pour badigeonner les grillades. Peut être conservée 2 semaines au réfrigérateur, fermé hermétiquement.

Sauce barbecue pour badigeonner

60 ml (¼ tasse) d'huile végétale
15 ml (1 c. à soupe) de flocons d'oignons
1 ml (1 c. à thé) de poudre d'ail
250 ml (1 tasse) de ketchup
190 ml (¾ tasse) d'eau
15 ml (1 c. à soupe) de vinaigre de cidre
30 ml (2 c. à soupe) de sauce Worcestershire
15 ml (1 c. à soupe) de mélasse
10 ml (2 c. à thé) de cassonade
5 ml (1 c. à thé) de moutarde sèche

Faire sauter les flocons d'oignons et la poudre d'ail dans l'huile pendant 2 à 3 minutes, en ayant soin de ne pas laisser brûler. Ajouter le reste des ingrédients et porter à ébullition. Laisser mijoter à découvert pendant 10 minutes, en brassant souvent. Laisser refroidir, et conserver au réfrigérateur, dans un récipient fermé hermétiquement, jusqu'à 1 mois. Utiliser pour badigeonner le bœuf, les hamburgers ou les côtelettes

Sauce barbecue aux prunes

125 ml (½ tasse) de confiture de prunes
1 oignon blanc, râpé
30 ml (2 c. à soupe) d'huile de Canola
250 ml (1 tasse) de vin rouge
60 ml (¼ tasse) de vinaigre de vin rouge
15 ml (1 c. à soupe) de moutarde de Dijon
15 ml (1 c. à soupe) de sauce chili
30 ml (2 c. à soupe) de ketchup

Passer la confiture au robot culinaire jusqu'à l'obtention d'un mélange homogène. Faire sauter l'oignon dans l'huile pendant 5 minutes. Ajouter la confiture et le reste des ingrédients à l'oignon, et brasser pour bien mélanger. Réduire la chaleur et laisser mijoter pendant 10 minutes. Utiliser comme sauce à la table ou pour badigeonner le poulet, le canard, le porc ou l'agneau. Si la sauce est trop épaisse, ajouter un peu d'huile. Conserver au réfrigérateur dans un contenant fermé hermétiquement, jusqu'à 2 semaines.

Sauce barbecue piquante

1 l (4 tasses) de sauce chili
1 conserve de 375 ml (12 oz) de sauce aux tomates
125 ml (½ tasse) de moutarde jaune
375 ml (1½ tasse) de mélasse
1 oignon, haché
60 ml (¼ tasse) d'assaisonnement au chili
30 ml (2 c. à soupe) de poudre d'ail
15 ml (1 c. à soupe) de cannelle
15 ml (1 c. à soupe) de poudre de cari
6 cubes de bouillon (de poulet ou de bœuf)
375 ml (1½ tasse) de sauce soja
250 ml (1 tasse) de bière

Combiner tous les ingrédients et porter lentement à ébullition. Brasser pendant ce temps. Laisser refroidir, et réfrigérer pendant la nuit. Utiliser cette sauce pour badigeonner le poulet, les côtelettes, l'agneau ou le bœuf, et les invités demanderont certainement la recette. Mais s'il vous plaît, ne la leur donnez pas. Dites-leur plutôt d'acheter mon livre.

Sauce barbecue au hickory

125 ml (½ tasse) de vinaigre de cidre de pomme
250 ml (1 tasse) de ketchup
15 ml (1 c. à soupe) de cassonade
60 ml (4 c. à soupe) d'eau
30 ml (2 c. à soupe) de sauce Worcestershire
30 ml (2 c. à soupe) de sauce soja
30 ml (2 c. à soupe) de moutarde sèche
2,5 ml (½ c. à thé) d'assaisonnement Mrs. Dash
2,5 ml (½ c. à thé) de sel d'ail
15 ml (1 c. à soupe) de pâte de tomates
5 ml (1 c. à thé) d'arôme de fumée liquide
5 ml (1 c. à thé) de sauce Kitchen Bouquet pour assaisonner et brunir
½ oignon, haché finement

Combiner tous les ingrédients. Couvrir et réfrigérer pendant 24 heures pour permettre aux saveurs de se mélanger.

Sauce au bourbon et au miel

190 ml (¾ tasse) de ketchup
80 ml (⅓ tasse) de miel
60 ml (¼ tasse) d'huile végétale
60 ml (¼ tasse) de bourbon
30 ml (2 c. à soupe) de vinaigre de cidre
30 ml (2 c. à soupe) de moutarde type Dijon

Mélanger tous les ingrédients ensemble. Utiliser pour badigeonner le porc, les côtelettes ou le poulet.

Sauce au citron et aux fines herbes pour badigeonner

60 ml (¼ tasse) d'huile d'olive
6 grosses gousses d'ail, hachées
20 ml (4 c. à thé) de thym frais, émincé
125 ml (½ tasse) de jus de citron

Fouetter tous les ingrédients et utiliser la sauce telle quelle, ou pour badigeonner les légumes, le poulet ou le poisson.

Sauce rémoulade à l'orange (pour les fruits de mer grillés)

190 ml (¾ tasse) de mayonnaise
30 ml (2 c. à soupe) de moutarde de Dijon
20 ml (4 c. à thé) de jus d'orange fraîchement pressé
3,75 ml (¾ c. à thé) d'estragon frais, haché
    (ou 1,25 ml [¼ c. à thé] séché)
10 ml (2 c. à thé) de câpres, égouttées
2 petits cornichons à l'aneth, hachés
2,5 ml (½ c. à thé) de pâte d'anchois
15 ml (1 c. à soupe) de persil frais, haché
0,5 ml (⅛ c. à thé) de poivre fraîchement moulu

Combiner tous les ingrédients dans un bol en verre ou en acier inoxydable. Servir avec des fruits de mer grillés.

Sauce barbecue rapide

1 bouteille de sauce barbecue achetée
80 ml (⅓ tasse) de cassonade
80 ml (⅓ tasse) de sauce chili en bouteille
5 ml (1 c. à thé) de moutarde sèche
Trait de sauce Tabasco

Mélanger tous les ingrédients ensemble. Badigeonner le bœuf, le poulet ou le porc durant la cuisson. Cette sauce peut aussi être utilisée comme condiment. Se garde au réfrigérateur jusqu'à 2 semaines.

Sauce barbecue forte

30 ml (2 c. à soupe) d'huile d'olive
125 ml (½ tasse) d'oignons rouges finement hachés
5 ml (1 c. à thé) d'ail émincé
125 ml (½ tasse) de bouillon de légumes (ou de bouillon de poulet)
60 ml (¼ tasse) de ketchup
60 ml (¼ tasse) de sauce à bifteck
15 ml (1 c. à soupe) de persil finement haché
15 ml (1 c. à soupe) de sauce Worcestershire
10 ml (2 c. à thé) de café moulu
2,5 ml (½ c. à thé) de poivre noir fraîchement moulu

Dans une casserole moyenne, faire chauffer l'huile d'olive à feu moyen. Ajouter l'oignon et l'ail, et faire sauter jusqu'à ce qu'ils aient ramolli (environ 5 minutes). Ajouter le reste des ingrédients. Porter à ébullition. Réduire la chaleur et laisser mijoter pendant 10 minutes, en brassant occasionnellement. Réduire en purée au robot culinaire ou au mélangeur. Laisser refroidir, couvrir et réfrigérer jusqu'à l'usage. Servir à la température ambiante.

Sauce barbecue du Sud

80 ml (⅓ tasse) de miel
80 ml (⅓ tasse) de mélasse
1 tête d'ail, défaite en gousses (pelées)
30 ml (2 c. à soupe) de graines de cumin entières
45 ml (3 c. à soupe) de graines de coriandre entières
15 ml (1 c. à soupe) de grains de poivre noir
8 petits piments séchés
2 feuilles de laurier
45 ml (3 c. à soupe) de pâte de tomates
3 conserves de 500 ml (16 oz) chacune de tomates entières
1 l (4 tasses) de vinaigre blanc distillé
1 l (4 tasses) d'eau
5 ml (1 c. à thé) de moutarde sèche
60 ml (¼ tasse) de sel

Combiner le miel, la mélasse, l'ail, le cumin, la coriandre, les grains de poivre, les piments et les feuilles de laurier dans une grande marmite à feu moyen-doux. Faire cuire pendant 30 minutes en brassant occasionnellement. Ajouter la pâte de tomates et les tomates, et cuire 15 minutes en brisant les tomates à l'aide d'une cuillère. Incorporer le vinaigre, l'eau, la moutarde et le sel. Laisser mijoter à découvert pendant 3 à 4 heures en brassant occasionnellement. Retirer du feu, laisser refroidir et réduire en purée à l'aide du mélangeur ou du robot culinaire.

Sauce barbecue très piquante

125 ml (½ tasse) d'huile de Canola
375 ml (1½ tasse) de ketchup
125 ml (½ tasse) de sauce Worcestershire
80 ml (⅓ tasse) de jus de citron frais
60 ml (¼ tasse) de cassonade bien tassée
60 ml (¼ tasse) d'oignon haché
60 ml (¼ tasse) d'eau
15 ml (1 c. à soupe) de sauce aux piments forts

Mélanger les ingrédients dans une casserole. Couvrir et faire chauffer à feu doux jusqu'à ce que la sauce épaississe, environ 1 heure.

Sauce à bifteck

60 ml (¼ tasse) de raisins secs sans pépins
1 conserve de 250 ml (8 oz) de jus de tomates
250 ml (1 tasse) d'eau
45 ml (3 c. à soupe) de sauce Worcestershire
45 ml (3 c. à soupe) de cassonade
15 ml (1 c. à soupe) de vinaigre de cidre de pomme
5 ml (1 c. à thé) de sel
2,5 ml (½ c. à thé) de poivre noir

Faire tremper les raisins jusqu'à ce qu'ils soient gorgés. Égoutter et mettre dans un mélangeur. Ajouter le reste des ingrédients. Bien mélanger. Bon appétit!

Chapitre 5

L'essentiel du barbecue

Directives et conseils généraux

Sauf pour les recettes de fumage, la plupart des informations de ce livre sont basées sur le fait que vos grilles sont placées de 10 à 15 cm (4 à 6 po) au-dessus de la source de chaleur. Si vous approchez vos aliments plus près, le temps de cuisson sera moindre.

Conseils sur la sécurité alimentaire

Ne laissez pas les aliments au soleil, sinon vous aurez des problèmes. Le soleil fait en sorte que les bactéries et les germes se multiplient de façon exponentielle. Gardez vos aliments dans une glacière ou dans le réfrigérateur de la maison jusqu'à ce vous soyez prêt à les mettre sur le gril.

Assurez-vous de rester à l'extérieur de la zone de danger. Celle-ci se situe entre 4 et 60 °C (40 et 140 °F). Si votre viande non traitée demeure dans cette zone plus de deux heures, les bactéries se développeront à un rythme effarant. Ne faites pas ça !

Ne laissez pas les aliments sur le gril lorsqu'il ne fonctionne plus et que le feu est éteint. Il est probable que vous les oubliiez jusqu'à la fin de la fête et que vous pensiez alors qu'ils sont encore mangeables. Ce n'est pas le cas ! Enveloppez et réfrigérez tous les restants aussitôt le repas terminé. Ou s'ils ne contiennent pas d'os qui peuvent se briser, donnez-les à votre chien. Il les a regardés fixement toute la soirée de toute façon, pauvre chien.

Même si ce livre se veut plaisant et drôle, car le gril sur barbecue est agréable, il y a quelque chose qui doit être pris au sérieux. Selon l'U.S. Food and Drug Administration (USFDA), chaque année, 17 millions de personnes ont un empoisonnement alimentaire.

La plupart d'entre nous ne le savaient pas. L'empoisonnement alimentaire ressemble beaucoup à la grippe ou à un virus. Vous avez un mal de tête atroce, la diarrhée, ou vous vomissez et vous croyez que vous avez attrapé le virus que tout le monde a au bureau. L'empoisonnement alimentaire (le botulisme, la trichinose, la salmonelle, etc.) est particulièrement dangereux pour les bébés et les petits enfants, les personnes âgées, les femmes enceintes (à cause du fœtus) et quiconque dont le système immunitaire est affaibli.

L'empoisonnement alimentaire est causé par un petit microorganisme (bactérie) qui vit dans plusieurs sortes d'aliments. Ce qui peut vous surprendre, c'est que vous avez beaucoup plus de chances de l'attraper à la maison qu'au restaurant. Le fait est que la plupart d'entre nous oublient comment prendre soin de la nourriture, font des erreurs et espèrent que tout sera correct. L'USFDA donne certaines informations sur la façon de ne pas s'empoisonner, que vous devriez partager avec votre famille et vos amis :

- Gardez la nourriture propre.
- Cuisez les aliments convenablement.
- Gardez les aliments chauds, chauds et les aliments froids, froids.

Nous reviendrons sur les conseils dans un moment, mais pour l'instant, parlons des trois principaux types d'empoisonnement : le botulisme, la trichinose, et la salmonelle et le campylobacter. (Les deux derniers proviennent de la même mauvaise bactérie, donc on ne les compte qu'une seule fois.) Ces bactéries doivent toutes être prises très au sérieux, et un médecin doit être consulté si l'on doute de leur présence.

Botulisme

Le botulisme vient des toxines produites par la bactérie appelée Clostridium Botulinum. (Même son nom fait peur!) Le plus souvent, vous pouvez le contracter en mangeant de la nourriture en conserve à la maison, de la nourriture provenant d'une boîte endommagée achetée sur l'étagère à rabais d'une épicerie, ou du miel brut si vous êtes un bébé.

La bactérie elle-même ne vous fera pas de tort ; le fait est que cette petite vilaine produit un poison qui se développe dans votre intestin. Normalement, vous commencerez à être malade de 12 à 36 heures après avoir mangé de la mauvaise nourriture.

Le botulisme affecte le système nerveux. Les symptômes les plus courants sont une vision floue, une faiblesse générale, de mauvais réflexes, de la difficulté à avaler et, quelquefois, la mort. Ceci n'est pas une blague. L'hospitalisation immédiate est recommandée.

Prévenir le botulisme

Ne donnez jamais de miel à un bébé. Les aliments préparés à la maison et les conserves doivent être traités et préparés correctement, et il doit y avoir une rotation de façon à ce que rien n'excède un an. Les contenants bombés ne doivent pas être ouverts, qu'ils aient été achetés ou préparés à la maison. Les canettes cabossées achetées dans une épicerie doivent être retournées ou jetées, car elles peuvent être légèrement perforées et permettre ainsi le développement de bactéries. Les aliments qui sentent « mauvais » ou ont une « odeur douteuse » ne doivent pas être mangés.

Salmonelle et campylobacter et autres

On retrouve normalement ces bactéries dangereuses dans les animaux à sang chaud comme le bétail, la volaille et le porc. Elles représentent le plus grand risque lorsque l'on prépare, ou devrions-nous dire sous-prépare, la nourriture pour le gril. La salmonelle, le campylobacter et la plus récente souche, la Listeria, pourraient provoquer un empoisonnement souvent très dangereux, qui peut même être fatal. Ces bactéries peuvent être présentes dans la viande crue, dans la volaille, dans les œufs ou dans les produits non pasteurisés. Même certains légumes et autres produits de récoltes qui viennent en contact avec le sol peuvent causer l'empoisonnement. Le staphylocoque peut être transmis par des produits laitiers non gardés au froid. Si l'on permet à la bactérie de se développer, il y aura multiplication rapide, et l'empoisonnement pourra se produire.

Les aliments non consommés laissés à la température ambiante ou entreposés de façon inadéquate pour plus de 2 à 3 heures sont considérés comme à haut risque d'empoisonnement.

Trichinose

C'est le nom vulgaire d'une maladie chez le rat, le porc, l'ours, le chat, le chien et l'humain causée par l'infection du ver trichine, la larve d'un nématode parasite. Miam, miam. Chez le chien, on l'appelle « ascaride » et oui, c'est contagieux.

Les animaux sont infectés par la trichinose en mangeant de la chair dans laquelle la larve du ver trichine a formé des kystes. Les larves émergent de leurs kystes dans l'intestin qui est chaud, s'accouplent et s'enfouissent dans la paroi intestinale. Les femelles portent plusieurs larves, qui entrent dans le flot sanguin et migrent dans les muscles striés de l'hôte. Ils se développent pour finalement former des kystes, et le cycle recommence.

La plupart du temps, les gens contactent la trichinose en mangeant du porc déjà infecté, qui aura échappé à l'inspection des viandes, parce que l'industrie des emballages de viandes est si volumineuse qu'on ne peut pas la maîtriser à 100 %. Cette maladie est extrêmement difficile à diagnostiquer. Aux stades de l'infection, la trichinose provoque des maux d'intestin, des nausées, des vomissements et des selles liquides. Plus tard, les symptômes passent à l'œdème facial, aux maux de tête et au délire. Quelques personnes qui ont souffert de trichinose gardent des séquelles au cœur et aux yeux, et environ 5 % des cas sont fatals. On peut traiter la trichinose avec succès avec

Sécurité dans la manipulation des aliments crus

Les bactéries font partie de l'environnement naturellement. Ayez soin de garder les choses propres, spécialement vos mains. Gardez les animaux loin des endroits où l'on prépare la nourriture. Enseignez aussi à vos enfants à se laver les mains avant de toucher aux aliments. Toute personne souffrant d'une maladie infectieuse devrait se tenir loin de ces endroits. Lorsque vous préparez des aliments :

- Ayez les mains, les cheveux, les ongles propres, et portez des vêtements propres.
- Lavez-vous les mains avec de l'eau et du savon après avoir été aux toilettes, après avoir aidé quelqu'un qui a été aux toilettes ou après avoir changé des couches.
- Lavez-vous les mains après avoir fumé ou après vous être mouché.
- Lavez-vous les mains avec de l'eau et du savon après avoir manipulé de la viande, de la volaille, des fruits de mer ou des œufs crus avant de manipuler d'autres aliments.
  - Évitez d'utiliser vos mains pour mélanger les aliments alors que vous pourriez le faire avec des ustensiles propres.
- Ne touchez pas à votre bouche, votre nez et vos cheveux.
- Utilisez des papiers mouchoirs lorsque vous toussez ou éternuez, et lavez-vous bien les mains ensuite.
- Évitez d'utiliser la même cuillère deux fois pour goûter aux aliments lors de la préparation, la cuisson ou le service.
- Lavez bien toute la vaisselle, les ustensiles et les surfaces de travail qui ont été utilisés pour préparer des aliments crus (comme la viande, la volaille et les fruits de mer) avant de vous en servir pour les aliments cuits. Ceci empêche la contamination des aliments cuits par les bactéries qui pourraient avoir été contenues dans les aliments crus. On peut détruire les bactéries en rinçant les ustensiles et les surfaces de travail avec une solution faite de 15 ml (1 c. à soupe) (environ 1 bouchon) d'eau de Javel dans 4 l (1 gallon) d'eau froide. Les planches à découper, les hachoirs à viande, les mélangeurs et les machines à couper la viande ont spécialement besoin de ce traitement.

des médicaments avant la phase de migration dans le sang, mais elle est difficile à diagnostiquer au commencement.

Hépatite A

Selon l'USDA (Département de l'Agriculture des États-Unis), « l'hépatite A et d'autres maladies virales peuvent être transmises par les aliments. Les virus sont transmis des intestins des personnes infectées aux mains de celles qui manipulent les aliments ou dans les égouts. Tout aliment contaminé par les matières fécales peut causer l'hépatite A ou d'autres maladies virales reliées aux aliments. Bien se laver les mains après avoir été aux toilettes et cuisiné des crustacés, des mollusques et d'autres aliments qui auraient pu être exposés à des eaux usées contaminées est une mesure essentielle à prendre afin d'éviter la transmission de maladies virales dues aux aliments. » Il est particulièrement important, si vous vous retrouvez dans la nature en train de faire un barbecue, que vous puissiez trouver une façon de garder les choses propres.

Vous aussi pouvez prévenir l'empoisonnement alimentaire

- Faites refroidir rapidement la nourriture en petites quantités. Réfrigérez à 4 °C (40 °F). Plus les aliments seront gardés froids, moins les bactéries auront de chance de se développer. Utilisez un thermomètre pour vous assurer que votre réfrigérateur vous donne une bonne protection contre la formation des bactéries. La température d'un réfrigérateur doit être à 4 °C (40 °F) ou moins. Si vous utilisez une glacière, assurez-vous que la température est maintenue constamment à 4 °C (40 °F), ou mangez ce qu'elle contient à vos propres risques.

- Gardez les aliments chauds à 60 °C (140 °F), mais ne les mettez jamais immédiatement dans le réfrigérateur pour les conserver, car ils abaisseraient la température du réfrigérateur à un degré dangereux pour les autres aliments. Accélérez le refroidissement de grandes quantités en les réfrigérant dans des contenants peu profonds. Si ce n'est pas possible, mettez le contenant de nourriture

Températures pour la cuisson de la viande et de la volaille

Pour vous assurer de bien faire cuire la viande et la volaille, vous avez besoin d'un thermomètre à viande. Ce thermomètre est un indicateur muni d'un long pic qui peut être inséré directement dans la viande en train de cuire. Vous n'avez pas besoin d'insérer le pic au complet : enfoncez-le jusqu'à ce que vous obteniez une lecture. Insérez-le dans la partie la plus épaisse d'un bifteck, ou dans la cuisse de la volaille.

Les données suivantes sont des indications pour les températures pour la cuisson des viandes et de la volaille bien cuites. Toutes les lectures sont des températures internes.

	Températures internes	Celsius (Fahrenheit)
Bœuf frais	À point	71 °C (160 °F)
	Bien cuit	76 °C (170 °F)
	Bœuf haché	76 °C (170 °F)
Veau frais	Bien cuit	76 °C (170 °F)
Agneau frais	À point	76 °C (170 °F)
	Bien cuit	82 °C (180 °F)
Porc frais	À point	71 °C (160 °F)
	Bien cuit	85 °C (185 °F)
Volaille		
	Poulet	82-85 °C (180-185 °F)
	Dinde	82-85 °C (180-185 °F)
	Rôtis de dinde désossée	76-80 °C (170-175 °F)
Farce		
	(À l'intérieur ou à l'extérieur de la volaille)	74 °C (165 °F)
Porc salé		
	Jambon cru	71 °C (160 °F)
	Jambon bien cuit	60 °C (140 °F)
	Épaule	71 °C (160 °F)
Gibier		
	Ours	71-76 °C (160-170 °F)
	Chevreuil, cerf, orignal	71-76 °C (160-170 °F)
	Lapin	82-85 °C (180-185 °F)
	Gibier de montagnes	82-85 °C (180-185 °F)
	Gibier d'eau	82-85 °C (180-185 °F)

dans l'eau froide. Remuez et remplacez souvent l'eau durant une période de 30 minutes. Réfrigérez ensuite.

- Après avoir manipulé de la viande crue ou de la volaille, lavez-vous les mains ainsi que les surfaces de travail et les accessoires utilisés.

- Gardez les œufs propres et froids. Réfrigérez-les rapidement. Les restes de blancs ou de jaunes d'œufs doivent être gardés au réfrigérateur dans un contenant fermé.

- Gardez toujours les aliments contenant des œufs au réfrigérateur. Réfrigérez aussi les œufs bouillis. Si vous cachez des œufs bouillis pour la chasse aux œufs de Pâques, ne les laissez pas à l'extérieur du réfrigérateur plus de 2 à 3 heures si vous pensez les manger.

- Une façon sécuritaire de décongeler la viande ou la volaille est de la sortir du congélateur et de la laisser au réfrigérateur pendant la nuit. Normalement, elle devrait être prête le lendemain.

- Pour décongeler rapidement, placez les paquets congelés dans un sac de plastique fermé hermétiquement dans l'eau froide. Changez l'eau souvent. La température de l'eau froide ralentit la formation de bactéries en surface alors que l'intérieur est encore en train de décongeler.

- Vous pouvez décongeler de façon sécuritaire la viande et la volaille dans un four à micro-ondes. Suivez les instructions du fabricant.

- Attention : Ce n'est pas une bonne idée de faire décongeler de la viande ou de la volaille sur le comptoir de la cuisine. Les bactéries se multiplient rapidement à la température ambiante.

- Vous pouvez faire cuire la viande, la volaille ou les poissons sans les faire décongeler, mais vous devez les laisser plus longtemps pour vous assurer que le centre est réellement cuit. Laissez au moins 1½ fois le temps de cuisson demandé pour des produits non congelés ou décongelés du même poids et de la même taille. Les aliments qui ne sont pas assez cuits peuvent être dangereux à manger.

- Gardez au réfrigérateur les viandes crues fraîches ou décongelées, la volaille et les fruits de mer. Faites attention à ce que les gouttes de ces produits ne contaminent pas les autres aliments. Pour ce faire, placez-les dans un bac ou un plateau.

- Si possible, ayez deux planches à découper, une pour la viande crue, le poisson et la volaille, et l'autre pour les aliments cuits et les salades. Une planche dure non poreuse (comme l'acrylique) est préférable à une planche en bois pour prévenir la contamination par les bactéries.

- Lavez à fond la planche à découper, les couteaux, le comptoir et le lavabo après qu'ils ont été utilisés pour préparer de la viande crue, du poisson et de la volaille afin d'empêcher qu'ils ne contaminent les aliments cuits et les salades avec des bactéries. Terminer en rinçant avec une solution diluée d'eau de Javel.

C'est quoi, du « corned »-beef ?

Avant l'invention de la réfrigération, pour éviter que du bœuf invendu devienne avarié, les bouchers couvraient le bœuf de gros sel pour engager l'osmose. En Angleterre, les grains de sel sont appelés « corn », et le nom « corned-beef » est resté.

- Faites cuire adéquatement la viande, la volaille et les fruits de mer. Ne faites pas cuire partiellement la viande et la volaille une journée pour compléter la cuisson le lendemain.

- Hamburger. La viande hachée doit être manipulée avec soin et cuite au moins jusqu'à ce qu'elle prenne une couleur d'un brun rosé en son centre. Ne la servez jamais crue. La viande hachée requiert un soin tout à fait spécial, car les bactéries à la surface se répandent à travers la viande pendant qu'on la hache, en faisant une viande qui se gâte plus rapidement qu'un morceau de viande.

- Jambon. Connaissez bien le jambon que vous achetez. Certains types demandent à être cuits ; d'autres sont complètement cuits et peuvent être mangés tels quels ou tout simplement réchauffés avant d'être servis. Lisez bien les instructions de cuisson sur l'emballage. Si vous avez des doutes, faites cuire le jambon. Rappelez-vous que le jambon est périssable et doit être gardé CHAUD ou FROID.

- Saucisses à hot-dog et viandes froides. Ces produits doivent être entreposés au réfrigérateur.

- Viande et volaille farcies. Farcissez la volaille, la viande ou le poisson juste avant la cuisson. Mettez la farce sans trop la presser afin de permettre à la chaleur de pénétrer rapidement au travers. Assurez-vous que la température de la farce atteigne au moins 74 °C (165 °F). Pour vérifier la température, insérez un thermomètre à viande dans la farce pendant environ 5 minutes. Allongez le temps de cuisson si nécessaire. Vous voudrez peut-être faire cuire la farce séparément.

- Faites cuire complètement le porc et la volaille. Si vous faites la cuisson sur un gril, tournez la broche pour que la cuisson soit uniforme. On ne devrait pas voir de rose dans la viande ni dans les jus après la cuisson. Faites de petites incisions près de l'os ou dans la partie la plus épaisse de la viande pour bien vérifier. Laissez cuire le porc et la volaille couverts pendant 15 à 20 minutes afin de compléter la cuisson. Ce temps permet d'avoir une température interne uniforme.

Désinfection d'un gril public

Désinfecter un gril public est comme désinfecter une toilette publique. Ça peut être fait, mais normalement on a besoin d'équipement important. Un des problèmes majeurs à utiliser un gril public, c'est qu'on ne sait pas à quoi il a servi auparavant. Les pique-niqueurs avant vous ont peut-être utilisé le gril pour un sacrifice humain, un chat de gouttière ou encore pire : faire cuire un hamburger aux légumes. Vous pouvez essayer de gratter le gril avec un nettoyant industriel, mais vous ne réussirez probablement pas à y enlever tous les résidus. Vous pouvez aussi essayer de le gratter avec un grattoir, une pierre ou les clés de voiture d'un autre. Ça ne fera que détacher les parcelles de rouille qui se mélangeront à vos aliments, mais ça aura aussi égratigné vos jointures, ce qui vous enverra à l'hôpital pour y recevoir une injection contre le tétanos.

De loin, la meilleure façon de désinfecter un gril public est d'utiliser notre bon vieil ami M. Papier d'Aluminium. Couvrez le gril entier de papier d'aluminium et percez quelques trous entre les grilles avec votre fourchette de barbecue. Lorsque vous avez terminé la cuisson, attendez qu'il refroidisse, enlevez le papier d'aluminium et disposez-en correctement. Ceci laissera le gril propre et rouillé, tel que vous l'avez trouvé.

Conseil sur la chaleur

Pour maintenir une chaleur constante, répartissez sur le feu de 10 à 12 nouvelles briquettes chaque demi-heure.

Comme chaque fois que vous faites un feu dans un endroit public, assurez-vous que le feu est bien éteint avant de partir. Si vous êtes dans la nature, vous pouvez toujours jeter de l'eau sur le feu avant de quitter le campement.

Deux méthodes pour faire griller

Lorsque vous faites griller, vous avez deux méthodes pour la cuisson : la chaleur directe et la chaleur indirecte. Ceci dépend de la façon dont le gril est construit et s'il est couvert ou non comme un gril au charbon de bois. La plupart des grillades sont faites en utilisant une source de chaleur directe. Si vous utilisez une source indirecte, vous aurez besoin d'un couvercle.

Source de chaleur directe

Cette méthode doit son nom au fait que la viande grille *directement* au-dessus de la chaleur. Pour obtenir une chaleur directe sur un gril traditionnel, ouvrez les registres du bas, s'il y en a. Si le gril a un couvercle, levez-le. Vous pouvez huiler votre gril avec un chiffon en coton trempé dans l'huile de cuisson ; cela rendra le nettoyage plus facile. Placez les briquettes sur la grille du foyer de façon à ce que la surface du feu soit un peu plus grande de quelques centimètres que celle utilisée par les aliments. Étendez-les. En d'autres mots, si vous ne faites cuire qu'un bifteck, assurez-vous que la surface du feu soit un peu plus grande que votre bifteck. Si vous faites griller un mastodonte, assurez-vous que la surface de feu soit plus grande que votre jardin.

Allumez le charbon de bois. Lorsque le charbon est recouvert d'une légère couche de cendre, répandez les briquettes en une couche. Pour la plupart des aliments, placez les grilles de 10 à 15 cm (4 à 6 po) au-dessus des briquettes (ou plus haut ou plus bas, selon votre recette). Disposez vos aliments sur le gril. Assurez-vous de bien surveiller la cuisson afin qu'ils ne brûlent pas. Si le feu semble trop chaud, montez les grilles pour éloigner la nourriture de la source de chaleur. Si vous ne possédez pas de grilles ajustables, vous auriez dû faire un plus petit feu. Vous pouvez également ajuster le degré de chaleur en éloignant vos aliments du centre du feu, s'il est trop chaud, vers les côtés, où la chaleur est moins intense. Ceci est la règle du bon sens.

Si vous utilisez la méthode de chaleur directe avec un gril au gaz, votre tâche sera simplifiée. Avec un tel gril, vous pouvez ajuster la flamme avec un bouton de réglage. Comme la chaleur est diffusée d'une façon égale sur toute la surface de cuisson, votre viande cuira aussi bien dans le coin gauche en haut qu'en plein centre.

Source de chaleur indirecte

Cette méthode est utilisée lorsque la cuisson demande plus de temps, comme pour faire cuire un rôti, une dinde ou un cochon de lait.

Cette méthode ne peut être utilisée qu'avec un gril muni d'un couvercle, comme un gril au charbon de bois. Si votre gril n'a pas de couvercle, ça ne fonctionnera pas. Ouvrez et enlevez le couvercle du gril, puis ouvrez complètement les registres du bas.

Placez environ 50 briquettes de longue durée dans la base du gril. Allumez-les. Fermez le couvercle. Une demi-heure plus tard, elles devraient être très chaudes. Disposez les briquettes en deux piles, à chaque bout du gril, à l'aide de longues pinces et de gants de cuisinier. Placez dans le centre un bac fait de papier d'aluminium. Vous pouvez donner la forme que vous voulez au bac, mais normalement, la meilleure forme sera un rectangle. Mettez une tasse d'eau dans le bac. Ça devrait ressembler à une partie de football, là-dedans.

Vous pouvez huiler votre gril avec un chiffon en coton trempé dans l'huile de cuisson ; cela rendra le nettoyage plus facile. Mettez les grilles de 10 à 15 cm (4 à 6 po) au-dessus de la chaleur. Maintenant, disposez votre nourriture juste au-dessus du bac d'égouttement. Fermez le couvercle. Lorsque la cuisson commencera, le jus tombera dans le bac, et l'eau donnera de la vapeur, qui gardera votre viande juteuse et tendre. Ajoutez une douzaine de briquettes chaque demi-heure, de chaque côté, pour conserver une chaleur constante.

Organiser son temps avec soin

La complainte d'un débutant en barbecue est que la cuisson des aliments se termine à différents moments et qu'il est obligé de manger son repas par étapes. En premier, vous mangez les légumes qui cuisent très vite, ensuite le plat de résistance et enfin, les pommes de terre enveloppées. C'est une façon stupide de servir un repas, mais vous pouvez toujours dire à vos invités que c'est de cette façon que les Européens mangent. C'est ce que disait ma mère, lorsqu'elle avait oublié de servir la salade et que tout le monde avait terminé son repas. «C'est très continental de manger sa salade en dernier», disait-elle. Mais nous n'étions jamais certains de quel continent elle parlait.

Grands dîners
En Angleterre, les pommes de terre au four sont appelées pommes de terre «en robe des champs». Elles sont généralement servies avec des côtelettes d'agneau portant des pantalons, et des pâtes en forme de boucles (nœuds papillon).

Ne laissez jamais votre poste, c'est la meilleure façon de vous assurer que vos aliments seront tous prêts en même temps. Lorsque vous êtes responsable de la cuisson, vous ne devriez jamais quitter le gril tant que le repas n'est pas terminé. Un maître-chef ne mettra jamais des hamburgers à cuire pour ensuite aller dans la maison regarder une partie de football. Par contre, il ou elle planifiera à l'avance et installera la télévision dehors, près d'une glacière pleine de bière ; ainsi, il ou elle n'aura pas à quitter son poste. Lorsque vous acceptez la position de chef, vous acceptez également l'imposante responsabilité du plaisir culinaire de vos invités. Si votre repas ne sent pas bon, vous serez le seul à être mis en cause. Pour cette raison, il est important que vous maîtrisiez le tout et traitiez votre repas comme un chef-d'œuvre, tel qu'il est. Après tout, vous avez à maîtriser de la viande froide, n'est-ce pas ?

Le facteur clé pour vous assurer que vos aliments seront prêts en même temps est de bien connaître le temps de cuisson de chacun des aliments au menu. Par exemple, un bifteck prendra de 8 à 20 minutes, selon le degré de cuisson. Un poulet entier prendra presque 60 minutes pour être bien cuit tandis qu'un poisson peut prendre de 15 à 20 minutes. Le temps de cuisson pour les légumes est très varié. Un oignon, par exemple, peut prendre quelques minutes, alors qu'une pomme de terre peut prendre jusqu'à 1 heure. Un bon truc : précisez les aliments qui prennent le plus de temps à cuire. Ainsi, vous découvrirez que les légumes peuvent être blanchis, cuits à la vapeur ou au four à micro-ondes, jusqu'à ce qu'ils soient à demi cuits. Puis ils peuvent être mis sur le gril et prendront la saveur désirée.

Certains fervents des côtes de porc vont même jusqu'à précuire leurs côtes levées pour diminuer le temps de cuisson. Ceci est une excellente idée et vous devriez l'expérimenter vous-même avec différents temps de cuisson pour ainsi créer votre propre formule.

L'étape suivante est de faire cuire par phase. En premier, placez sur le gril les aliments qui prendront plus de temps à cuire. Ensuite, utilisez les connaissances en mathématiques que vous avez apprises à l'école et soustrayez le temps le plus court (certains légumes) du temps le plus long (cuire une dinde complète). Le chiffre restant est l'intervalle de temps que vous devez attendre entre le temps où vous placez la dinde sur le gril et le temps où vous ajouterez les légumes. Voici une répartition typique du temps de cuisson sur le barbecue (rien n'a été précuit). Ces chiffres sont approximatifs et sont donnés seulement comme exemple :

Un bifteck d'aloyau (à point) — 10 minutes

Un épi de maïs — 15 minutes

Une courgette (tranchée) — 5 minutes

Une pomme de terre au four — 60 minutes

Une crème glacée — je voulais m'assurer que vous suiviez

Placez les pommes de terre en premier sur le gril, car elles prennent plus de temps à cuire. La façon la plus populaire de les faire cuire est de les envelopper individuellement dans du papier d'aluminium et de les mettre sur le gril. Avant de les envelopper, prenez soin de les perforer et de laisser une petite ouverture dans le papier. Si vous les perforez avec une fourchette alors qu'elles sont enveloppées de papier d'aluminium, vous mangerez le papier, et votre orgueil en sera blessé !

Dans un campement en plein air, les pommes de terre enveloppées peuvent être mises directement sur le charbon de bois. Une autre suggestion est de les envelopper de papier d'aluminium et de les couvrir de 2,5 cm (1 po) d'argile et de les enterrer de charbon pendant 1 heure. Lorsque le temps est écoulé, vous brisez l'argile qui a durci et enlevez la pomme de terre. Cette méthode n'a pas de nom, mais disons qu'elle est faite pour les personnes qui ont du temps à perdre.

Le jeu de l'explosion des pommes de terre

Évitez l'explosion des pommes de terre ! Quand vous faites cuire une pomme de terre sur un gril ou dans un four, vous devez d'abord percer la peau de la pomme de terre afin de laisser la vapeur s'échapper. Si vous ne le faites pas, la vapeur s'accumulera sous la peau, et le tubercule explosera comme un anévrysme.

Après que les pommes de terre ont cuit pendant environ 45 minutes, il est temps d'ajouter l'aliment suivant, celui qui possède le deuxième temps de cuisson le plus long, soit l'épi de maïs. Pour cet exemple, nous supposons que les épis sont enveloppés individuellement dans du papier d'aluminium ;

si vous utilisez une autre méthode, le temps de cuisson pourra varier. Vous pouvez également les faire cuire avec leur enveloppe, ce qui donnera un bon goût et une délicieuse saveur, mais ils seront plus difficiles à développer. (Avant de les faire cuire, descendez l'enveloppe, sans l'enlever complètement, enlevez les fils de soie et remettez l'enveloppe). Si vous les faites cuire dans la maison, dans une casserole d'eau bouillante, oubliez tout ceci.

Placez les épis au bord du gril, laissant ainsi de la place, au centre, pour les biftecks ou autres viandes. C'est à cet endroit que la chaleur est plus intense.

Après que les épis ont cuit pendant 5 minutes, ajoutez les biftecks. Selon le degré de cuisson désiré et l'épaisseur de votre bifteck, le temps de cuisson peut varier; pour chaque côté, de 1 à 2 minutes jusqu'à 6 à 7 minutes. Il n'y a pas de science exacte pour déterminer le temps de cuisson de la viande, car tout dépend de l'intensité du feu, de l'épaisseur du bifteck et de la faim de vos invités. Votre estimation s'améliorera avec l'expérience.

Finalement, avec seulement 5 minutes restant au compte à rebours, ajoutez la courgette sur le gril. Encore là, l'épaisseur des tranches déterminera le temps de cuisson. Si vous avez tout fait correctement, lorsque la courgette sera prête, tout le repas devrait également l'être.

Une méthode encore plus facile pour que tous les aliments soient prêts en même temps est de précuire certains d'entre eux. Les pommes de terre, par exemple, peuvent être chauffées au four à micro-ondes pendant 5 minutes avant de les envelopper avec du papier d'aluminium et de les mettre sur le gril. Ceci diminue le temps de cuisson sur le gril de moitié et diminuera par conséquent le temps avant que vous puissiez mettre sur le feu les autres aliments.

Fumer les viandes

Beaucoup de bonnes choses peuvent être faites sur une pièce d'équipement que l'on appelle un fumoir. Ce truc est fait pour cuire la viande très lentement à une température constante et pendant une longue période de temps. Certaines personnes expérimentées ne jurent que par le fumoir, et plusieurs prix sont gagnés par ceux qui l'utilisent. Dès que votre feu est bien allumé dans le fumoir et que vous avez obtenu la température idéale en utilisant une combinaison des deux facteurs suivants : la disposition de la viande et l'ouverture ou la fermeture des ouvertures d'aération, vous pourrez obtenir un ensemble impressionnant de viandes fumées. Ces dernières, lorsque préparées avec un agent préservatif, peuvent être gardées très longtemps. C'est de cette façon que les pionniers conservaient leurs aliments avant que les réfrigérateurs apparaissent avec toute leur technologie; côte à côte, autodégivrant, extra grand, dispensant de l'eau.

Vous pouvez utiliser le fumoir pour toutes les sortes de viandes, les poissons et la volaille. Vous pouvez également fumer du fromage (réellement, mais il faut être très prudent), des noix ou des légumes. Vous pouvez préparer votre propre bacon, jambon et toutes sortes d'autre aliment. Soyez donc préparé à faire des expériences et à utiliser votre fumoir très souvent.

Cuire au fumoir ou sécher au fumoir?

Heureusement, c'est très simple. La cuisson au fumoir est faite à une température très élevée pour bien faire cuire la viande. Sécher au fumoir est tout simplement fumer de la viande séchée ou de la saucisse. Même si fumer de la viande donne un certain degré de préservation, ce n'est pas assez pour un entreposage prolongé.

Un fumoir fonctionne à cause des produits chimiques causés par la fumée. La fumée contient beaucoup de choses, entre autres des acides, de l'alcool (pas celui que l'on boit) et quelques fois des substances cancérogènes ou toxiques. Ces dernières font que les bactéries se développent plus lentement, alors que les acides créés ralentissent l'oxydation du gras, ce qui est la vitesse à laquelle le gras devient rance. Ce n'est peut-être pas bon pour la santé, mais c'est délicieux, car la viande fumée a l'odeur et la saveur de la fumée.

Achat d'un fumoir

Fabriquer son propre fumoir est une tâche importante, et il y a plusieurs livres écrits à ce sujet. Nous vous recommandons d'en acheter un bon. Cet

Je prendrai le mien saignant

La définition de la cuisson d'un bifteck est différente selon chacun. Pour certains, un bifteck saignant signifie que le centre est rouge et qu'il est très juteux. Pour d'autres, ça veut dire que la vache vient tout juste d'arrêter de marcher (ou de mugir) avant d'être servie dans votre assiette. Je vous suggère d'afficher dans la cuisine votre définition de cuisson afin d'informer vos invités. Ainsi, ils mangeront leur bifteck comme ils l'aiment. Voici ce que j'utilise.

Saignant : Le centre est rouge et plein de sang. Qui êtes-vous, un homme des cavernes ? Si vous voulez votre bifteck cuit de cette façon, essayez de ne pas vous blesser lorsque vous le ramasserez par terre.

Mi-saignant : Le centre du bifteck est d'un rose vif et il n'y a aucune trace de sang.

À point : Le centre du bifteck est légèrement rosé et le morceau de viande est complètement chaud. C'est de cette façon que les médiums préfèrent leur bifteck, d'où vient leur nom (en anglais : médium).

Cuit : La viande n'est plus rose, mais elle est encore un peu juteuse. Personne ne commande son bifteck de cette façon ; il arrive ainsi lorsqu'un bifteck à point est laissé sur le gril un peu trop longtemps.

Bien cuit : Pourquoi vous donnez-vous la peine de manger du steak ? Cette pièce de viande est dépourvue de tout jus et a la texture d'une semelle. L'intérieur est maintenant gris et l'extérieur pourrait servir à réparer un trou dans la chaussée. Si vous aimez les choses bien cuites, mangez du porc.

Croustillant-brûlé : Vous venez de ruiner un très bon bifteck. La prochaine fois que vous viendrez à la maison, apportez votre propre viande.

appareil vous permettra de faire votre saumon fumé, votre bacon, votre bœuf séché — et d'autres trucs semblables. Il y a une foule d'informations que vous pouvez aller chercher sur Internet. Vous n'avez qu'à taper les mots Viande et Fumoir.

Le meilleur fumoir bas de gamme est probablement celui que l'on appelle «fumoir vertical à l'eau». Il est appelé ainsi, car il a un réservoir à eau entre le foyer (en bas) et les grilles de cuisson (normalement deux grilles) en haut. Le réservoir à eau est génial, car non seulement il ajoute de l'humidité aux aliments que vous cuisez, mais l'eau régularise la température.

La compagnie la plus connue qui fabrique des fumoirs est Brinkmann. Il ne vous en coûtera que 45 $ US pour un fumoir vertical à l'eau, mais ce n'est pas parce qu'il est bon marché que vous ne pourrez pas y préparer des aliments de première classe. Le problème avec les modèles bon marché est qu'il est plus difficile de régulariser la chaleur, car il n'y a pas ou très peu de fentes d'aération à ajuster. Le meilleur modèle, avec tous les ajustements pour la ventilation et les équipements, est sans contredit le modèle Weber, qui vous coûtera entre 200 à 250 $ US si vous l'achetez avec tous les accessoires possibles et inimaginables. Si vous voulez maîtriser complètement cette expérience et vous êtes du type qui utilise l'ajustement manuel de votre caméra 35mm, alors que la plupart d'entre nous utilisent la mise au point automatique, allez-y et achetez-en un avec tous les équipements possibles. Vous serez ainsi plus certain de réussir.

Que vous achetiez un modèle ou l'autre, si vous voulez être un «vrai fumeur» et que vous planifiez faire un feu pour cuire votre viande, alors vous devrez passer la journée à le surveiller.

Naturellement, si vous voulez regarder un match et ne voulez pas sortir de la maison fréquemment pour vérifier le fumoir, alors achetez-en un électrique. Tout ce que vous aurez à faire sera de le brancher, y mettre des copeaux de bois trempés (pas de la sorte dont vous avez entouré vos plantes vivaces!) et lorsqu'il sera prêt, vous entendrez la sonnerie. Pour obtenir plus d'informations sur les copeaux de bois et la saveur qui se mariera bien avec ce que vous fumez, allez à la section «Autres bois», au chapitre 2. Naturellement, ceci est aussi curieux que de faire cuire de la viande au four à micro-ondes, pourquoi pas? Si Dieu avait voulu que vous passiez la journée entière à surveiller un feu, vous seriez né avec une fourche à la main.

Fumoirs

Si vous voulez être sérieux au sujet du fumage, vous devez considérer l'achat d'un vrai foyer à barbecue, macho et grandeur nature, pour brûler le bois. On appelle ça un foyer, mais ça n'a rien à voir avec un trou dans la terre. Ils sont conçus pour les fumeurs sérieux. Ils pèsent une demi-tonne et peuvent coûter plusieurs milliers de dollars. À moins que vous ne gériez un orphelinat ou que vous fassiez la cuisson de façon régulière pour une famille de 200 personnes, ce n'est pas un bon choix pour vous. Il y a des compagnies qui construisent ces fumoirs industriels. Cherchez-les sur Internet ou dans les Pages Jaunes d'une grande ville près de chez vous.

Plus d'information sur la fumée

«La fumée est un composé très complexe contenant plus de 200 composantes incluant des alcools, des acides, des composés phénoliques et plusieurs substances toxiques, voire cancérogènes. Les substances toxiques empêchent la croissance des microbes et les composés phénoliques retardent l'oxydation des graisses, et c'est tout ce processus qui donne une saveur de bois brûlé à la viande.» — Merci encore une fois à Richard Thead pour son site Internet, au sujet de l'information sur le fumage et le saumurage des viandes.

Vous pouvez construire ce genre de fumoir vous-même ou le faire fabriquer dans une usine de métal. Ces fumoirs à bois ressemblent à de grosses poubelles en métal que vous trouvez dans le parc ou à la plage. Ils sont faits d'un matériau semblable à celui d'un vieux baril d'huile. Sur le côté, normalement, on y trouve une grosse boîte en métal que l'on appelle foyer et qui est située plus bas que le baril. Dans le foyer, vous allumez un bon feu en utilisant des bûches de bois dur (comme du hickory ou du chêne). Puis la fumée, en passant par les fentes d'aération, arrive à la viande qui est suspendue au-dessus d'un grand bac d'eau. L'eau empêchera la viande de sécher, et les ouvertures vous permettront de contrôler la quantité de fumée, qui ira dans le fumoir, ainsi que sa température.

Surveiller un feu dans un grand fumoir peut demander beaucoup de temps, au moins une journée. Ça demande également de l'expérience pour obtenir une bonne synchronisation et bien contrôler la ventilation. Toutefois, une fois que vous savez comment fumer les aliments, vous serez surpris de la vitesse à laquelle de nouveaux amis s'ajouteront à la liste! L'odeur extraordinaire qui se répandra dans le voisinage attirera une filée de gens à votre porte.

Après avoir dit tout ça, nous vous suggérons quand même de commencer avec un fumoir vertical à l'eau. Par la suite, vous pourrez toujours vous procurer un fumoir plus gros si vous en avez réellement besoin ou que vous en voulez un.

Temps de cuisson pour les aliments fumés
- Côtes levées de porc (environ 900 g [2 lb]) — environ 30 à 60 minutes
- Poisson entier (environ 1,8 à 2,25 kg [4 à 5 lb]) — environ 60 à 90 minutes
- Rôti de palette de bœuf (de 900 g à 1,35 kg [2 à 3 lb]) — environ 45 à 90 minutes

Températures pour le fumage

Cuisson à la fumée

Lorsque vous fumez des viandes, vous voudrez toujours garder la température aux environs de 93 à 104 °C (200 à 220 °F). C'est parce qu'à température plus élevée, les aliments sèchent trop rapidement et à température plus basse, il y a risque de bactéries. Utilisez un thermomètre à viande pour connaître la température DANS la viande, mais la température décrite ci-dessus est celle AUTOUR de la viande. Si vous utilisez un fumoir avec foyer, vous n'aurez aucun problème à contrôler la température. Par contre, si vous utilisez un fumoir à l'eau, vous aurez un peu plus de difficulté, car la chaleur se tient en haut, là où est la viande. Vous pouvez obtenir de bons résultats avec un fumoir à l'eau, mais le temps de cuisson sera plus court et le goût de fumée sera moindre. Les poitrines et les épaules de porc prennent de 16 à 20 heures de fumage ; alors que les côtes et les rôtis de longe de porc prennent moins de temps.

Traitement à la fumée

Il est très important de contrôler la température lorsque vous faites le traitement à la fumée. Si elle est trop élevée, par exemple lorsque vous fumez des saucisses, l'excès de chaleur fera fondre les graisses et vous laissera un produit final sec qui s'émiettera. Lorsque vous faites un traitement à la fumée, vous voudrez maintenir une température constante, entre 60 et 71 °C (140 et 160 °F). Sans mettre trop d'humidité dans l'admission d'air, vous pouvez obtenir ce résultat dans un fumoir à bois, en éloignant les aliments le plus possible du feu. Certains produits ne sont pas affectés par une température élevée — comme le bacon et le jambon —, mais normalement, vous voudrez maintenir une température basse constante.

Comment puis-je contrôler la température à l'intérieur de mon fumoir ?

La façon la plus sécuritaire est d'utiliser un fumoir lent, au gaz ou électrique, contrôlé par un thermostat. Le procédé est ainsi plus facile, mais il enlève beaucoup de plaisir. Les résultats peuvent varier. Plusieurs propriétaires de fumoir à l'eau ne peuvent pas faire de traitement à la fumée, car il est très difficile de garder une température constante.

Certains fumoirs vous permettront de changer la température, car ils sont munis d'un thermostat, mais cet accessoire varie d'un modèle à l'autre. Vous voulez pouvoir, en tout temps, ajuster les soupapes d'entrée d'air, mais certains fumoirs à l'eau ne possèdent pas ces valves ! Mais si le vôtre en est muni, ne pensez pas pouvoir tout contrôler en fermant tout simplement le registre d'air. Vous aurez une désagréable surprise — vous obtiendrez une grossière fumée noire épaisse. Vos aliments ne seront pas attrayants et seront couverts d'une couche amère. Faites attention et laissez le feu brûler plus librement. Contrôlez la température en permettant à l'air de circuler entre le feu et la viande. De cette façon, tout devrait bien fonctionner.

Si vous voulez être sérieux à propos du barbecue, vous devez considérer un vrai foyer à barbecue, macho et grandeur nature, pour brûler le bois. On appelle ça un foyer, mais ça n'a rien à voir avec un trou dans la terre.

Le gras est bon pour vous !
N'enlevez pas le gras de vos viandes avant de les faire fumer ! Les graisses sont utiles, car elles ajoutent de la saveur et gardent les viandes juteuses durant la cuisson. Enlevez-le avant de servir.

Ces foyers pour bois ressemblent à de grosses poubelles en métal que vous trouvez dans le parc ou à la plage. Ils sont faits d'un matériau semblable à celui d'un vieux baril d'huile. Sur le côté on trouve normalement une grosse boîte en métal que l'on appelle foyer et qui est située plus bas que le baril. Dans le foyer, vous allumez un bon feu en utilisant des bûches de bois dur (comme du hickory ou du chêne). Puis la fumée, en passant par les fentes d'aération, arrive à la viande qui est suspendue au-dessus d'un grand bac d'eau. L'eau empêchera la viande de sécher, et les ouvertures vous permettront de contrôler la quantité de fumée qui ira dans le fumoir ainsi que sa température. Ces fumoirs peuvent peser jusqu'à une demi-tonne et coûtent très cher. À moins que vous fassiez ordinairement la cuisson pour une famille de 200 personnes, ce n'est pas un bon choix pour vous. Il y a des compagnies qui construisent ces foyers industriels. Cherchez sur Internet ou dans les Pages Jaunes les compagnies qui vendent des fumoirs à barbecue.

Fumage à froid

On appelle fumage à froid le processus qui consiste à faire cuire une viande, un poisson ou tout autre aliment sur une très longue période de temps à une température très basse. Le fumoir électrique ou à briquettes peut faire le fumage à froid, mais ce procédé est plus dangereux que le procédé régulier, car il y a risque de croissance de bactéries. Quelques aficionados de la viande fumée clament que le fumage à froid donne beaucoup de saveur, mais il est potentiellement beaucoup plus dangereux. **ATTENTION : nous vous le déconseillons.**

Si vous décidez d'essayer le fumage à froid, nous vous recommandons de toujours saumurer votre viande avant de commencer, jusqu'à ce que vous soyez tout à fait familier avec ce procédé. Le saumurage empêche la croissance de dangereuses bactéries.

Saumurage, ou comment devenir madame Curie (ou monsieur)

Typiquement, la viande est saumurée avec un des éléments suivants : sel, sucre, nitrite de sodium ou nitrate de sodium. Le sel et le sucre saumurent la viande par osmose. L'osmose signifie que le sel et le sucre retirent l'eau des tissus et des membranes de la viande. En plus, le sel et le sucre déshydratent et tuent les bactéries qui pourraient gâter la viande. Le terme «saumurage» réfère généralement au procédé qui traite la viande avec le nitrite de sodium ou le nitrate de sodium. L'ironie de ce procédé est que le sel fait retenir l'eau dans votre organisme, le sucre fait carier vos dents et métabolise les gras, puis le nitrite de sodium et le nitrate de sodium causent tous les deux le cancer chez les rats de laboratoire. **Attention : Utilisez avec parcimonie.**

Les poudres de Prague

Le nitrite de sodium et le nitrate de sodium sont les éléments de base de deux produits commercialement utilisés : les poudres de Prague n° 1 et n° 2. La poudre de Prague n° 1 est un mélange de 1 partie de nitrite de sodium et de 16 parties de sel.

La poudre de Prague n° 2 est un mélange de 1 partie de nitrite de sodium, de 0,64 partie de nitrate de sodium et de 16 parties de sel.

Les produits chimiques sont combinés et cristallisés pour une distribution uniforme. Même diluées, seulement 113 g (4 oz) de la poudre de Prague n° 1 sont requis pour saumurer 45 kg (100 lb) de viande. C'est beaucoup de viande ! **Utilisez avec précaution.**

Un produit de saumurage offert est le sel Tender Quick de Morton. C'est un mélange de sel, de nitrite de sodium, de nitrate de sodium et de sucre, et il est disponible à votre épicerie. Même s'il vous permet de garder votre nourriture plus longtemps, utilisez ce produit avec sagesse.

La saumure

La saumure est la solution de sel dans laquelle les viandes sont immergées avant le fumage. Elle agit comme agent de conservation et est utilisée depuis des siècles. N'oubliez pas de remuer la saumure très souvent, même après y avoir ajouté la viande, car des sirops épais et des édulcorants peuvent se former au fond. Elle peut être gardée au réfrigérateur pendant 1 semaine. Mettez-la dans un contenant de verre, de céramique ou de plastique, ainsi, il n'y aura pas de réaction avec le métal des bols. Immergez les aliments complètement et placez-y une tasse ou une assiette lourde pour ajouter du poids.

Le sucre ajouté peut être brun ou blanc, ou utilisez du sirop d'érable, de la mélasse ou du miel.

L'assaisonnement n'est limité que par votre créativité. Vous pouvez ajouter des oignons, des poireaux, de l'ail, toutes sortes de poivrons, des sirops, différentes sortes de poivres moulus, des fines herbes, enfin, tout ce qu'il vous faut pour créer des saveurs originales.

Recettes pour fumer les viandes

La majorité de la littérature sur les viandes fumées est utilisée grâce aux efforts des détenteurs de droits d'auteurs ci-dessous mentionnés. Elle est utilisée avec leur permission. © Copyright 1995-1999 Michael Kankiewicz, Rick Logan et Richard Thead. Visitez leur site Internet en tapant «Meat smoking and curing FAQ*» dans un moteur de recherche.

* N.d.T. : Le document est offert en anglais seulement.

Saumure de base

(Suffisant pour traiter 2,7 kg [6 lb] de viande)

2 l (8 tasses) d'eau fraîche
250 ml (1 tasse) de sel pour saumurage ou mise en conserve
250 ml (1 tasse) de sucre
5 ml (1 c. à thé) de salpêtre

Saumure aux fines herbes

(Suffisant pour traiter de 4,5 à 5,4 kg [10 à 12 lb] de viande)

3 l (12 tasses) d'eau
375 ml (1½ tasse) de sel pour saumurage ou mise en conserve
250 ml (1 tasse) de cassonade foncée fermement pressée
75 ml (5 c. à soupe) de thym séché
2 feuilles de laurier
45 ml (3 c. à soupe) de grains de poivre concassés
45 ml (3 c. à soupe) de baies de genévrier concassées

Faire bouillir l'eau. Ajouter le reste des ingrédients et laisser bouillir. Retirer du feu et laisser refroidir avant usage.

Saumure aux épices pour marinades

(Suffisant pour traiter 4,5 kg [10 lb] de viande)

3 l (12 tasses) d'eau
125 ml (½ tasse) de sel pour saumurage ou mise en conserve
250 ml (1 tasse) de miel brut
5 ml (1 c. à thé) de salpêtre
6 gousses d'ail, pelées et tranchées
Épices pour marinades
40 ml (8 c. à thé) de moutarde sèche
40 ml (8 c. à thé) de raifort préparé
30 ml (6 c. à thé) de graines de céleri
20 ml (4 c. à thé) de curcuma ou 20 ml (4 c. à thé) de cannelle

Bacon

Le bacon est assez facile à réussir si on utilise la méthode lente de fumaison. Voici une recette que vous aimerez :

Procurez-vous des épices à saumurage Morton et du sucre de canne foncé.

Achetez une pièce de bacon frais (flan de porc) et enrobez-la avec une quantité généreuse d'épices à saumurage Morton. N'ayez pas peur, vous ne pouvez jamais en mettre trop ; vous en aurez besoin d'au moins 250 ml (1 tasse).

Puis, enrobez-la avec environ 250 ml (1 tasse) de cassonade.

Placez-la dans un sac en plastique très épais et laissez-la saumurer pendant 7 jours à 3,3 °C (38 °F).

Richard Thead écrit : «J'utilise un petit réfrigérateur pour ce faire. J'insère un thermomètre avec un contrôle à distance pour bien vérifier la température, l'ajustant lorsque nécessaire. La température est très importante ; si elle est trop basse (plus basse que 2,2 °C [36 °F]), le saumurage arrêtera, et si elle est trop élevée (plus de 4,4 °C [40 °F]), la viande commencera à se décomposer. Je coupe également le flan de porc en deux et fais le saumurage en plaçant les deux parties de la viande face à face et la peau vers l'extérieur. Il est ainsi plus facile de le placer dans le réfrigérateur et cela améliore le saumurage. Ensuite, je le fume entre 60 et 65,5 °C (140 et 150 °F) jusqu'à ce que la température interne du porc atteigne 53 °C (128 °F) (environ de 8 à 10 heures). Je trouve qu'il est préférable d'enlever la peau aux trois quarts du processus de fumaison. Ainsi, le gras est protégé, mais il prend quand même une certaine couleur. Réfrigérez durant la nuit avant de l'utiliser. Tranchez à environ 0,6 cm (3/16 de pouce) d'épaisseur et faites-le frire comme d'habitude.

«Si vous utilisez la poudre de Prague # 1, mélangez-en 60 g (2 oz) avec 450 g (1 lb) de sel et faites comme vous feriez avec le Tender Quick.

«Vous pouvez utiliser d'autres sucres que la cassonade. Essayez le miel ou même le sirop d'érable.» Il connaît son affaire ou quoi !

Saumon fumé

Commencer avec des filets de saumon frais dont vous aurez enlevé les arêtes.

Les placer dans un bac contenant une solution de saumure salée et ajouter de la glace pour refroidir. Ceci enlèvera le sang répandu, rendra la chair plus ferme et aidera à retenir les huiles. Le poisson devrait rester dans la saumure de 60 à 90 minutes. Les filets devraient être égouttés de 15 à 20 minutes. Un plat peu profond est rempli d'un mélange salé préparé comme suit (pour 9 kg [20 lb] de poisson) :

900 g (2 lb) de sel
30 g (1 oz) de cassonade
30 g (1 oz) de poudre de Prague # 1
30 g (1 oz) de poivre blanc
30 g (1 oz) de feuilles de laurier moulues
30 g (1 oz) de piment de la Jamaïque moulu
30 g (1 oz) de clou de girofle moulu
30 g (1 oz) de macis moulu

Saupoudrer les filets avec le mélange et en frotter la chair légèrement. Mettre les filets dans un bac avec autant de mélange à saumure possible. Couvrir lâchement et mettre un poids sur le couvercle. Laisser le poisson de 8 à 12 heures ; puis retirer, brosser et rincer pour enlever l'excès de mélange. Attacher les filets à un support et les laisser sécher devant un ventilateur, de 4 à 6 heures. Suspendre dans un fumoir et le laisser fumer pendant 8 heures à une température pas plus élevée que 38 °C (100 °F). Continuer la fumaison encore 24 à 48 heures à 21 °C (70 °F). Badigeonner avec de l'huile et entreposer dans un endroit froid et sec.

Corned-beef

Pour obtenir de meilleurs résultats, utiliser des poitrines de bœuf dégraissées.

Commencer avec une saumure comme suit. Cette recette suffit pour 11,25 kg (25 lb) de viande.

5 l (20 tasses) d'eau très froide (entre 3,3 et 4,4 °C [38 et 40 °F])
240 g (8 oz) de sel
90 g (3 oz) de poudre de Prague # 1
90 g (3 oz) de dextrose en poudre

Arroser les poitrines à environ 12 à 15 % de leur poids original. Les placer ensuite dans une cuve et les saupoudrer avec les épices pour marinade. Si vous préparez plus d'une poitrine à la fois, les placer sur le côté de la chair, le gras vers l'extérieur. Ajouter assez de saumure pour couvrir et laisser reposer dans la saumure de 3 à 4 jours à 3,3-4,4 °C (38-40 °F). La viande est maintenant prête pour la cuisson.

Andouilles

L'andouille est une saucisse fumée et épicée que l'on retrouve en abondance dans la cuisine de la Louisiane. Elle est facile à faire, mais vous devez posséder un hache-viande.

> 10 ml (2 c. à thé) de poudre d'ail
> 10 ml (2 c. à thé) de sel casher
> 15 ml (1 c. à soupe) de poivre noir moulu
> 5 ml (1 c. à thé) de flocons de piment rouge
> 10 ml (2 c. à thé) de poivre de Cayenne
> 45 ml (3 c. à soupe) de paprika
> 2,5 ml (½ c. à thé) de macis moulu
> 5 ml (1 c. à thé) de thym
> 30 ml (2 c. à soupe) de sucre
> 5 ml (1 c. à thé) de poudre de Prague # 1
> 2,25 kg (5 lb) de porc, gras et viande séparés
> 190 ml (¾ tasse) d'eau froide
> 125 ml (½ tasse) de concentré de protéines de soja
> Gros boyaux de porc

Hacher le gras avec l'accessoire de 0,6 cm (¼ po). Hacher la viande avec l'accessoire de 1,25 cm (½ po). Faire dissoudre la poudre de Prague dans l'eau pour assurer une distribution égale. Bien mélanger tous les ingrédients (sauf les boyaux). Remplir les boyaux et faire un tour à intervalle de 30 cm (12 po) afin de former une chaîne. Suspendre les saucisses devant un ventilateur dans un endroit froid toute la nuit pour faire sécher. Faire fumer à moins de 60 °C (140 °F) de 6 à 8 heures. Réfrigérer jusqu'à ce qu'elles soient fermes. Se congèlent bien.

Bœuf séché

Utiliser environ de 675 à 900 g (1½ à 2 lb) de bifteck de ronde, de bloc d'épaule, de pointe de poitrine ou de bavette de flanchet. Faire des tranches de viande en sens transversal de 0,3 à 0,6 cm (⅛ à ¼ po) d'épaisseur, d'environ 7,5 cm (3 po) de large et entre 10 et 15 cm (4 à 6 po) de long.

Le temps de séchage dépend de l'épaisseur de la viande et de l'humidité. Continuer le séchage jusqu'à ce que le bœuf soit légèrement flexible (mais il ne doit pas être dur au point de casser). **La viande doit être complètement séchée afin d'éviter qu'elle se gâte.** Entreposer dans un contenant fermé dans un endroit froid et sec.

Bœuf séché (pour le fumoir)

125 ml (½ tasse) de sel à saumurage
60 ml (¼ tasse) de cassonade
2,5 ml (½ c. à thé) de poivre noir
2,5 ml (½ c. à thé) de poudre d'ail
5 ml (1 c. à thé) de zeste de citron râpé

Maintenir la température du fumoir entre 24 et 35 °C (75 et 95 °F). Mélanger tous les ingrédients dans un grand bol. Rouler la viande dans le mélange sec. Placer dans le fumoir jusqu'à ce que la viande soit sèche, environ de 10 à 12 heures.

Bœuf séché (pour le four)

900 g (2 lb) de viande, le gras enlevé et la viande coupée en lanières
de 0,6 cm (¼ po) d'épais et de 10 à 15 cm (4 à 6 po) de long

Marinade :
125 ml (½ tasse) de sauce Worcestershire
125 ml (½ tasse) de sauce soja
125 ml (½ tasse) de sauce teriyaki
2,5 ml (½ c. à thé) de sel d'ail
2,5 ml (½ c. à thé) de poudre d'oignon
2,5 ml (½ c. à thé) de poivre noir
1,25 ml (¼ c. à thé) de gingembre moulu

Maintenir la température du fumoir de 52 à 60 °C (125 à 140 °F). Couper la viande en lanières de 0,6 cm (¼ po) d'épais et de 10 à 15 cm (4 à 6 po) de long. Dans un grand bol, mélanger le reste des ingrédients. Placer la viande dans la marinade, couvrir et réfrigérer toute la nuit.

Étendre les lanières de viande directement sur les grilles du four en prenant soin de mettre une lèchefrite en dessous pour recueillir les jus qui pourraient s'en écouler. Laisser dans le four environ de 4 à 6 heures, en les tournant à mi-temps. Le temps de séchage dépend de l'épaisseur de la viande.

Les recettes du bœuf séché des pages 123–124 sont la courtoisie de Michael Beaudoin.

Chapitre 6

Cuisiner avec la viande

Choisir une belle pièce de viande et la faire cuire

Acheter du bœuf

Lorsque l'on pense «barbecue», on pense naturellement à la viande. On n'a pas découvert le feu pour faire griller des courgettes, mais bien pour faire cuire une cuisse de mammouth laineux afin qu'elle ne vous rende pas malade. Barbecue est synonyme de viande. Par exemple, voici une bonne question : quel est le dernier repas le plus souvent demandé par les condamnés à mort? La viande serait la réponse exacte, et s'ils avaient le choix, je parie qu'ils choisiraient une viande cuite sur le barbecue.

Lorsque vous voulez faire un barbecue, vous devez tout d'abord décider ce que vous aimez. Même un passe-temps agréable comme le barbecue peut devenir lourd lorsque vous finissez par faire cuire quelque chose que vous n'aimez pas. Si vous aimez les biftecks, je vous suggère de faire griller des biftecks, et si vous aimez les côtelettes, je vous dirais, allez-y pour les côtelettes. Lorsque vous avez décidé quoi acheter, il ne vous reste plus qu'à aller courir les magasins.

Achetez toujours la meilleure viande possible. Elle devrait être attrayante sans que trop de jus ait déjà commencé à s'égoutter, ni que les bords aient commencé à prendre une teinte verdâtre. Pour vous assurer de la meilleure qualité de viande, allez dans un marché en lequel vous avez confiance.

Le boucher du voisinage est un bon choix, comme la section des viandes de la plupart des supermarchés. Si vous avez des questions, demandez au boucher, qui sera capable de vous renseigner. Évitez d'acheter votre viande des vendeurs de rue, dans les ventes-débarras ou sur Internet. Tenez-vous loin également des vendeurs de porte-à-porte, même si on vous offre des prix imbattables.

Depuis combien de temps ce bifteck est-il dans la vitrine?

La viande que vous mangez arrive sur votre table après un cheminement très long. Le premier arrêt est à l'emballage. Au nord du Wisconsin, ça prendra la forme d'un Packer* de Green Bay, connu pour son penchant pour la viande crue.

De l'emballage, la viande va à la boucherie et de là, à votre réfrigérateur. Ce cheminement peut durer de 7 à 10 jours. Pendant ce temps, la viande commence à s'attendrir d'elle-même parce que les enzymes contenus dans la viande commencent à affecter les fibres. La viande devient ainsi plus tendre. Les restaurants haut de gamme offrent du « bœuf vieilli », ce qui veut dire que la viande a été entreposée dans certaines conditions spécifiques concernant la température et l'humidité, qui permettent aux enzymes d'agir davantage et d'ainsi rendre la viande encore plus tendre.

Le bœuf vieilli n'est pas ce qu'on appelle du bœuf casher. Les lois des Juifs orthodoxes stipulent que la viande doit être mangée dans les 3 jours (72 heures) suivant l'abattage.

---

*N.d.T. : *Packer* en anglais veut dire *emballeur*. Les Packers de Green Bay sont une équipe de la LNF.

Informations au sujet des steaks

- Le mot steak vient d'un vieux mot anglo-saxon qui s'épelait « steik ». Lorsque les Saxons ont conquis l'Angleterre, ils ont apporté, en plus de leurs aptitudes d'éleveurs de bovins, leur appétit de mangeurs de viande et leur méthode pour faire cuire les morceaux de bœuf sur des bâtons au-dessus du feu de camp. Même si les Anglais furent conquis à ce moment-là, ils insistèrent pour que les Saxons épellent le mot « steak » correctement.

- Le bifteck d'aloyau (« porterhouse steak ») fut nommé ainsi d'après une brasserie à New York, au début des années 1800, qui accommodait un très grand nombre de clients en coupant à la hâte des steaks à même les rôtis de surlonge.

- La côte d'aloyau (club steak) fut ainsi appelée à cause de sa taille commode pour les banquets.

- Le bifteck d'aloyau (T-bone) a reçu son nom à cause de l'os en forme de T.

- Le bifteck de faux-filet (Delmonico) fut nommé d'après le restaurateur new yorkais renommé, M. Delmonico.

- La bavette de flanchet a déjà été considérée impropre pour la vente en tant que bifteck, mais un boucher, sachant que c'était une coupe savoureuse et délicieuse, l'apporta à la maison. La bavette fut appelée éventuellement « filet du boucher ».

Spécifications de l'USDA
(Département de l'Agriculture des États-Unis)*

Un des bénéfices d'être citoyen des États-Unis est que l'USDA est toujours vigilant afin de s'assurer que la viande que nous achetons dans les épiceries et les boucheries est de la meilleure qualité possible… et si elle ne l'est pas, nous connaissons au moins la qualité que nous achetons. Les personnes que nous appelons « classificateurs » travaillent pour le gouvernement fédéral pour faire l'inspection de chaque pièce de viande provenant des grossistes et pour les classifier, disons de A à F; cependant, ils leur donnent un nom différent. Lorsque les inspecteurs ont évalué la viande pour la classification, elle est alors appelée « certifiée », d'où la description « Choix USDA certifié », par exemple. Pratiquement, plus le grade est élevé, plus la viande est tendre. Mais trop faire cuire la viande peut faire durcir même la viande la plus tendre.

De premier choix : C'est la meilleure viande que vous pouvez acheter, c'est pourquoi elle est rare. Cette viande est habituellement achetée par les restaurants haut de gamme et les grilladeries. Le bœuf de premier choix vient de jeunes troupeaux qui ont été alimentés avec une diète spéciale. Les animaux sont bien nourris, alors nous mangeons du bon bœuf. C'est la synergie de la nature. Le bœuf de premier choix est vieilli pour devenir plus tendre, il est bien persillé — c'est-à-dire qu'il est tacheté de gras — et le plus important, il est très bon.

De choix : C'est normalement la meilleure coupe disponible dans les épiceries et les boucheries, et il est moins persillé que le bœuf de premier choix. Il y a plusieurs catégories (par exemple, de choix A, de choix B), indiquant le degré de tendreté et le niveau décroissant de maigreur.

Bon choix : C'est la catégorie suivante, et elle indique une certaine tendreté avec moins de gras, donc moins juteuse. Si vous utilisez cette catégorie, choisissez la plus tendre.

Choix standard : Cette catégorie provient d'animaux plus jeunes qui ont une viande virtuellement non persillée et une couche très mince de gras.

---

* N.d.T. : Voir le Règlement sur la classification des carcasses de bétail et de volaille sur le site du Ministère de la Justice pour connaître les équivalents canadiens. http ://lois.justice.gc.ca/fr/ShowTdm/cr/DORS-92-541//20091021/fr

Cette viande est très sèche, à moins qu'elle ne soit cuite à la chaleur humide comme un ragoût ou un bœuf braisé.

Choix commercial : Nous nous aventurons ici dans une zone de dureté suprême. La viande de choix commercial provient d'animaux plus âgés, et même si elle a la même valeur nutritionnelle que les meilleures coupes, vous aurez beaucoup de mal à la mastiquer. Il est préférable d'utiliser la viande de cette catégorie dans les ragoûts et les soupes. Si vous faites griller une telle coupe, vous serez capable d'en ressemeler vos chaussures.

Qualité marchande : Viens mon chien, viens chercher. Cette catégorie est le choix pour la race canine américaine, mais on sait que les chiens sont capables de manger des boîtes de chaussures et des tapis pour le bain. En toute sincérité, vous ne serez pas capable de trouver ces deux dernières catégories dans les marchés de viande ; ne vous en faites donc pas, vous ne pourrez pas en prendre par erreur.

Piments forts

Vous vous êtes probablement demandé pourquoi les piments forts sont si forts ? C'est à cause d'une substance appelée la capsaïcine.

Votre prochaine question sera sans doute : « Pourquoi la capsaïcine a-t-elle un goût si fort ? » Dans les membranes du centre de la douleur, nous avons des récepteurs sensoriels qui réagissent fortement aux molécules de la capsaïcine. De plus, aussitôt que la capsaïcine a excité un récepteur sensoriel, ce dernier devient encore plus sensible à la chaleur, rendant les aliments forts encore plus forts. C'est pourquoi vous vous précipitez sur une boisson froide aussitôt que vous avez pris trop de capsaïcine.

Le porc est classifié de la même façon que le bœuf. Dans la meilleure catégorie, le porc est ferme, la chair a le grain fin et le gras est blanc. Tout comme le bœuf, la meilleure coupe est classifiée la plus haute par l'USDA (de choix). Mais comme avec toutes les viandes, assurez-vous d'acheter votre porc chez un boucher ou dans une épicerie réputés. Ce n'est pas une bonne idée d'acheter votre porc d'un kiosque sur le bord du chemin.

Malheureusement, même si l'USDA peut classifier la qualité du porc, il n'y a toujours pas d'inspection microscopique faite de façon systématique. En d'autres mots, la meilleure coupe de porc pourrait toujours contenir des insectes et des parasites. C'est pourquoi le porc doit toujours être bien cuit.

Les guides ont plus de plaisir

Jennifer écrit : Un de mes meilleurs souvenirs comme Guide, c'est lorsque nous préparions au feu de camp des gâteries que nous appelions des cornets au pouding. Pour les faire, vous aurez besoin d'environ 30 sachets de pouding instantané au chocolat, de 15 l (60 tasses) de lait entier, de 60 cornets sucrés pour crème glacée et d'un grand bol. Ces quantités sont nécessaires si vous voulez nourrir la troupe de guides pendant 1 semaine. Si vous avez moins de personnes, vous aurez besoin de 1 boîte de cornets sucrés, de 500 ml (2 tasses) de lait et de 1 sachet de pouding instantané.

Préparez le pouding selon les instructions sur l'emballage. Combinez le mélange et le lait, et remuez bien. Laissez refroidir. À l'aide d'une cuillère, mettez le pouding dans les cornets. Le dessert est servi!

L'art de préparer les hamburgers

Il n'y a pas beaucoup d'Américains aujourd'hui qui n'aiment pas le goût d'un bon hamburger. Même les végétariens peuvent s'en régaler aussi grâce à l'invention des hamburgers faits de légumes et qui ne contiennent aucune viande. Un hamburger est bien plus que quelque chose que vous mangez, c'est une façon de vivre. Le hamburger est devenu sa propre forme d'art tout comme l'est la dinde de l'Action de grâces; non seulement c'est un plaisir pour le palais, mais c'est également une fête pour la vue, le goût et même le toucher.

Il y a plusieurs ingrédients clés dans la préparation du parfait hamburger. Il faut utiliser les meilleurs ingrédients possible. Si vous préparez des hamburgers au bœuf, la ronde hachée ou le haut-côté haché seront plus juteux et auront beaucoup plus de saveur que certaines autres parties hachées vendues dans un paquet appelé bœuf haché. Si vous choisissez des hamburgers au poulet ou à la dinde, achetez ce qu'il y a de plus frais. Examinez bien l'étiquette pour en connaître le contenu en gras.

Ensuite, préparez un beau hamburger épais. Dans les restaurants à service rapide, on vous sert des hamburgers minces comme une feuille de papier, mais vous n'avez pas à faire de même à la maison. Un hamburger plus épais sera non seulement plus juteux, mais vous donnera une meilleure « sensation dans la bouche », comme mentionné dans les publicités.

Bœuf sur le gril

Les meilleures parties du bœuf pour faire griller sont les filets : filet mignon, chateaubriand, coquille d'aloyau, les biftecks (presque tout comme le bifteck de surlonge, le bifteck d'aloyau, l'aloyau, le faux-filet) et l'intérieur de ronde. Naturellement, les autres parties que vous pouvez faire griller sont les hamburgers, aliments de base de toute diète (de préférence provenant du premier choix de surlonge), les biftecks de hampe, les côtelettes et la bavette.

Essayez différentes recettes jusqu'à ce que vous trouviez celle qui vous plaira le plus. Différentes recettes peuvent nécessiter l'ajout de différents ingrédients dans le mélange. Vous pouvez ajouter de tout, des oignons hachés et de la sauce soja, du persil, de l'origan, à la sauge ou au romarin. Certains aiment ajouter des œufs crus, d'autres aimeront mettre de la chapelure. Mettez ce que vous aimez le plus pour préparer votre hamburger.

Les ingrédients clés restants pour obtenir un hamburger parfait sont : des pains de la boulangerie (beaucoup mieux que ceux que vous achetez à l'épicerie), des oignons grillés (incontournables!), du ketchup ou de la moutarde, et du fromage, si vous en avez.

Quelle quantité de viande acheter

La quantité de viande à acheter pour votre barbecue dépendra du nombre de personnes que vous aurez invitées et de ce que vous leur donnerez à manger. Par exemple, si vous faites cuire une pièce de viande sans l'os, vous n'aurez besoin que de 110 à 150 g (¼ à ⅓ lb) par personne. Si vous ne voulez pas calculer, cela équivaut à 5 à 6 oz par personne. Si vous faites cuire des steaks, des côtelettes, une côte de bœuf rôtie ou un jambon, vous devez tenir compte de la présence de gros os dans la viande. Pour compenser les os, vous devrez avoir de 150 à 225 g (⅓ à ½ lb [5 à 8 oz]) par personne. Et si vous préparez un plat avec beaucoup d'os, comme des côtes levées, des jarrets d'agneau ou de la poitrine, vous devrez prévoir de 340 à 450 g (¾ à 1 lb [12 à 16 oz]) par personne. Vous devez planifier également pour satisfaire toute « bonne fourchette ». Vous ne voulez sûrement pas que quelqu'un parte de chez vous affamé.

D'où provient cette pièce ?

Bœuf

Un bœuf (ou un bouvillon) est un très gros animal et est presque impossible à manger en une fois… même si vous avez une famille nombreuse. Ainsi, la viande que vous mangerez provient d'une partie seulement de l'animal. La question est : de quelle partie ? Certaines d'entre elles sont faciles à identifier, comme le rôti de croupe, qui provient de la dernière partie de la vache qui entre dans l'étable. Le rôti de ronde provient de la cuisse arrière de l'animal. Le bloc d'épaule — les tranches de palette, le rôti de palette ou le haut-côté haché — proviennent de l'épaule de l'animal.

La « poitrine » est la portion sous l'épaule, mais au-dessus du jarret. Le « jarret » provient de la partie supérieure des quatre pattes de l'animal. La bavette de flanchet provient du flan de l'animal. Au-dessus de la bavette se trouve la « pointe ».

Au centre de l'animal se trouvent les parties de viande comme la « longe », le « filet », la « côte de bœuf rôtie » et les « bouts de côtes ».

Porc

Le cochon est un animal merveilleux, mais à part quelques exceptions comme Arnold Ziffel et Babe, il est plus apprécié mort que vivant. Lorsque vous achetez une pièce de porc à l'épicerie, vous ne vous demandez probablement pas de quelle partie de l'animal cette pièce provient. Certaines parties, comme le pied de cochon et le gras de dos, sont faciles à reconnaître, mais certaines autres peuvent porter à confusion.

Si vous achetez un jambon, vous en voulez un qui provient de l'arrière du porc. Mais si vous voulez un rôti de soc, aussi appelé rôti d'épaule, vous devriez chercher vers l'avant de l'animal, spécifiquement l'épaule.

Dîners divins au porc

Les meilleures parties de porc à acheter pour votre barbecue sont les côtelettes, les milieux de longe, les côtes levées, l'épaule et le rôti d'épaule picnic avec l'os. Oubliez les parties les plus bas de gamme comme les tranches de palette, même si vous cuisinez pour votre belle-famille. La meilleure façon de faire cuire le porc est de le faire saisir en premier et de le faire cuire complètement sur un gril couvert. Si votre gril n'est pas muni d'un couvercle, mettez un couvercle de poêle ou une casserole renversée pour en emprisonner les saveurs. La température interne qu'indiquera votre thermomètre quand le porc sera bien cuit devra être entre 68 et 77 °C (155 et 170 °F).

Le jarret est la partie de la patte au-dessus du pied de devant et est comparable à la cheville chez l'humain… en fonction et non en goût. Au bout des pattes, vous trouverez le pied de cochon qui contient également le jarret. Ces deux parties doivent être accompagnées de plusieurs bières pour vous faire oublier ce que vous mangez.

Le gras de dos vient du dos gras du porc, mais juste en dessous se trouve le carré de porc, une des parties les plus savoureuses. Sous le carré de porc se trouvent les côtes levées.

Pendant le barbecue annuel, un porc entier est rôti de façon à ce que vous puissiez manger toutes les parties. Lorsque vous faites cuire un cochon de lait, une pomme est insérée dans la gueule du cochon comme garniture.

Agneau

L'agneau n'est pas seulement une bonne source de laine ; il est aussi bon sur le gril. L'agneau, comme la plupart des autres vertébrés, est fait de plusieurs parties, et chacune a un goût différent. La coupe la plus connue est le gigot d'agneau, qui vient du cuisseau. Une autre coupe populaire est le carré d'agneau. Ce carré contient les côtes d'agneau.

Marie avait un petit agneau…
avec gelée à la menthe et pommes de terre au romarin

L'agneau est meilleur sur le gril si vous utilisez une bonne coupe. Nous recommandons le gigot (avec ou sans l'os, ou en papillon), l'épaule avec l'os, la longe, le carré, les côtes, les biftecks et les côtelettes. Enlevez le gras avant la cuisson. La longe ou le carré d'agneau coûte environ le même prix que le filet de bœuf, alors même si ça vous paraît un luxe, ça ne crèvera pas votre budget. Faites-le mariner pendant la nuit dans une marinade à base d'huile pour obtenir de meilleurs résultats.

Le cou de l'agneau est normalement utilisé pour les ragoûts. Près du cou vient l'épaule, d'où proviennent le rôti d'épaule, les tranches d'épaule et l'épaule roulée avec l'os. Si vous avez des restes de l'un de ces repas, vous pouvez légitimement tourner le dos à quelqu'un*.

À l'arrière du carré et devant la patte se trouve la selle d'agneau, et sous la selle, on a la longe, d'où proviennent le rôti de longe, les côtelettes de longe et la longe courte double. Finalement, la poitrine, située au bas de l'animal, est une coupe bon marché ; elle contient beaucoup de gras.

Manipulation de la viande crue

Les seuls qui savent bien manipuler la viande crue sont les animaux carnivores. Les loups gris, les tigres du Bengale et les grizzlys sont des créatures qui aiment leur viande extra-saignante. Maintes fois j'ai été témoin d'un dingo

---

* N.d.T. : Jeu de mot en anglais. Tourner le dos à quelqu'un se dit « give someone the cold shoulder. »

tournant le dos à un repas frais dans les vastes étendues de l'Australie, car le soleil l'avait trop cuit. Ils aiment leur viande crue, mais nous, humains, ne devrions jamais manger notre viande de cette façon pour deux très bonnes raisons :

1. E.
2. Coli

Plusieurs bactéries ne semblent pas affecter ces carnivores enragés, mais peuvent nous infliger de terribles dégâts, nous qui avons un système digestif sensible. Mon chien, par exemple, a l'habitude de manger des espadrilles, des livres et un tas de choses dont vous ne voulez pas entendre parler, sans aucun problème de digestion. Moi, d'un autre côté, j'ai mangé une très petite quantité de viande pas assez cuite et j'ai dû passer le reste de la soirée dans une petite chambre, seul, loin des invités.

L'important est de se rappeler que la viande crue contient des bactéries microscopiques que l'on appelle parasites. C'est la même chose que vous avez attrapée des filles de quatrième année à l'école, mais vous avez réalisé que les filles ne l'avaient pas et qu'en réalité elles étaient même agréables à toucher; cette sorte de parasite peut vous rendre malade. Le bon côté est que ces parasites meurent tous lorsqu'ils sont exposés à une chaleur intense… comme celle utilisée pour faire cuire un steak. Alors, servez-vous de votre bon sens lorsque vous manipulez un steak cru.

Ne manipulez pas la viande à mains nues pour ensuite lécher vos doigts ou vous frotter les yeux. Utilisez des pinces. N'utilisez pas de fourchette, car percer un steak fera perdre de bons et savoureux jus.

Lorsque vous manipulez une grosse pièce de viande comme un rôti ou un gigot d'agneau, vous pouvez soit mettre des gants ou la transporter à mains nues, mais assurez-vous de bien les laver lorsque vous aurez terminé. La meilleure façon de prévenir la contamination par les germes est de se laver fréquemment les mains.

Vous devez également vous assurer de laver l'assiette qui a servi à transporter la viande crue, avant de l'utiliser pour transporter la viande cuite. Ou bien, utilisez deux assiettes. Ne mettez jamais la viande cuite dans l'assiette qui a servi à transporter la viande crue. Il en est de même pour la planche à découper. Lavez-la avant de l'utiliser pour autre chose. Ici, laver ne veut pas dire la rincer avec le boyau d'arrosage. Ça veut dire d'utiliser de l'eau chaude, du savon et une lavette que vous pourrez nettoyer. N'utilisez pas d'éponge, car elle pourrait absorber les bactéries et les transférer aux autres surfaces à nettoyer.

Si vous êtes un maniaque des détails, la température interne minimale la plus sécuritaire à laquelle vous devez faire cuire vos hamburgers est 71 °C (160 °F). Le mieux est d'utiliser un thermomètre à viande. Vous pouvez toujours essayer de deviner, mais si vous êtes de ce type, vous n'êtes sûrement pas un maniaque des détails.

Recettes pour les viandes

- Bœuf
- Agneau
- Porc

Hamburgers de base

675 g (1½ lb) de palette ou de surlonge, hachée
2,5 ml (½ c. à thé) de sel
1,25 ml (¼ c. à thé) de poivre fraîchement moulu
45 ml (3 c. à soupe) de sauce chili en bouteille
60 ml (¼ tasse) d'eau froide
4 tranches d'oignon rouge
4 tranches épaisses de tomate
4 pains à hamburger
15 ml (1 c. à soupe) d'huile d'olive

Dans un grand bol, combiner la viande, le sel, le poivre, la sauce chili et l'eau froide (pour garder les hamburgers juteux). Bien mélanger avec une fourchette. Avec le mélange, préparer 4 petits pâtés d'environ 2,5 cm (1 po) d'épais.

Placer les pains à hamburger sur la grille, le côté coupé en bas, et faire cuire jusqu'à ce qu'ils soient dorés (environ 2 à 3 minutes). Transférer sur une assiette de service et badigeonner légèrement le côté coupé avec de l'huile d'olive.

Faire griller les petits pâtés pendant 6 minutes. Les tourner et les faire griller de 4 à 5 minutes encore, ou à votre goût. Servir sur les pains avec les tranches d'oignon et de tomate. Donne 4 portions.

Hamburgers avec poivre au citron

60 + 30 ml (¼ tasse + 2 c. à soupe) de poivre au citron
30 ml (2 c. à soupe) de thym moulu
30 ml (2 c. à soupe) de paprika
10 ml (2 c. à thé) de poudre d'ail
5 ml (1 c. à thé) de sucre
2,5 ml (½ c. à thé) de sel
1,25 ml (¼ c. à thé) de coriandre moulue
0,5 ml (⅛ c. à thé) de cumin moulu
0,5 ml (⅛ c. à thé) de poivre de Cayenne

Mélanger tous les ingrédients jusqu'à ce que le mélange soit homogène. Étendre généreusement sur les hamburgers non cuits, et réfrigérer pendant 1 heure. Faire griller à votre goût. Garder au réfrigérateur dans un contenant hermétiquement fermé ce qui vous reste du mélange d'épices.

Culotte de la Californie

15 ml (1 c. à soupe) de grains de poivre concassés
    (écrasés au pilon dans un mortier)
10 ml (2 c. à thé) de sel d'ail
5 ml (1 c. à thé) de moutarde sèche
1,25 ml (¼ c. à thé) de poivre de Cayenne
900 g à 1,3 kg (2 à 3 lb) de rôti de culotte

Mélanger le poivre, le sel d'ail, la moutarde et le poivre de Cayenne. Frotter sur la surface du rôti de culotte. Couvrir d'une pellicule de plastique et réfrigérer pendant toute la nuit.

Faire tremper les copeaux de chêne, de mesquite ou de hickory dans l'eau pendant au moins 30 minutes et ensuite, ajouter au charbon de bois. Saisir le rôti directement à feu moyen, et tourner 1 fois pour en emprisonner les jus (environ 5 minutes au total). Puis, faire griller le rôti à chaleur indirecte moyenne, en le tournant 1 fois, jusqu'à ce que la température interne soit de 60 °C (140 °F) (environ de 30 à 35 minutes). Retirer du feu et laisser reposer pendant 5 minutes. Couper diagonalement dans le sens contraire de la fibre.

Servir chaud ou à la température ambiante comme plat principal ou dans un sandwich. Donne 6 portions.

Bœuf rôti

12 tortillas au maïs
125 ml (½ tasse) de tequila
60 ml (¼ tasse) de jus de lime
60 ml (¼ tasse) de jus de citron
60 ml (¼ tasse) de jus d'orange
4 gousses d'ail, écrasées
1 oignon moyen, haché
5 ml (1 c. à thé) de sauce Tabasco
5 ml (1 c. à thé) de poivre noir
900 g (2 lb) de bavette de flanchet
250 ml (1 tasse) de salsa
250 ml (1 tasse) de guacamole

Dans un bol, mélanger la tequila, les jus, l'ail, l'oignon, la sauce Tabasco et le poivre. Ajouter la viande et la tourner pour bien l'enrober. Couvrir et laisser mariner au réfrigérateur de 4 à 6 heures (toute la nuit si possible) en la tournant de temps à autre.

Envelopper les tortillas dans du papier d'aluminium et les placer sur le gril. Enlever la viande de la marinade et réserver cette dernière. Faire griller le bifteck de 12 à 18 minutes, le tournant et le badigeonnant à mi-cuisson. Tourner les tortillas occasionnellement. Enlever la viande du gril et la couper en minces lanières. Servir ces lanières sur les tortillas. Garnir avec la salsa et le guacamole. Donne 4 à 6 portions.

Biftecks salés croustillants

4 coquilles d'aloyau
625 ml (2½ tasses) de gros sel
Eau

Mettre le sel dans un bol à mélanger. Verser l'eau graduellement jusqu'à ce que le mélange ait une consistance de pâte épaisse. Presser la pâte sur 1 côté de chaque coquille d'aloyau. Faire griller les coquilles, le côté salé sur le dessus, jusqu'à ce que la pâte commence à brunir. Les tourner et presser la pâte sur l'autre côté des coquilles. Faire cuire à votre goût et briser la croûte de sel. Donne 4 portions.

Côte de bœuf rôtie sur le gril

250 ml (1 tasse) de sel casher
250 ml (1 tasse) de gros poivre noir
10 ml (2 c. à thé) de poudre d'ail
1 côte de bœuf avec l'os (1,3 kg [3 lb])

Dans un petit bol, mélanger le sel, le poivre et la poudre d'ail. Frotter le mélange sur la côte.

Placer des briquettes de charbon de bois chaudes d'un côté du fond d'un grand gril au charbon de bois. Mettre un bac d'égouttement de l'autre côté. Placer la côte sur la grille au-dessus du bac d'égouttement. Fermer le couvercle du gril et faire cuire à la température désirée, en ajoutant des briquettes lorsque nécessaire. Vérifier au moyen d'un thermomètre à viande après 2 heures de cuisson. Laisser le rôti refroidir 30 minutes avant de le trancher. Donne 6 portions.

Bœuf braisé sur le gril

1 rôti de palette (d'environ 1,8 kg [4 lb], de 2,5 à 3,7 cm [1 à 1½ po]
    d'épais)
80 ml (⅓ tasse) d'huile de Canola ou végétale
3 oignons verts avec tiges, tranchés finement
20 ml (4 c. à thé) de sucre
7,5 ml (1½ c. à thé) de sel
5 ml (1 c. à thé) de sauce Worcestershire
5 ml (1 c. à thé) de moutarde préparée
1,25 ml (¼ c. à thé) de poivre

Enlever le gras sur les côtés du bœuf. Placer la viande dans une lèche-frite peu profonde. Combiner l'huile, l'oignon vert, le sucre, le sel, la sauce Worcestershire, la moutarde et le poivre. Verser sur le bœuf. Couvrir et laisser mariner pendant la nuit au réfrigérateur en le tournant plusieurs fois.

Porter la marinade à ébullition dans une poêle et laisser mijoter pendant plusieurs minutes. Faire griller le bœuf à feu moyen de 15 à 20 minutes. Tourner et cuire encore de 15 à 20 minutes, ou plus longtemps. Retirer du gril et couper en travers de la fibre. À l'aide d'une cuillère, verser la marinade sur le dessus. Donne 6 à 8 portions.

Biftecks de faux-filet grillés avec oignons

4 gros oignons, tranchés
30 ml (2 c. à soupe) d'huile d'olive
4 biftecks de faux-filet désossés (environ 2,5 cm [1 po] d'épais)
4 gousses d'ail, coupées en 2
Sel
Poivre
20 ml (4 c. à thé) de vermouth sec

Dans une grande poêle, faire cuire les oignons dans l'huile jusqu'à ce qu'ils soient dorés (de 10 à 15 minutes). Couvrir et garder au chaud. Frotter les deux côtés des faux-filets avec les côtés coupés des gousses d'ail; saler et poivrer. Faire griller les biftecks de 3 à 4 minutes de chaque côté, ou selon votre goût. Verser 5 ml (1 c. à thé) de vermouth sur chaque bifteck juste avant de les enlever du gril. Servir avec les oignons grillés. Donne 4 portions.

Bifteck de flanc roulé avec champignons

125 ml (½ tasse) de vin rouge sec
60 ml (¼ tasse) d'huile d'olive
2 gousses d'ail, émincées
30 ml (2 c. à soupe) de vinaigre de vin rouge
1 oignon vert avec la partie verte, haché finement
5 ml (1 c. à thé) de sauce Worcestershire, et un trait de plus
1 bifteck de flanc roulé (environ 900 g [2 lb])
2-3 gousses d'ail, en julienne
Sel
Poivre noir
450 g (1 lb) de champignons frais
15 ml (1 c. à soupe) de beurre

Dans un petit bol à mélanger, combiner le vin rouge, l'huile, l'ail émincé, le vinaigre, l'oignon vert et la sauce Worcestershire. Faire plusieurs petites incisions dans la viande et insérer l'ail en julienne. Placer la viande dans une lèchefrite peu profonde et verser le mélange de vin. Couvrir et réfrigérer, en tournant une fois, pendant plusieurs heures (ou toute la nuit si possible).

Faire griller le bifteck de flanc roulé, de 3 à 4 minutes. Tourner, et saler et poivrer au goût le côté déjà cuit. Continuer la cuisson pendant 3 minutes ou jusqu'à ce qu'il soit cuit à votre goût. Durant les dernières minutes de cuisson, faire sauter dans du beurre les champignons tranchés. Ajouter un trait de sauce Worcestershire et retirer du feu. Pour servir, trancher la viande en travers de la fibre. Mettre les champignons sur le dessus. Donne 4 à 6 portions.

Pointe de poitrine fumée

1 pointe de poitrine désossée (3,15-3,6 kg [7-8 lb])
30 ml (2 c. à soupe) de sel
30 ml (2 c. à soupe) de poivre noir (finement moulu)
3-4 gousses d'ail, pelées et en julienne

Enlever le gras de la pointe de poitrine, et saler et poivrer généreusement. Faire des incisions dans la partie grasse de la pointe de poitrine et insérer les gousses d'ail en julienne. Laisser reposer au réfrigérateur pendant 1 heure.

Faire tremper plusieurs copeaux de hickory dans l'eau et les placer sur les briquettes chaudes juste avant la cuisson. Placer la pointe de poitrine, le côté gras sur le dessus, au centre du gril. Faire la rotation toutes les 2 heures en gardant toujours le côté gras sur le dessus. Bien s'assurer que la pointe de poitrine brunisse uniformément. Après 6 heures de cuisson, envelopper la poitrine dans un double papier d'aluminium et continuer la cuisson pendant 2 heures. Servir chaude ou froide, tranchée. Donne 10 portions.

Chichekébabs de bifteck à la thaïlandaise

Sauce aux arachides

    15 ml (1 c. à soupe) d'huile d'arachide

    1 botte d'oignons verts, finement hachés

    2 gousses d'ail, écrasées

    1,25 ml (¼ c. à thé) d'assaisonnement au chili

    125 ml (½ tasse) de bouillon de poulet

    125 ml (½ tasse) de beurre d'arachide croquant

    125 ml (½ tasse) de jus de pomme

    45 ml (3 c. à soupe) de chutney à la mangue

Pour préparer la sauce aux arachides, faire chauffer l'huile dans une poêle à feu doux. Faire sauter l'oignon, l'ail et l'assaisonnement au chili jusqu'à ce que les oignons soient transparents. Ajouter le bouillon de poulet, le beurre d'arachide, le jus de pommes et le chutney à la mangue. Laisser mijoter pendant 2 minutes ou jusqu'à ce que le mélange soit épais. Peut être gardé au réfrigérateur jusqu'à 1 semaine.

Chichekébabs

    450 g (1 lb) de bifteck de surlonge, coupé en cubes de 2,5 cm (1 po)

    1 oignon, haché

    5 ml (1 c. à thé) de curcuma

    5 ml (1 c. à thé) de cumin

    Jus de 2 citrons

    15 ml (1 c. à soupe) de gingembre frais, râpé

    15 ml (1 c. à soupe) de sauce soja

    30 ml (2 c. à soupe) d'huile d'arachide

Enfiler la viande sur les brochettes et les placer dans un plat en verre peu profond allant au four. Combiner le reste des ingrédients. Verser sur les chicheké-babs. Couvrir et réfrigérer toute la nuit.

Faire griller au goût et servir avec la sauce aux arachides.

Chichekébabs assortis

675 g (1½ lb) de bifteck de haut de surlonge (environ 2,5 cm [1 po] d'épais, coupé en cubes de 2,5 cm [1 po])

12 grosses crevettes, décortiquées et déveinées
1 poivron rouge, coupé en cubes de 2,5 cm (1 po)
1 oignon jaune, coupé en quartiers
Tomates cerise
Champignons frais
250 ml (1 tasse) de vinaigrette italienne en bouteille
3-4 gousses d'ail, finement hachées

Enfiler en alternance sur les brochettes les cubes de bœuf avec les crevettes, le poivron, l'oignon, les tomates cerise et les champignons. Les placer dans un plat en verre peu profond allant au four. Mélanger la vinaigrette et l'ail ; verser 190 ml (¾ tasse) du mélange sur les chichekébabs. Laisser mariner de 25 à 30 minutes. Faire griller les chichekébabs à feu moyen-vif de 4 à 5 minutes de chaque côté, ou jusqu'à ce que le bœuf soit à point et que les crevettes soient opaques. Donne 4 à 6 portions.

Chichekébabs à l'agneau grillés

2 petits oignons, râpés
250 ml (1 tasse) d'huile d'olive, divisée
6,25 ml (1¼ c. à thé) de poivre noir
10 ml (2 c. à thé) de thym frais, émincé
5 ml (1 c. à thé) de cannelle moulue
5 ml (1 c. à thé) de cumin moulu
900 g (2 lb) de viande d'agneau en cubes
1 oignon rouge (espagnol), coupé en cubes de 2,5 cm (1 po)
2 tomates mûres, étrognées et coupées en 2
2 poivrons rouges, épépinés et coupés en carrés
Sel

Dans un bol en verre ou en acier inoxydable, combiner les oignons râpés, 190 ml (¾ tasse) d'huile d'olive, 5 ml (1 c. à thé) de poivre noir, le thym, la cannelle et le cumin. Bien mélanger. Ajouter les cubes d'agneau et brasser pour bien les enrober. Couvrir et laisser mariner au réfrigérateur pendant toute la nuit.

Enlever les cubes d'agneau de la marinade et réserver cette dernière. Enfiler en alternance les cubes d'agneau et les oignons sur les brochettes en métal. Les badigeonner avec l'huile d'olive et les saupoudrer de sel et de poivre noir. Enfiler les tomates et les poivrons sur d'autres brochettes. Les badigeonner avec l'huile d'olive et les saupoudrer de sel et de poivre noir.

Faire griller les brochettes d'agneau et d'oignon environ 10 minutes, en les tournant 1 fois et en les badigeonnant avec la marinade. Faire griller les brochettes de tomates et de poivrons pendant les 5 dernières minutes de cuisson, en les tournant occasionnellement. Donne 4 à 6 portions.

Gigot d'agneau à la grecque

Jus de 2 citrons
60 ml (¼ tasse) d'huile d'olive
3 gousses d'ail, émincées
5 ml (1 c. à thé) de thym
10 ml (2 c. à thé) d'origan
1,25 ml (¼ c. à thé) de sel
0,5 ml (⅛ c. à thé) de poivre noir
1 gigot d'agneau, désossé et ficelé (environ 1,3 kg [3 lb])

Dans un petit bol à mélanger, combiner le jus de citron, l'huile d'olive, l'ail, le thym, l'origan, le sel et le poivre. Placer le gigot dans un plat peu profond allant au four. Verser la marinade sur le gigot, en s'assurant de bien l'enrober. Couvrir avec une pellicule de plastique et réfrigérer toute la nuit.

Insérer la broche dans le gigot et sécuriser. Faire cuire à feu moyen-doux jusqu'à ce que la température interne atteigne au moins 63 °C (145 °F) (environ 2 heures). Donne 6 à 8 portions.

Porc barbecue du Sud

2 fesses de porc, fraîches et désossées (1,3 kg [3 lb] chacune)
Sauce barbecue (voir au chapitre 4 pour les recettes)
Petits pains ou pains hamburgers

Placer le porc dans un plat juste assez grand pour le contenir et juste assez profond pour que la sauce puisse le couvrir. Verser assez de sauce pour couvrir la viande. Fermer le contenant et réfrigérer pendant 48 heures, en tournant le porc occasionnellement.

Placer le porc mariné sur le gril, le côté gras sur le dessus, et fermer le couvercle. Faire cuire à basse température pendant 3 heures, puis commencer à badigeonner avec la sauce de temps à autre. Tourner le porc et cuire jusqu'à ce que la température interne indique 82 °C (180 °F).

Retirer le porc du gril et laisser refroidir légèrement. À l'aide d'une fourchette, enlever des morceaux et les couper. Placer les morceaux de porc dans un grand bol et ajouter de la sauce au goût. Servir chaud, sur des petits pains ou des pains hamburgers. Donne 8 à 10 portions.

Filet de porc avec coriandre et lime

1 filet de porc (environ 675 g [1½ lb])
4 gousses d'ail, pelées
½ oignon, coupé en morceaux
125 ml (½ tasse) de coriandre
30 ml (2 c. à soupe) de jus de lime
1 piment jalapeno, épépiné et coupé en dés
30 ml (2 c. à soupe) d'huile de maïs
Sauce ou salsa verte piquante au chili

Trancher le filet presque à moitié dans le sens de la longueur. Ouvrir et aplatir au moyen d'un maillet à viande ou du côté plat d'un gros couteau, jusqu'à une épaisseur de 1,25 cm (½ po).

Combiner au mélangeur ou au robot culinaire l'ail, l'oignon, la coriandre, le jus de lime et le jalapeno jusqu'à ce que le tout soit grossièrement haché. Ajouter lentement l'huile de maïs et continuer à mélanger de 10 à 15 secondes, ou jusqu'à ce que le mélange soit homogène. Diviser le mélange en 2. En étendre une moitié sur le filet et le rouler en l'attachant au moyen d'une corde en coton.

Faire griller sur les briquettes chaudes jusqu'à ce que les côtés soient dorés, de 8 à 10 minutes. Retirer du feu. Étendre le reste du mélange sur le roulé et l'envelopper dans une double épaisseur de papier d'aluminium. Placer le tout sur les briquettes et continuer la cuisson de 25 à 30 minutes, en tournant occasionnellement. Retirer du feu et laisser refroidir pendant 10 minutes. Enlever le papier d'aluminium et les cordes. Trancher et servir avec la sauce ou la salsa verte piquante au chili. Donne 4 portions.

Jambon au hickory

1 jambon cuit, désossé (environ 2,25 kg [5 lb])
250 ml (1 tasse) de sirop d'érable
250 ml (1 tasse) de moutarde de Dijon
2,5 ml (½ c. à thé) de clous de girofle moulus

Faire tremper plusieurs copeaux de hickory dans l'eau pendant quelques minutes. Placer un bac d'égouttement sur un côté dans le fond d'un gril au charbon de bois et verser 500 ml (2 tasses) d'eau. Préparer des briquettes chaudes pour l'autre côté du gril. Lorsqu'elles sont prêtes, ajouter quelques copeaux de hickory trempés.

Placer le jambon sur la grille au-dessus du bac récepteur et fermer le couvercle. Faire cuire pendant environ 1 h 30, en ajoutant des briquettes et du hickory au besoin. Dans un petit bol, mélanger le sirop, la moutarde et les clous de girofle moulus. Faire cuire le jambon de 45 minutes à 1 heure de plus en badigeonnant fréquemment avec la sauce. Laisser reposer le jambon pendant 15 minutes. Servir avec plus de sauce. Donne 8 portions.

Sandwichs au porc grillé

500 ml (2 tasses) de jus de tomates
2 oignons, finement hachés
6-7 gousses d'ail, émincées
30 ml (2 c. à soupe) de sauce Worcestershire
5 ml (1 c. à thé) de thym séché
2,5 ml (½ c. à thé) de poivre noir fraîchement moulu
1,3 à 1,8 kg (3 à 4 lb) de filet de porc, coupé en cubes de 2,5 cm (1 po)
6 petits pains français

Dans un grand bol, combiner le jus de tomate, l'oignon haché, l'ail, la sauce Worcestershire, le thym et le poivre noir. Verser le mélange sur les cubes de porc et réfrigérer pendant toute la nuit.

Laisser égoutter et jeter la marinade. Enfiler les cubes de porc sur des brochettes et faire griller de 15 à 20 minutes, en les tournant pour bien faire cuire tous les côtés. Lorsque bien cuite, la viande ne sera plus rosée. Mettre plusieurs cubes de porc dans chaque petit pain et servir. Donne 6 portions.

Tranches de jambon grillées aux ananas

675 g (1½ lb) de jambon en tranches (2,5 cm [1 po] d'épais)
4 tranches d'ananas en conserve (garder 30 ml [2 c. à soupe] de jus)
60 ml (¼ tasse) de jus d'orange concentré surgelé, décongelé
60 ml (¼ tasse) de vin blanc sec
5 ml (1 c. à thé) de moutarde sèche
1,25 ml (¼ c. à thé) de gingembre moulu

Couper le gras des bords du jambon pour l'empêcher de retrousser. Combiner le jus d'orange, le jus d'ananas, le vin, la moutarde et le gingembre. Étendre généreusement le mélange sur le jambon et les tranches d'ananas. Faire griller les tranches de jambon à feu moyen, de 10 à 15 minutes, en badigeonnant occasionnellement avec la sauce. Faire griller les tranches d'ananas jusqu'à ce qu'elles soient chaudes et les badigeonner également avec la sauce.

Tourner le jambon, le badigeonner et faire griller 10 minutes. Placer les tranches d'ananas sur les tranches de jambon durant les 10 dernières minutes de cuisson. Donne 4 portions.

Rôti de porc au cari

1 rôti de longe de porc (environ 900 g [2 lb])
15 ml (1 c. à soupe) de poudre d'ail
5 ml (1 c. à thé) de thym séché
5 ml (1 c. à thé) de poivre au citron
15 ml (1 c. à soupe) de poudre de cari
1,25 ml (¼ c. à thé) de cumin moulu
1,25 ml (¼ c. à thé) de sel

Rincer le rôti de porc et l'éponger avec des essuie-tout. Mélanger ensemble la poudre d'ail, le thym, le poivre au citron, la poudre de cari, le cumin et le sel. Frotter le rôti avec ce mélange. Faire cuire à feu moyen jusqu'à ce que la température interne atteigne 82 °C (180 °F). Le retirer du feu et laisser reposer pendant 5 minutes avant de le trancher pour le servir. Donne 4 à 6 portions.

Côtelettes de porc à la texane

½ gros oignon jaune, haché
1 tige de céleri avec les feuilles, haché
125 ml (½ tasse) de bouillon de légumes (ou d'eau)
30 ml (2 c. à soupe) d'huile végétale
250 ml (1 tasse) de ketchup
125 ml (½ tasse) de mélasse
30 ml (2 c. à soupe) de vinaigre de vin rouge
5 ml (1 c. à thé) de moutarde sèche
1,25 ml (¼ c. à thé) de poivre de Cayenne
1,25 ml (¼ c. à thé) de sel
6 côtelettes de porc, coupées à 2,5 cm (1 po) d'épaisseur

Faire sauter l'oignon et le céleri dans l'huile jusqu'à ce qu'ils soient tendres (environ 5 minutes). Ajouter le bouillon, le ketchup, la mélasse, le vinaigre, la moutarde sèche, le poivre de Cayenne et le sel. Porter à ébullition. Réduire la chaleur et laisser mijoter pendant 20 minutes en brassant occasionnellement.

Faire griller les côtelettes de porc de 8 à 10 minutes de chaque côté ou jusqu'à ce que la viande ne soit plus rosée. Badigeonner souvent avec la marinade lors de la cuisson. Donne 6 portions.

Filets de porc au barbecue

2 filets de porc, environ 450 g (1 lb) chacun
45 ml (3 c. à soupe) de ketchup
45 ml (3 c. à soupe) de mélasse
15 ml (1 c. à soupe) de sauce Worcestershire
2,5 ml (½ c. à thé) de zeste de citron râpé
2 gousses d'ail, finement hachées
1,25 ml (¼ c. à thé) de moutarde sèche
1,25 ml (¼ c. à thé) de gingembre

Dans un petit bol, combiner le ketchup, la mélasse, la sauce Worcestershire, le zeste de citron, l'ail, la moutarde sèche et le gingembre.

Placer des briquettes chaudes autour du bac d'égouttement au fond du gril au charbon de bois. Mettre les filets au-dessus du bac et les badigeonner généreusement avec la sauce. Faire griller en tournant et en badigeonnant occasionnellement, jusqu'à ce que la température interne atteigne 82 °C (180 °F) (environ 1 heure 30). Donne 4 à 6 portions.

Côtes de porc au barbecue

Sauce barbecue
   (essayer la sauce aux prunes ou utiliser votre sauce favorite)
Jus de 2 citrons
1,8 kg (4 lb) de côtes de porc (environ 3 pavés)
Sel
Poivre noir
Huile végétale

Si vous faites votre propre sauce barbecue, la préparer et la garder au chaud.

Badigeonner les côtes avec le jus des citrons. Frotter avec le sel et le poivre, et badigeonner d'huile. Placer un bac d'égouttement dans le fond du gril et l'entourer de briquettes chaudes. Mettre quelques tasses d'eau dans le bac et placer les côtes au-dessus. Badigeonner avec la sauce, fermer le couvercle et laisser cuire pendant 30 minutes. Tourner les côtes et les badigeonner encore avec la sauce. Couvrir et cuire pendant 2 heures en tournant et en badigeonnant souvent.

Lorsqu'elle sera cuite, la viande sera croustillante à l'extérieur et tendre à l'intérieur. Servir chaud avec le reste de la sauce chaude. Donne 6 à 8 portions.

Côtes de bœuf au barbecue

1,3-1,8 kg (3-4 lb) de côtes de dos
5 ml (1 c. à thé) de sel
5 ml (1 c. à thé) de poivre noir
1 oignon brun, émincé
125 ml (½ tasse) de miel
125 ml (½ tasse) de ketchup
1 petite boîte de poivrons verts en dés
15 ml (1 c. à soupe) d'assaisonnement au chili
2 gousses d'ail, émincées
2,5 ml (½ c. à thé) de moutarde sèche

Enlever le gras des côtes. Mélanger le sel et le poivre noir, en saupoudrer uniformément les 2 côtés des côtes et frotter pour faire pénétrer.

Disposer les briquettes chaudes autour du bac récepteur dans le fond du gril au charbon de bois. Placer les côtes sur la grille directement au-dessus du bac. Couvrir et faire griller de 1 à 1½ heure, ou jusqu'à ce que les côtes soient tendres, ajoutant des briquettes si nécessaire.

Dans une poêle, mélanger l'oignon, le miel, le ketchup, les poivrons verts, l'assaisonnement au chili, l'ail et la moutarde sèche. Laisser mijoter à basse température 10 minutes en brassant occasionnellement. Badigeonner les côtes avec la sauce durant les 15 dernières minutes de cuisson. Couper en portions et servir avec le reste de la sauce. Donne 6 à 8 portions.

Chapitre 7

Cuisson de la volaille

Un poulet dans chaque casserole

Acheter de la volaille

Lorsque vous allez à l'épicerie ou chez votre boucher pour acheter de la volaille, assurez-vous d'acheter la plus fraîche possible. Chaque poulet, dinde, canard et poulet de Cornouailles que l'on vend dans tout les États-Unis a été inspecté par l'USDA et est estampillé, étiqueté ou poinçonné pour indiquer sa fraîcheur.

Pour ce qui est de la quantité à acheter, cela dépend de l'oiseau et de la coupe. Par exemple, si vous faites cuire du poulet ou de la dinde avec les os, comptez 450 g (1 lb) par personne. Si vous faites cuire une poitrine de poulet ou de dinde, vous n'aurez alors besoin que de 225 g (8 oz) par personne. S'il y a du canard ou de l'oie au menu, vous devriez compter 675 g (1½ lb) par personne. Ces oiseaux contiennent beaucoup de gras qui fondra durant la cuisson.

À moins que vous ne fassiez la cuisine pour une foule — vous auriez alors besoin de 20 demi-poulets pour nourrir tout le monde —, ne faites griller que la partie que vous aimez le plus. Si vous préférez la viande blanche, ne faites griller que la poitrine d'un poulet ou d'une dinde. Si vous êtes amateur de viande brune, vous pouvez alors acheter des paquets de pilons ou de cuisses. Et si vous aimez les ailes de poulet très épicées, n'achetez alors qu'un paquet d'ailes. N'achetez pas de poulet entier pour jeter le reste.

La peau d'un poulet

Quelques poulets ont la peau blanche, alors que d'autres ont une peau jaunâtre. Ceux dont la peau est blanche sont nourris de grains mixtes, tandis que les autres ont une diète à base de maïs. Si vous avez dans votre réfrigérateur un poulet dont la peau est verte, violette ou tachetée, jetez-le.

Conserver la volaille

La volaille est la viande qui est la plus périssable. C'est aussi un foyer pour les bactéries et autres microbes dangereux. C'est pour ces raisons qu'il est très important de réfrigérer la volaille aussitôt que vous l'achetez. Vous n'avez pas pour autant à brûler des lumières rouges ou avoir des billets de vitesse pour apporter votre poulet rapidement à la maison, mais par contre, je ne pense pas que ce soit une bonne idée de laisser votre sac de poulet dans votre voiture toute la nuit. Un poulet dépecé est encore plus périssable qu'un poulet entier, et les dindes et les canards sont encore plus périssables que le poulet.

Lorsque vous achetez de la volaille, planifiez de la faire cuire le plus tôt possible — la volaille fraîche ne devrait pas être réfrigérée plus d'une journée ou deux. Si vous ne pensez pas faire cuire votre volaille très bientôt, il est préférable de la faire congeler. Lorsque vous voudrez la faire cuire, décongelez-la au réfrigérateur toute la nuit. Si vous voulez la faire décongeler plus rapidement, placez-la dans un sac de plastique qui se ferme hermétiquement et mettez-la dans un contenant d'eau froide. NE PAS laisser la volaille sur le comptoir toute la journée pour la faire décongeler. C'est comme si vous placiez sur la volaille une annonce «champ libre» pour tous les germes et bactéries du voisinage.

Autruche

L'autruche est un croisement entre la viande et la volaille. Son goût de viande, presque de gibier, est un délice pour les amateurs de hamburger. On peut trouver les biftecks d'autruche dans les meilleures épiceries à travers le pays, particulièrement dans les zones urbaines où l'on est prêt à payer le prix pour les nouveautés. La viande d'autruche n'est pas plus difficile à faire griller que la volaille et elle peut la remplacer dans toutes les recettes de volaille de ce livre.

Connaître la volaille

Beaucoup de choses que nous mangeons de nos jours goûtent le poulet, mais ça ne veut pas dire que c'est du poulet. Toutes les volailles ne sont pas des poulets et tous les poulets ne sont pas pareils. Voici une brève description des différentes espèces que comporte la volaille.

Poulet : Le poulet est classifié par son poids et chaque catégorie de poids porte un nom différent. Le plus petit poulet pèse environ 900 g (2 lb) et on l'appelle **poulet à griller**. Vous n'avez pas besoin de le faire griller, ce n'est que son nom. La catégorie suivante dont le poids est de 900 g à 1,6 kg (2 à 3 ½ lb) est appelée **poulet à frire**. Comme le poulet à griller n'a pas à être grillé, le poulet à frire n'a pas à être frit. Les poulets de cette taille ont même leur propre association appelée le Club des Friteurs, où ils s'assoient en cercle et se demandent pourquoi ils traversent le chemin.

Les poulets à rôtir appartiennent à la classe suivante, et non, vous n'avez pas à les faire rôtir. Par contre, il faut les attendrir, car ils pèsent de 1,3 à 2,25 kg (3 à 5 lb) et peuvent être un peu fermes. **Les chapons**, d'un autre côté, pèsent également de 1,3 à 2,25 kg (3 à 5 lb), mais leur viande est très tendre. Quelle est la différence ? Les chapons sont des mâles qui ont été castrés. Puisqu'à partir de ce moment-là ils n'ont rien à faire, ils ne font que manger en attendant de devenir eux-mêmes un repas.

Finalement, il y a la classification des poulets à ragoût, qui n'ont pas nécessairement à finir dans un ragoût. C'est généralement un vieux poulet, et je pense que nous savons tous à quel point ils peuvent être coriaces.

Dinde : Les dindes sont aussi classifiées par poids avec la classification « frire-rôtir » pesant entre 1,8 à 3,6 kg (4 à 8 lb). Une jeune dinde pèsera entre 3,15 et 6,75 kg (7 et 15 lb) alors qu'une grosse dinde ou un dindon mâle pèsera jusqu'à 13,5 kg (30 lb) (c'est celle que nous servons habituellement à l'Action de grâces et que nous mangeons pendant les 7 jours suivants).

Pigeonneau : Le pigeonneau est un jeune pigeon. Par contre, ce n'est pas le pigeon commun que l'on voit dans les villes et qui souille les statues et répand des germes. Le pigeonneau est un pigeon élevé commercialement et il est exempt de maladies, de virus, et ne possède pas les mauvaises manières de son cousin de la rue.

Poussin : Comme le pigeonneau est un jeune pigeon, le poussin est un jeune poulet (que l'on appelle communément le poulet du printemps). Lorsqu'un poussin grandit, les autres poules dans le poulailler, connues pour leur bavardage, disent « qu'il n'est plus du printemps ».

Jeune poulet (coquelet) : Ce dernier est au poulet ce que le veau est au bœuf — c'est un poulet qui a été tué très jeune, normalement à 6 semaines. Certains croient que leur chair est plus tendre.

Poulet de Cornouailles : Ce ne sont pas des poulets qui viennent de Cornouailles en Angleterre et qui aiment jouer au poker. C'est une espèce de poulet qui reste très petit. Leur cavité thoracique les rend faciles à farcir et ils ont une saveur beaucoup plus riche que le poulet. Planifiez un poulet par personne, ou deux si vous avez de bons mangeurs.

Poulet biologique : L'élevage biologique a été l'objet de mesures sévères de la part de la législature des États-Unis. On demande aux fermes biologiques de satisfaire à des lois de plus en plus sévères en ce qui a trait au mot « biologique ». Pour la volaille, cela signifie que non seulement les poulets ont été élevés sans hormones de croissance et sans médicaments semblables à la pénicilline donnés régulièrement aux poulets dans les fermes d'élevage, mais aussi que la nourriture que les poulets mangent n'a pas été exposée aux pesticides ou traitée avec des produits chimiques qui peuvent être considérés comme non naturels. Le coût de production et les risques inhérents à cet élevage font que ce type de poulet est beaucoup plus dispendieux et également beaucoup plus sain pour vous et votre famille. Les fermes biologiques sont appelées « fermes de transition » pendant les 7 années après l'arrêt de l'utilisation de produits chimiques autant sur le terrain que pour la volaille. La plupart des poulets importés d'autres pays ne sont pas biologiques, et l'USDA est en train de prendre des mesures au sujet du mauvais étiquetage.

Canard, oie, cygne

Je vous ai bien eu ! Le cygne ne fait pas partie de la famille des volailles, mais je parie qu'il goûterait le poulet. Les canards et les oies par contre peuvent faire partie d'un festin. Le canardeau d'élevage pèsera de 1,3 à 1,8 kg (3 à 4 lb) tandis que le canard mature pèsera de 2,25 à 2,7 kg (5 à 6 lb). Les oies sont les volailles les plus grosses et pèseront de 3,6 à 7,2 kg (8 à 16 lb). Votre kilométrage peut varier.

Comment faire griller le poulet

Le poulet est probablement la nourriture la plus parfaite qu'a créée Mère Nature, sinon, pourquoi aurait-elle fait autant de nourriture qui goûte la même chose ? Le poulet est à un chef barbecue ce que la brique est à l'architecte. C'est la base d'un repas, mais le défi vient des différentes façons nouvelles et innovatrices de l'apprêter. Le poulet peut être cuit sur le gril de bien des façons, mais c'est un défi pour le chef de trouver de nouvelles idées intéressantes. Il peut être cuit entier, en moitiés, en quartiers, en pièces à la broche, dans un panier métallique ou en brochettes. Vous pouvez en améliorer le goût en ajoutant des marinades, en le frottant avec des aromates, en ajoutant de la fumée ou de la sauce barbecue. En réalité, le poulet est si facilement adaptable qu'il est presque impossible de rater votre repas. Remarquez bien que j'ai dit *presque*.

La façon la plus facile de manquer votre barbecue est de servir la viande pas assez cuite. Il n'y a rien de pire que de servir une poitrine de poulet mi-saignante. Oh, je suppose que vous pouvez la servir de cette façon si c'est ce que vous voulez, mais préparez-vous à ce que des douleurs intestinales affligent vos invités. La seule façon de servir de la volaille est qu'elle soit bien cuite, et la meilleure façon de le savoir est d'utiliser un thermomètre à viande. Insérez le thermomètre dans la cuisse en vous assurant qu'il ne touche pas à de gros os, car vous aurez une lecture inadéquate. La volaille est bien cuite lorsque la lecture du thermomètre donne 85 °C (185 °F). Si vous faites griller des morceaux de poulet, la façon la plus facile pour vérifier si la viande est cuite est de faire une petite incision dans la partie la plus épaisse du morceau. Si le jus en ressort clair, la viande est cuite. Si le jus est rosé ou rougeâtre, la cuisson n'est pas terminée.

Recettes pour la volaille

- Poulet
- Dinde
- Canard

Poulet grillé aux pommes

185 ml (6 oz) de concentré de jus de pomme surgelé, décongelé
60 ml (¼ tasse) de ketchup
45 ml (3 c. à soupe) de cassonade tassée
30 ml (2 c. à soupe) de vinaigre de cidre
5 ml (1 c. à thé) de romarin séché
1,25 ml (¼ c. à thé) de moutarde sèche
1,25 ml (¼ c. à thé) de poivre
6 demi-poitrines de poulet, désossées et sans la peau

Dans une petite poêle, combiner le jus de pomme, le ketchup, la cassonade, le vinaigre, le romarin, la moutarde sèche et le poivre. Faire cuire à feu moyen en brassant constamment, jusqu'à ce que la cassonade soit dissoute. Retirer du feu et laisser refroidir. Placer le poulet en une seule couche dans un plat peu profond allant au four. Verser la moitié du mélange sur le poulet et le tourner pour l'enrober uniformément. Couvrir et réfrigérer toute la nuit. Placer le reste du mélange dans un contenant qui se ferme hermétiquement et réfrigérer.

Enlever le poulet de la sauce et jeter cette dernière. Placer le poulet sur la grille et le badigeonner avec de la sauce fraîche. Faire griller à découvert de 8 à 10 minutes. Tourner et badigeonner avec le reste du mélange. Continuer la cuisson de 8 à 10 minutes, ou jusqu'à ce que le poulet soit tendre et bien cuit. Donne 6 portions.

Poulet à l'asiatique

125 ml (½ tasse) de sauce soja
60 ml (¼ tasse) de xérès sec
30 ml (2 c. à soupe) d'huile de Canola
5 ml (1 c. à thé) d'huile de sésame
3 gousses d'ail, émincées
7,5 ml (1½ c. à thé) de gingembre moulu
2,5 ml (½ c. à thé) de poivre noir
1,25 ml (¼ c. à thé) de muscade
1 poulet, coupé en morceaux

Mélanger la sauce soja, le xérès, l'huile de Canola, l'huile de sésame, l'ail, le gingembre, le poivre et la muscade. Placer le poulet dans un plat peu profond allant au four et verser la moitié du mélange. Réfrigérer de 2 à 4 heures. Couvrir et réfrigérer le reste du mélange.

Faire griller le poulet de 35 à 40 minutes, ou jusqu'à ce qu'il soit bien cuit. Utiliser la sauce qui a servi à la marinade pour badigeonner le poulet durant la première moitié de la cuisson. Verser l'autre moitié au moment de servir. Donne 4 portions.

Sandwichs au poulet barbecue

Sel
Poivre noir
½ oignon jaune en quartiers
5-6 gousses d'ail
250 ml (1 tasse) de votre sauce barbecue favorite
    (voir chapitre 4 pour les recettes)
1 poulet entier
6 pains hamburger

Laver le poulet et l'assécher avec des essuie-tout. Saler et poivrer la cavité du poulet, et insérer les quartiers d'oignon et les gousses d'ail. Faire griller au-dessus du bac d'égouttement, mais loin de la source directe de chaleur, jusqu'à ce que la température interne de la partie la plus épaisse de la poitrine atteigne 82 °C (180 °F) (environ 1 h 30).

Retirer le poulet du gril et laisser refroidir. Retirer les légumes de la cavité et enlever la peau du poulet. À l'aide d'une fourchette ou de vos doigts, enlever la viande et la mettre dans une grande poêle. Verser la sauce barbecue sur le poulet et laisser mijoter jusqu'à ce que ce soit chaud. Servir sur des pains hamburger. Donne 4 portions.

Poulet grillé croustillant

500 ml (2 tasses) d'eau
15 ml + 5 ml (1 c. à soupe + 1 c. à thé) de sel
10ml (2 c. à thé) de poivre
3 gousses d'ail, émincées
Jus de 1 citron
5 ml (1 c. à thé) de paprika
4 demi-poulets

Mélanger l'eau, le sel, le poivre, l'ail, le jus de citron et le paprika. Verser sur les morceaux de poulet et réfrigérer toute la nuit.

Faire griller à la chaleur directe pendant 1 heure environ, en tournant occasionnellement, jusqu'à ce que la peau ait bruni. Donne 4 portions.

Poitrine de poulet dans le papier d'aluminium

4 demi-poitrines de poulet, désossées et sans la peau
125 ml (½ tasse) de sauce barbecue en bouteille
1 oignon blanc, tranché
12 petites pommes de terre rouges, finement tranchées
1 poivron rouge, finement tranché
Sel et poivre

Verser 15 ml (1 c. à soupe) de sauce barbecue sur un grand carré de papier d'aluminium et placer une demi-poitrine. Répéter pour les trois autres demi-poitrines. Mettre les tranches d'oignon, de pommes de terre et de poivron rouge sur le poulet. Saler et poivrer au goût. Ajouter le reste de la sauce sur le poulet et les légumes. Replier chaque carré d'aluminium pour en faire des paquets et bien refermer les bords. Faire griller de 45 à 50 minutes ou jusqu'à ce que le poulet perde sa couleur rosée et que les légumes soient tendres. Donne 4 portions.

Poulet dans une sauce à la jamaïcaine

45 ml (3 c. à soupe) de cassonade foncée
250 ml (1 tasse) de ketchup
45 ml (3 c. à soupe) de sauce Worcestershire
4 gousses d'ail, hachées
1 oignon jaune, finement haché
45 ml (3 c. à soupe) de vinaigre de vin rouge
2,5 ml (½ c. à thé) de graines de cumin moulues
2,5 ml (½ c. à thé) de poivre de Cayenne
2,5 ml (½ c. à thé) de moutarde sèche
10 ml (2 c. à thé) de graines de moutarde
10 ml (2 c. à thé) d'origan frais, haché
10 ml (2 c. à thé) de romarin frais, haché
10 ml (2 c. à thé) de thym frais, haché
5 ml (1 c. à thé) de sel casher, plus pour assaisonner
5 ml (1 c. à thé) de poivre noir fraîchement moulu,
     plus pour assaisonner
2 poulets à griller ou à frire, coupés en portions
15 ml (1 c. à soupe) d'huile végétale

Pour faire la sauce, combiner dans un mélangeur ou un robot culinaire tous les ingrédients, sauf le poulet et l'huile, jusqu'à ce que le tout soit homogène. Badigeonner le poulet avec l'huile, et saler et poivrer.

Placer les briquettes chaudes sur un côté du fond d'un gril profond. Mettre un bac d'égouttement de l'autre côté, et disposer les morceaux de poulet au-dessus de ce dernier. Fermer le couvercle et faire cuire pendant environ 25 minutes. Badigeonner le poulet de sauce barbecue et continuer la cuisson de 20 à 25 minutes, ou jusqu'à ce qu'il soit bien cuit, en l'arrosant occasionnellement. Donne 6 à 8 portions.

Poulet à la sauce mexicaine

3 tortillas de maïs, déchiquetées en petits morceaux
250 ml (1 tasse) de bouillon de poulet
30 ml (2 c. à soupe) d'assaisonnement au chili
30 ml (2 c. à soupe) d'amandes moulues
30 ml (2 c. à soupe) de raisins secs
3 gousses d'ail
2,5 ml (½ c. à thé) de cumin
2,5 ml (½ c. à thé) de cannelle
30 g (1 oz) de chocolat non sucré
900 g (2 lb) de poitrine de poulet

Dans un mélangeur ou un robot culinaire, combiner les morceaux de tortillas, le bouillon de poulet, l'assaisonnement au chili, les amandes moulues, les raisins secs, les gousses d'ail, le cumin et la cannelle. Réduire en purée. Verser dans une poêle et ajouter le chocolat. Laisser mijoter en brassant jusqu'à ce que le chocolat soit fondu (environ 10 minutes). Retirer du feu et laisser refroidir.

Rincer les poitrines de poulet et les assécher avec un essuie-tout. Placer le poulet dans un plat peu profond allant au four. Verser le mélange sur le poulet et couvrir. Laisser mariner à la température ambiante pendant environ 45 minutes. Faire griller de 20 à 25 minutes de chaque côté, ou jusqu'à ce que la viande ne soit plus rosée et que les jus soient clairs. Donne 4 portions.

Poulet avec champignons Portobello

60 ml + 30 ml (¼ tasse + 2 c. à soupe) de sauce soja
Jus de 2 limes
60 ml (¼ tasse) d'huile de Canola
4 gousses d'ail, émincées
5 ml (1 c. à thé) de gingembre moulu
2,5 ml (½ c. à thé) de poivre noir fraîchement moulu
1,25 ml (¼ c. à thé) de sel
900 g à 1,3 kg (2 à 3 lb) de morceaux de poulet
450 g (1 lb) d'asperges
225 g (8 oz) de champignons Portobello, tranchés

Dans un petit bol en verre, combiner la sauce soja, le jus de lime, l'huile, l'ail, le gingembre, le poivre et le sel. Verser la sauce, sauf 60 ml (¼ tasse), sur le poulet, et tourner pour enrober. Laisser mariner pendant 15 minutes en tournant souvent.

Faire griller le poulet pendant environ 20 minutes de chaque côté, selon les morceaux utilisés. Peler et casser les bouts des asperges. Les placer dans un bol à mélanger et ajouter 30 ml (2 c. à soupe) de marinade fraîche. Placer délicatement sur la grille et faire cuire pendant 10 minutes, en tournant 1 fois. Ajouter les champignons avec les 30 ml (2 c. à soupe) restants de la marinade et continuer la cuisson 5 minutes de chaque côté. Servir le poulet avec les champignons et les asperges. Donne 4 à 6 portions.

Chichekébabs de poulet tandouri

4 poitrines de poulet, désossées et sans la peau
190 ml (¾ tasse) de lait de coco
80 ml (⅓ tasse) de beurre d'arachide
30 ml (2 c. à soupe) de pâte tandouri
1 gousse d'ail, écrasée
Jus de 2 citrons
5 ml (1 c. à thé) de poudre cinq-épices
    (anis étoilé, fenouil, poivre, clou de girofle et cannelle)

Rincer les poitrines de poulet et les couper en gros cubes. Mélanger le lait de coco, le beurre d'arachide, la pâte tandouri, l'ail, le jus de citron et la poudre cinq-épices. Verser le mélange sur le poulet et réfrigérer toute la nuit.

Enfiler les cubes de poulet sur les brochettes et les faire griller de 30 à 35 minutes, en les tournant de temps à autre. Servir avec du riz. Donne 4 portions.

Chichekébabs au poulet et aux champignons

450 g (1 lb) de champignons frais
1 gros ou 2 petits poivrons rouges frais
1 oignon jaune
675 g (1½ lb) de poitrine de poulet, désossée et sans la peau
250 ml (1 tasse) de sauce barbecue moutarde au miel en bouteille
15 ml (1 c. à soupe) d'huile végétale

Essuyer les champignons avec un linge humide et en enlever les pieds. Couper les poivrons en morceaux de 3,5 cm (1½ po). Couper l'oignon en quartiers ; couper le poulet en cubes de 5 cm (2 po). Enfiler le poulet, les champignons, les poivrons rouges et les oignons sur les brochettes. Dans un petit bol, mélanger la sauce barbecue et l'huile végétale.

Badigeonner généreusement les chichekébabs avec le mélange de sauce et faire griller à feu moyen de 7 à 10 minutes. Tourner et badigeonner avec le mélange de sauce. Continuer la cuisson de 7 à 10 minutes, ou jusqu'à ce que le poulet ne soit plus rosé. Donne 4 à 6 portions.

Chichekébabs de poulet à la grecque

500 ml (2 tasses) de yogourt nature

2 petits concombres, pelés, épépinés et râpés

6,25 ml (1¼ c. à thé) de sel, divisé

2 gousses d'ail, émincées

0,5 ml + 1,25 ml (⅛ + ¼ c. à thé) de poivre noir fraîchement moulu

30 ml (2 c. à soupe) d'huile d'olive

7,5 ml (1½ c. à thé) de jus de citron

15 ml (1 c. à soupe) d'origan séché

4 poitrines de poulet, désossées et sans la peau,
   coupées en cubes de 2,5 cm (1 po)

4 pains pitas ronds

90 ml (6 c. à soupe) de beurre ramolli

1 petit oignon, coupé en quartiers

2 tomates, coupées en petits quartiers

80 ml (⅓ tasse) d'olives grecques, coupées en 2 et dénoyautées

Placer le yogourt dans une passoire tapissée d'un papier essuie-tout et poser au-dessus d'un bol. Le laisser égoutter au réfrigérateur pendant 15 minutes. Dans un bol en verre, combiner le concombre avec 5 ml (1 c. à thé) de sel. Laisser reposer pendant 20 minutes en le brassant occasionnellement. Presser le concombre pour en enlever le liquide et le retourner dans le bol. Incorporer le yogourt. Mélanger avec l'ail et 0,5 ml (⅛ c. à thé) de poivre.

Dans un autre bol en verre, combiner l'huile, le jus de citron, l'origan, le 1,25 ml (¼ c. à thé) restant du sel et le 1,25 ml (¼ c. à thé) restant du poivre. Ajouter les cubes de poulet au mélange et les enfiler sur les brochettes. Faire griller à feu vif pendant environ 3 minutes. Tourner et continuer la cuisson de 2 à 3 minutes.

Beurrer les deux côtés des pains pitas et les placer sur le gril. Cuire environ 2 minutes de chaque côté. Retirer du gril et couper en pointes.

Placer le poulet sur les pointes de pita, recouvrir avec les oignons, les tomates et les olives. Servir avec la sauce au yogourt. Donne 4 portions.

Poulet grillé aux agrumes

80 ml (⅓ tasse) d'huile de Canola
80 ml (⅓ tasse) de jus d'orange
60 ml (¼ tasse) de jus de citron
7,5 ml (1½ c. à thé) de romarin séché, écrasé
2 gousses d'ail, émincées
2,5 ml (½ c. à thé) de sel
1,25 ml (¼ c. à thé) de poivre
900 g à 1,3 kg (2 à 3 lb) de poitrines de poulet désossées

Dans un bol, combiner l'huile, les jus d'orange et de citron, le romarin, l'ail, le sel et le poivre. Verser dans un sac en plastique et ajouter le poulet. Sceller le sac et le retourner pour que le poulet soit bien enrobé de la marinade. Réfrigérer toute la nuit (ou jusqu'à 24 heures), en tournant le sac occasionnellement.

Enlever le poulet et réserver la marinade. Placer des briquettes chaudes autour d'un bac d'égouttement dans un gril au charbon de bois. Placer le poulet, la peau sur le dessus, directement sur la grille au-dessus de bac d'égouttement (pas directement au-dessus des briquettes). Badigeonner avec la marinade. Couvrir et faire griller pendant 30 minutes. Enlever le couvercle et badigeonner à nouveau avec la marinade. Continuer la cuisson pendant 30 à 40 minutes encore, ou jusqu'à ce que le poulet soit tendre et qu'il ne soit plus rosé. Donne 6 portions.

Ailes de poulet grillées

60 ml (¼ tasse) de jus de lime
60 ml (¼ tasse) de jus d'ananas
30 ml (2 c. à soupe) d'huile de Canola
3 gousses d'ail, émincées
10 ml (2 c. à thé) d'assaisonnement au chili
12 ailes de poulet

Mélanger les jus de lime et d'ananas, l'huile, l'ail et l'assaisonnement au chili ; verser sur les ailes de poulet. Couvrir et laisser mariner au réfrigérateur pendant au moins 12 heures.

Retirer le poulet et verser la marinade dans une poêle. Amener à ébullition et faire cuire pendant 5 minutes (pour tuer les bactéries). Placer les ailes sur le gril, loin de la chaleur directe, et fermer le couvercle. Les badigeonner souvent. Faire cuire jusqu'à ce que la température interne atteigne 71 °C (160° F) (environ 45 minutes à 1 heure). Donne 4 portions.

Ailes piquantes de la Louisiane

250 ml (1 tasse) de sauce piquante aux piments rouges Louisiana
30 ml (2 c. à soupe) de sauce Worcestershire
1 piment jalapeno, épépiné et coupé en dés
½ petit oignon, émincé
2,25 kg (5 lb) d'ailes de poulet (disjointes et les bouts enlevés)
30 ml (2 c. à soupe) de poudre d'épices cajun, divisée
Sauce barbecue

Mélanger la sauce aux piments, la sauce Worcestershire, le jalapeno et l'oignon. Placer les ailes dans un contenant avec couvercle, et verser le mélange. Réfrigérer toute la nuit.

Mettre les briquettes d'un côté du fond du gril au charbon de bois. Placer un bac d'égouttement de l'autre côté, et les ailes sur la grille, au-dessus du bac. Saupoudrer avec 15 ml (1 c. à soupe) d'épices cajun. Fermer le couvercle et faire cuire de 15 à 20 minutes. Tourner les ailes et les saupoudrer avec le reste des épices. Refermer le couvercle et continuer la cuisson pendant 15 minutes. Badigeonner avec votre sauce barbecue favorite et continuer la cuisson pendant 5 minutes. Donne 8 portions.

Poulet à la méditerranéenne

30 ml (2 c. à soupe) d'huile d'olive extra vierge
30 ml (2 c. à soupe) de vin blanc sec
6 grosses gousses d'ail, émincées
15-30 ml (1-2 c. à soupe) d'origan frais, haché
    (plus quelques branches pour garnir)
1 poulet, coupé en morceaux de la grosseur d'une portion
Zeste de 1 citron, coupé en petite lanière
12 olives noires marinées dans l'huile
12 olives vertes siciliennes

Dans un plat en verre, combiner l'huile d'olive, le vin blanc, l'ail et l'origan. Bien mélanger et ajouter les morceaux de poulet. Bien mélanger pour enrober uniformément, puis couvrir et réfrigérer pendant au moins 12 heures.

Retirer le poulet du réfrigérateur 1 heure avant la cuisson. Faire griller le poulet, le côté de la peau vers le bas, de 20 à 25 minutes. Tourner le poulet et continuer la cuisson de 20 à 25 minutes.

Transférer le poulet dans une grande assiette de service et garnir avec l'origan, le zeste de citron, et les olives noires et vertes. Laisser reposer pendant au moins 20 minutes pour que les saveurs se mélangent. Donne 4 portions.

Poitrines de poulet aux poivres

125 ml (½ tasse) d'assaisonnement au chili
60 ml (¼ tasse) de cassonade
2,5 ml (½ c. à thé) de poivre noir
2,5 ml (½ c. à thé) de poivre blanc
10 ml (2 c. à thé) de poivre de Cayenne
900 g (2 lb) de poitrines de poulet, désossées et sans la peau

Dans un petit bol, combiner l'assaisonnement au chili, la cassonade, le poivre noir, le poivre blanc et le poivre de Cayenne. Frotter le mélange sur les poitrines et laisser reposer pendant 1 heure.

Faire griller le poulet jusqu'à ce qu'il soit bien cuit, le tournant 1 fois pendant la cuisson (environ 1 h 30). La viande ne sera plus rosée et les jus seront clairs. Donne 4 à 6 portions.

Poulet au romarin

2 petits poulets
60 ml (¼ tasse) d'huile d'olive
80 ml (⅓ tasse) de jus de citron
5 ml (1 c. à thé) de poivre noir moulu grossièrement
2,5 ml (½ c. à thé) de sel
Romarin frais, trempé dans l'eau pendant 30 minutes

Dans un bol à mélanger, combiner l'huile d'olive, le jus de citron, le poivre et le sel. Couper les poulets dans le sens de la longueur. Les rincer et les essuyer avec des essuie-tout. Verser la marinade sur les poulets. Couvrir et réfrigérer plusieurs heures ou pendant toute la nuit, en tournant quelques fois.

Mettre le poulet sur la grille, le côté de la peau sur le dessus. Placer 2 ou 3 brins de romarin sous chaque poulet et badigeonner avec la marinade. Couvrir et faire cuire pendant 25 minutes. Tourner les poulets tout en gardant le romarin en dessous (utiliser du romarin frais si nécessaire), et badigeonner avec la marinade. Faire cuire de 20 à 25 minutes, ou jusqu'à ce qu'ils soient bien cuits. Donne 4 portions.

Poulet barbecue classique à l'américaine

30 ml (2 c. à soupe) d'huile végétale
1 oignon jaune, haché
2 conserves de 420 ml (15 oz) chacune de sauce tomate
250 ml (1 tasse) de vinaigre de vin rouge
5 ml (1 c. à thé) de moutarde préparée
125 ml (½ tasse) de mélasse
60 ml (¼ tasse) de sauce Worcestershire
80 ml (⅓ tasse) de cassonade tassée
3,75 ml (¾ c. à thé) de poivre de Cayenne
2 poulets, coupés en 2

Faire chauffer l'huile dans une casserole à feu moyen. Ajouter l'oignon et faire sauter jusqu'à ce qu'il soit tendre (environ 10 minutes). Incorporer la sauce tomate, le vinaigre, la moutarde, la mélasse, la sauce Worcestershire, la cassonade et le poivre de Cayenne. Porter à ébullition à feu vif, en brassant fréquemment. Réduire la chaleur et laisser mijoter, à découvert, de 30 à 45 minutes, ou jusqu'à ce que la sauce épaississe légèrement.

Réserver 375 ml (1½ tasse) du mélange, qui servira de sauce. Placer le poulet sur la grille et faire cuire à feu moyen de 25 à 30 minutes. Tourner et badigeonner généreusement avec la sauce. Continuer la cuisson pendant 25 minutes en tournant souvent les morceaux et en les badigeonnant. Pour vérifier la cuisson, percer le poulet avec une fourchette. Les jus seront clairs lorsque le poulet sera bien cuit. Servir avec la sauce réservée. Donne 6 à 8 portions.

Poulets de Cornouailles à la sauce aigre-douce

4 poulets de Cornouailles (d'environ 450 à 675 g [1 à 1½ lb] chacun)
Sel
Poivre
60 ml (¼ tasse) de beurre ou de margarine, fondu
1 pot de 300 ml (10 oz) de sauce aigre-douce
1 conserve de 225 ml (8 oz) de tomates coupées
5 ml (1 c. à thé) de sauce soja
30 ml (2 c. à soupe) de jus de citron

Saler et poivrer la cavité de chaque poulet. Fermer les ouvertures du cou et de la queue, et les attacher avec une brochette. Enfiler chaque poulet en diagonale en plaçant la brochette sous l'os de la poitrine. Attacher les pattes et les ailes près du corps en utilisant des cordes de coton. Solidifier les poulets à l'aide de fourches de maintien à 2,5 cm (1 po) d'intervalle. Placer un bac d'égouttement sous les poulets. Attacher la broche, et faire tourner pour commencer la cuisson, en badigeonnant fréquemment avec le beurre fondu, pendant environ 45 minutes.

Dans une poêle, combiner la sauce aigre-douce, les tomates, la sauce soja et le jus de citron. Porter à ébullition. Faire griller le poulet 15 minutes encore en badigeonnant souvent avec la sauce. Servir avec de la sauce. Donne 4 portions.

Pilons de poulet piquants

45 ml (3 c. à soupe) d'huile d'olive (ou d'huile aux piments forts)
190 ml (¾ tasse) de vinaigre de cidre
10 ml (2 c. à thé) de moutarde à grains grossiers
15 ml (1 c. à soupe) d'assaisonnement au chili
5 ml (1 c. à thé) de cumin moulu
3 gousses d'ail, hachées
5 ml (1 c. à thé) de miel
15 ml (1 c. à soupe) de coriandre fraîche, hachée (plus pour garnir)
2,5 ml (½ c. à thé) de sel
12 pilons de poulet

Dans un mélangeur ou un robot culinaire, réduire en purée l'huile, le vinaigre, la moutarde, l'assaisonnement au chili, le cumin, l'ail, le miel, la coriandre et le sel. Verser sur les pilons et laisser mariner au réfrigérateur de 3 à 4 heures, ou toute la nuit.

Faire griller les pilons à feu moyen pendant 20 minutes, ou jusqu'à ce qu'ils soient cuits. Pendant la cuisson, les tourner plusieurs fois en les badigeonnant fréquemment avec la marinade. Garnir avec de la coriandre hachée. Donne 4 à 6 portions.

Pilons de poulet à la tequila

125 ml (½ tasse) de tequila

125 ml (½ tasse) de jus de lime

60 ml (4 c. à soupe) d'assaisonnement au chili

1 piment jalapeno frais, finement haché

5 ml (1 c. à thé) de sel

5 ml (1 c. à thé) de poivre fraîchement moulu

1,8 kg (4 lb) de pilons de poulet

Dans un bol à mélanger, combiner la tequila, le jus de lime, l'assaisonnement au chili, le piment jalapeno, le sel et le poivre. Verser sur les pilons ; couvrir et réfrigérer de 8 à 12 heures.

Retirer le poulet et mettre la marinade dans une poêle. Porter à ébullition et laisser mijoter pendant 5 minutes. Faire griller le poulet de 35 à 40 minutes en le badigeonnant fréquemment. Donne 6 portions.

Poulet vietnamien avec légumes printaniers

1 morceau de 2,5 cm (1 po) de gingembre frais, pelé et râpé
4 gousses d'ail, émincées
2 échalotes, hachées
30 ml (2 c. à soupe) de cassonade
2,5 ml (½ c. à thé) de sel
1,25 ml (¼ c. à thé) de poivre fraîchement moulu
2,5 ml (½ c. à thé) de poudre cinq-épices
45 ml (3 c. à soupe) de sauce soja
30 ml (2 c. à soupe) de xérès sec
2 petits poulets, coupés en 2
Petits pois mange-tout
Mini carottes
Champignons tranchés
Haricots verts jeunes et tendres
Céleri, en julienne

Dans un mélangeur ou un mini robot culinaire, combiner le gingembre, l'ail, les échalotes, la cassonade et le sel, et mélanger jusqu'à l'obtention d'une pâte homogène. Placer le mélange dans un grand bol. Incorporer le poivre, la poudre cinq-épices, la sauce soja et le xérès. Ajouter les moitiés de poulet et tourner pour bien enrober. Couvrir et réfrigérer pendant plusieurs heures ou toute la nuit.

Faire griller les moitiés de poulet, le côté de l'os vers le bas, à environ 10 cm (4 po) au-dessus de la source de chaleur, pendant environ 20 minutes. Mélanger les légumes avec un peu de gingembre, de sauce soja et de xérès. Placer dans un panier à légumes ou envelopper dans du papier d'aluminium, et placer sur le gril pendant les 10 dernières minutes. Tourner le poulet et continuer la cuisson pendant 20 minutes, ou jusqu'à ce qu'il soit bien cuit. Donne 4 à 6 portions.

Poulet au gruyère et au pesto sur le gril

4 moitiés de poitrines de poulet, désossées et sans la peau
125 ml (½ tasse) de gruyère râpé
80 ml (⅓ tasse) de pesto déjà préparé
45 ml (3 c. à soupe) de pignons
2 oignons verts, émincés
8 gros champignons de Paris
1 oignon moyen, coupé en 8 morceaux
4 brochettes en bambou ou en métal

Si vous utilisez des brochettes de bambou, les faire tremper dans de l'eau froide pendant 30 minutes. Placer une poitrine de poulet entre 2 feuilles de papier ciré et l'aplatir à l'aide d'un maillet.

Mélanger le fromage, la sauce au pesto, les pignons et les oignons. Verser 30 ml (2 c. à soupe) de ce mélange sur chaque poitrine de poulet et rouler serré. Les embrocher et placer 1 champignon à chaque bout en les retenant avec un morceau d'oignon.

Placer sur le gril au-dessus de la chaleur directe pendant 10 minutes (5 minutes de chaque côté) pour mélanger les saveurs. Puis faire griller 20 minutes (environ 10 minutes de chaque côté) avec la chaleur indirecte jusqu'à ce que la cuisson soit complète. Donne 4 portions.

Dinde fumée

1 dinde fraîche ou décongelée (d'environ 5,4 kg [12 lb])
Sel
¼ d'oignon, pelé
1 tige de céleri avec les feuilles

Rincer la dinde à l'intérieur et à l'extérieur. Éponger avec des essuie-tout pour assécher et frotter l'intérieur avec du sel. Placer les quartiers d'oignon et le céleri à l'intérieur de la cavité, mais ne pas ajouter de farce.

Placer une rôtissoire en aluminium jetable pour dinde dans le fond d'un gril au charbon de bois. La pousser d'un côté et la modeler si nécessaire. Remplir la rôtissoire de briquettes. Ajouter des copeaux de hickory ou de mesquite si désiré.

Allumer les briquettes. Positionner la grille et placer la dinde directement au-dessus du bac d'égouttement (pour en recueillir les jus). Fermer le couvercle du gril.

Faire cuire la dinde 11 minutes par 450 g (1 lb), plus 15 minutes, en levant le couvercle de temps à autre pour la bonne oxygénation des briquettes. Le thermomètre devrait indiquer 76,5 °C (170 °F). Tourner la dinde de 180° à mi-temps de la cuisson. Donne 6 portions.

Cuisses de dinde grillées

30 ml (2 c. à soupe) d'huile d'olive
½ oignon rouge, haché
2 gousses d'ail, émincées
60 ml (¼ tasse) de vin rouge sec
60 ml (¼ tasse) de sauce chili en bouteille
60 ml (¼ tasse) de sauce à bifteck
22,5 ml (1½ c. à soupe) de sauce Worcestershire
5 ml (1 c. à thé) de sauge séchée
2,5 ml (½ c. à thé) de poivre fraîchement moulu
4 cuisses de dinde (d'environ 450 g [1 lb] chacune)
Huile de Canola

Dans une poêle moyenne à feu moyen, faire chauffer l'huile d'olive. Ajouter l'oignon et l'ail. Faire cuire, en brassant de temps à autre, environ 5 minutes. Ajouter le vin rouge, la sauce chili, la sauce à bifteck, la sauce Worcestershire, la sauge et le poivre. Porter à ébullition, puis réduire la chaleur pour laisser mijoter pendant 5 minutes. Retirer du feu.

Enrober légèrement les cuisses de dinde avec la sauce barbecue. Placer un bac d'égouttement au fond du gril et l'entourer de briquettes chaudes. Déposer les cuisses de dinde au-dessus du bac sur une grille huilée. Faire cuire en tournant et badigeonnant avec la sauce barbecue toutes les 30 minutes, jusqu'à ce que les jus soient clairs et que la température interne soit de 82 °C (180 °F) (1 h 30 à 2 h). Donne 4 à 6 portions.

Canard à la chinoise

Jus de 1 orange (réserver la pelure)
60 ml + 15 ml (¼ tasse + 1 c. à soupe) de miel
45 ml (3 c. à soupe) de vinaigre de vin
45 ml (3 c. à soupe) de xérès
30 ml (2 c. à soupe) de sauce soja
5 ml (1 c. à thé) d'huile de sésame
Poivre, au goût
1 canard (d'environ 1,3 kg [3 lb])
4 l (1 gallon) d'eau bouillante
1 oignon, haché

Mélanger le jus d'orange avec le miel, le vinaigre de vin, le xérès, la sauce soja, l'huile de sésame et le poivre. Porter à ébullition et laisser refroidir.

À l'aide du bout d'un couteau, percer la peau du canard en plusieurs endroits et verser l'eau bouillante. Assécher avec des essuie-tout. Mettre l'oignon et la pelure d'orange à l'intérieur de la cavité du canard. Cuire à chaleur indirecte en badigeonnant avec la sauce toutes les 30 minutes pendant environ 3 heures, ou jusqu'à ce que la température interne indique 76 °C (170 °F). Servir avec la sauce restante. Donne 2 à 4 portions.

Chapitre 8

Cuisiner avec les poissons et les fruits de mer

Conseils et techniques pour faire griller le poisson

Choisir le poisson

Un des bons côtés au sujet de nos amis de la mer est que tous les poissons peuvent être cuits sur le gril avec succès. Le meilleur poisson à faire cuire sur le gril est, bien sûr, celui que vous avez pêché. Rien ne surpasse le goût d'un poisson fraîchement pêché et éviscéré que l'on fait cuire sur un feu de bois. Les pavillons de pêche du nord du Wisconsin et du Minnesota, ainsi qu'à travers le Canada, offrent à leurs clients des repas de poisson et de fruits de mer. Ces poissons ont été pêchés le matin pour être mangés au déjeuner. Lorsque vous avez pêché assez de poisson durant la matinée, vous accostez et commencez la cuisson. Vous faites un feu avec du petit bois que vous trouvez sur place, vous nettoyez immédiatement le poisson et les restes nourrissent les goélands. Vous faites cuire les poissons avec des pommes de terre, des oignons et tout ce que vous avez sous la main dans assez de gras pour bloquer une ou deux artères. Mais c'est le meilleur poisson que vous n'aurez jamais mangé.

Vous pouvez faire cuire du poisson sur le gril chez vous avec plus de facilité en l'achetant chez un poissonnier réputé.

Lorsque vous voulez acheter du poisson, le critère le plus important est la fraîcheur. Contrairement au bœuf, le poisson ne vieillit pas bien. Benjamin Franklin a bien dit que les visiteurs et le poisson commencent à sentir après trois jours. Naturellement, si vous donnez à vos invités du poisson vieux de trois jours, ils partiront très vite.

Un poissonnier, qu'est-ce que c'est ?

Pendant des siècles, les vendeurs de poissons furent appelés poissonniers. Je crois que c'est une bien mauvaise appellation pour cette noble profession. Un poissonnier est une personne qui a un emploi légitime, mais qui est gênée par sa propre carte d'affaires.

Je pense que dans le monde politiquement correct dans lequel nous vivons actuellement, nous devrions trouver un autre titre pour remplacer le mot poissonnier. Voici quelques suggestions :

- Maître rouget
- Pro de la perche
- Chirurgien de l'esturgeon
- Mec du poisson

Normalement, dans une poissonnerie, les poissons sont présentés sous leur forme naturelle, sauf qu'ils sont morts et que ce n'est pas un état naturel. Ils sont entiers, ce qui est bien, car il est plus facile de juger de leur fraîcheur. Lorsque vous regardez un poisson entier, choisissez celui qui a les yeux clairs et exorbités ; la peau élastique et brillante ; et les branchies rouges et claires. En plus, le poisson ne devrait pas sentir « le poisson ». C'est difficile à décrire, mais si vous avez déjà senti un poisson frais et un autre qui ne l'est pas, vous connaissez la différence.

Si vous achetez des filets au lieu d'un poisson entier, recherchez une couleur bien définie et propre pour les poissons à chair blanche, et une couleur riche et uniforme chez les poissons à chair foncée. Ne laissez pas les filets venir en contact direct avec la glace ou l'eau glacée. La glace altérera les protéines, ce qui entraînera une perte de saveur. Encore une fois, fiez-vous aux conseils d'un poissonnier réputé. Puisque les poissonneries ne vendent que du poisson, ils dépendent de la fidélisation de la clientèle et ne vous donneront pas de mauvais conseils lors de la sélection de votre poisson.

Soyez indulgent, c'est ma première fois

Faire cuire du poisson ou des coquillages sur le gril peut être intimidant. C'est un peu plus difficile à griller que des biftecks, des côtelettes ou les omniprésents hamburgers. Faire cuire du poisson sur le gril demande de savoir organiser son temps avec grand soin et d'avoir une certaine dextérité afin d'éviter une catastrophe. Certains poissons sont plus faciles à griller que d'autres. Les poissons « viandeux », par exemple, sont plus faciles à tourner sur le gril sans qu'ils se brisent. D'autres poissons plus délicats demandent à être manipulés avec plus de soin. Toujours faire griller le poisson que vous préférez et gardez en mémoire lequel est le plus facile et lequel est le plus difficile.

Lorsque vous avez décidé du type de poisson que vous désirez, vous n'avez plus qu'à décider de la quantité. En règle générale, vous devriez acheter entre 170 et 225 g (6 à 8 oz) par personne. Évidemment, je parle de la portion « mangeable » du poisson ; ainsi si vous achetez le poisson entier, assurez-vous que vous en aurez assez après avoir enlevé la tête et la queue. Si vous prenez un poisson entier, vous devrez planifier de 225 à 340 g (8 à 12 oz) par personne. Après le nettoyage, vous devriez en avoir entre 170 et

225 g (6 à 8 oz) par personne. Les darnes que votre poissonnier coupe sont plus fraîches que celles qui ont été coupées et emballées d'avance.

Griller le poisson

Vous avez accompli beaucoup jusqu'à maintenant. Vous avez décidé du poisson et de la quantité à acheter. La prochaine décision à prendre dans votre grande aventure de barbecue sera de déterminer la meilleure méthode pour la cuisson.

Puisque la chair du poisson varie en texture et en délicatesse, différents poissons demandent différentes méthodes de cuisson. Par exemple :

Sur le gril : Si vous voulez faire cuire un poisson directement sur le gril, il vous faudra utiliser un poisson à chair ferme pour qu'il ne se défasse pas et qu'il ne tombe pas en parcelles entre les grilles. En fait, lorsque vous faites cuire du poisson directement sur le gril, je vous suggère d'utiliser une grille spéciale pour le poisson et les légumes. Cette dernière s'ajuste sur la grille de votre barbecue, mais les espaces sont réduits afin que le poisson et les légumes ne tombent pas. Une autre chose à ne pas oublier est de bien huiler la grille pour que le poisson n'y adhère pas. Si votre poisson colle sur la grille, ce n'est qu'une question de temps avant que tout le voisinage le sache, et vous serez dénoncé et ridiculisé pour votre manque de bon sens.

Les meilleurs poissons pour la cuisson directement sur le gril sont n'importe laquelle des variétés de poisson «viandeux» comme le flétan, l'espadon, le mérou et le thon.

Dans un panier : Les poissons à chair plus délicate devraient être placés dans un panier à grillage, car ils pourront être tournés sans se défaire. Les poissons à chair friable tombent dans cette catégorie et incluent les poissons comme le saumon, la perche, le vivaneau, le bar commun ou presque tous les filets.

Sur une brochette : J'aime presque tous les aliments sur une brochette, spécialement le poisson. Naturellement, les gourmets n'aiment pas appeler le poisson sur un bâton «poisson sur un bâton», mais préfèrent utiliser le terme brochette ; ça me va. Encore une fois, les poissons à chair plus ferme donneront de meilleurs résultats sur une brochette. Ces derniers comprennent le thon, l'espadon, la lotte et le saumon. Vous pouvez également rouler les filets et les enrouler sur une brochette ; naturellement, les crevettes et les pétoncles conviennent parfaitement à la cuisson sur brochettes.

Dans le papier d'aluminium : Une autre technique pour le poisson sur le gril est de le faire cuire à la vapeur dans le papier d'aluminium. C'est particulièrement pratique lorsque vous faites cuire un poisson entier et c'est une façon idéale de le faire cuire sans faire de dégâts lorsque vous pique-niquez ou que vous campez. Placez le poisson sur un carré de papier d'aluminium assez grand pour le couvrir entièrement et l'envelopper serré. Ajoutez les autres ingrédients aussi. Ces derniers peuvent être des tranches de citron, des citrons, des fines herbes ou tout ce que vous aimez manger avec votre poisson. Ajoutez une petite quantité de liquide et fermez le papier d'aluminium de telle façon que la vapeur ne sorte pas. Placez ce paquet sur le gril et laissez cuire pendant environ le même temps que vous le feriez cuire directement sur le gril. Lorsque vous faites cuire le poisson selon cette méthode, vous n'aurez pas la saveur de fumée ou de barbecue, mais c'est un mode facile qui demande très peu de nettoyage.

Que faire lorsque vous désirez manger du poisson

Certains types de poisson sont plus faciles à griller que d'autres. Il est normalement beaucoup plus facile de faire cuire un poisson entier, un gros filet, un chichekébab au poisson, des darnes de poisson, ou des crustacés et des mollusques. Vous pouvez toujours choisir d'autres poissons, mais ceux que je viens d'énumérer sont les meilleurs. Par exemple, les sardines tomberont entre les grilles, et il ne vous restera plus que les plats d'accompagnement !

Pour résoudre ce problème, nous recommandons d'utiliser un panier à grillage ou votre panier à légumes avec un revêtement antiadhésif pour faire rôtir de petits morceaux de poisson. Faites mariner votre poisson ; 30 à 45 minutes devraient suffire puisque les poissons absorbent facilement la marinade. Ne tournez votre poisson qu'une seule fois.

Crustacés et mollusques

Les crustacés et les mollusques sont comme les poissons, mais ils ont une coquille. En réalité, ils ne sont pas comme les poissons, mais ils sont plus comme les poissons que comme le bœuf. Les crustacés et les mollusques comprennent les palourdes, le homard, le crabe, les moules, les pétoncles, les crevettes et les huîtres. Le plus important, c'est qu'ils sont délicieux sur le gril. Selon leur taille, vous pouvez choisir de les faire griller directement sur la grille (le homard, les grosses crevettes et le crabe) ou vous pouvez les enfiler sur des brochettes (les moules, les palourdes, les huîtres, les pétoncles et les crevettes). Mais pour mon portefeuille (qui contient actuellement 11,75 $ avant impôt), la meilleure façon de déguster les crustacés et les mollusques est de préparer un bon vieux pique-nique aux palourdes.

Pique-niques aux palourdes

Ces pique-niques proviennent de la Nouvelle-Angleterre, où il y a beaucoup de palourdes et beaucoup de réunions sociales. Cette combinaison s'appelle pique-nique aux palourdes. C'est un évènement très social pour deux raisons. Premièrement, personne ne fait un pique-nique aux palourdes que pour une personne. Ce serait réellement la définition ultime d'un perdant.

Deuxièmement, c'est que les pique-niques sont sociaux parce qu'ils demandent beaucoup de travail. Préparer un bon « pique-nique » demande deux jours et beaucoup d'huile de coude. Ainsi, commencez à téléphoner maintenant, appelez vos amis, votre famille et planifiez votre pique-nique aux palourdes. Lorsque vous aurez fixé une date, faites comme suit.

Tout d'abord, préparez vos ingrédients. Par personne, vous aurez besoin de :

12 palourdes ou moules
1 grosse pomme de terre Yukon Gold ou Yellow Fin
1 patate douce
1 ou 2 épis de maïs
1 homard ou ½ poulet

Avec ces ingrédients, vous aurez besoin d'oignons, de céleri, et de beaucoup de beurre ou de margarine. Vous voudrez aussi un rouleau d'étamine ou encore mieux des sacs d'étamine que vous pouvez trouver chez le fournisseur de palourdes (connu aussi sous le nom de marchand de palourdes).

Placez vos palourdes dans un grand contenant d'eau qui aura été salée auparavant selon les proportions de 45 ml (3 c. à soupe) de sel par 4 l (1 gallon) d'eau. Puisque les palourdes sont des créatures d'eau salée, elles se sentiront mieux ainsi avant que vous leur enleviez la vie. Après 1 heure ou 2 dans l'eau salée, égouttez-les et rincez-les bien. Maintenant commence la partie agréable. Chaque palourde doit être bien brossée afin d'en enlever le sable.

Mettez une douzaine de palourdes bien nettoyées dans un sac d'étamine ou dans un carré d'étamine dc 30 cm (12 po). Ramassez les coins ensemble et faites un nœud. Laissez tremper le sac de palourdes dans l'eau fraîche pendant que vous préparez le reste du repas.

Ensuite, vous voudrez préparer le maïs ou demander à un de vos nombreux assistants de le faire. Baissez l'enveloppe de chaque épi sans pour autant l'enlever. Enlevez le plus de soies possible et remontez l'enveloppe. Laissez-les tremper dans l'eau pendant que vous vous préparez pour l'étape suivante.

Préparez les pommes de terre en les lavant, les pelant et les coupant en morceaux. Coupez les patates douces en moitiés ou en quartiers et réservez-les; nous y reviendrons bientôt. Remplissez une grande casserole avec 2 l (8 tasses) d'eau et mettez-y les morceaux de pommes de terre et quelques oignons tranchés. Faites bouillir pendant environ 15 minutes ou jusqu'à ce que tout soit tendre et non défait. Retirez du feu et égouttez. Gardez le liquide!

À ce moment-ci, vous aurez probablement réalisé qu'il vous faut un feu dans le gril. Si ce n'est pas déjà fait, il est temps de l'allumer.

En attendant que votre feu soit prêt, vous pouvez administrer les derniers sacrements aux homards. Les homards doivent être cuits lorsqu'ils sont encore vivants. Je ne sais pas qui a réalisé qu'on devait les faire cuire vivants, mais je ne me pose même pas de questions. Jadis, on croyait que manger un homard mort avant qu'il soit cuit pouvait empoisonner, mais plusieurs pêcheries commerciales de homard les tuent et les congèlent avant

Les dix conseils les plus importants pour faire griller le poisson

1. Le poisson n'a aucun sens du minutage. Ceci signifie que votre poisson continuera à cuire après que vous l'aurez retiré du gril. S'il est presque cuit lorsque vous vérifiez, retirez-le du gril.

2. Pour en vérifier la cuisson, insérez une brochette de bois dans la chair. Si elle entre facilement, le poisson est cuit. Pour comparer, faites pénétrer la brochette dans un morceau de poisson cru. Voyez-vous la différence ?

3. Si vous faites cuire le poisson avec la peau d'un côté, commencez par faire cuire le côté sans la peau. Ceci fera rôtir la chair et en scellera ainsi les jus. Faites cuire ce côté pendant le tiers du temps total de la cuisson, et le côté avec la peau pendant le reste du temps. Ceci gardera le poisson bien hydraté.

4. Le poisson cuit sur le gril peut facilement se défaire lorsqu'on le tourne. Pour prévenir cela, utilisez deux spatules au lieu de une. Vous aurez plus de chance de le tourner sans le briser. Également, assurez-vous de bien huiler la grille avant la cuisson.

5. Si vous faites griller votre poisson en utilisant un panier en métal, placez des tranches de citron entre le panier et le poisson. En plus d'empêcher le poisson de coller au panier, elles ajouteront de la saveur.

6. Si vous faites cuire un poisson entier, vous pouvez attacher un hameçon dans la gueule du poisson. C'est un tour dingue, mais assurez-vous que vos invités comprennent bien la farce avant de mordre eux-mêmes à l'hameçon.

7. Si vous voulez des poissons sur brochette, préférez celles en bois et rappelez-vous de les faire tremper dans l'eau pendant une heure ou plus pour les empêcher de prendre feu lorsque vous les placerez sur les briquettes.

8. Lorsque vous faites griller des poissons maigres comme l'achigan, la sole, la morue, le turbot ou l'hoplostète orange, arrosez-les souvent pendant la cuisson avec votre marinade préférée, ou badigeonnez-les avec de l'huile d'olive.

9. Lorsque vous faites griller des poissons gras comme le mérou, la barbue de rivière, le vivaneau, l'espadon ou le thon, il n'est pas nécessaire d'arroser, mais vous pouvez toujours le faire. Même si le poisson est assez gras pour ne pas se dessécher, une bonne marinade ajoutera du goût.

10. Ne faites pas trop cuire le poisson. Le poisson cuit rapidement (selon son épaisseur), et vous devriez en vérifier la cuisson souvent avec une brochette. Un poisson trop cuit est sec et perd de sa saveur.

de les vendre. Le homard commence à perdre de la saveur dès qu'il meurt, c'est pourquoi il doit être cuit vivant.

Pour faire cuire le homard, remplissez une grande casserole, de 7,5 cm (3 po), d'eau et faites-la bouillir. Lorsqu'elle bout, mettez-y autant de homards que possible. Couvrez-la et laissez bouillir pendant 18 minutes environ, ou jusqu'à ce que les homards deviennent rouge vif. Retirez les homards de l'eau et faites cuire les autres, qui maintenant regardent leurs amis qui sont devenus rouges de peur et d'angoisse. Être un crustacé, c'est l'enfer.

Poissons faciles à griller

- Baudroie (goûte comme le homard)
- Crevettes et langoustines
- Darnes de flétan
- Darnes de makaire
- Darnes de requin
- Darnes de saumon
- Darnes de thon
- Esturgeon
- Filets de mérou
- Maquereau

La meilleure façon de préparer un pique-nique aux palourdes est d'utiliser une marmite à vapeur que vous pouvez acheter ou louer. Une marmite à vapeur est une très grande bassine qui contient plusieurs paniers de métal. Au bas se trouve un robinet pour faire s'écouler le bouillon de palourdes. Assurez-vous de bien savoir vous en servir avant de l'utiliser. Les instructions vous diront combien d'eau utiliser pour un modèle en particulier et le temps de cuisson recommandé pour ce modèle. L'eau est simplement versée dans la marmite, cette dernière est placée sur le feu et l'eau commence à bouillir. Lorsqu'elle bout, ajoutez-y les paniers de métal. Dans ces paniers, vous aurez mis les autres ingrédients. Les pommes de terre, les patates douces, les oignons et le céleri vont dans un panier. Placez le maïs dans un autre. Mettez les palourdes dans leur propre panier, sur le dessus, ou dans leur étamine. Fermez le couvercle de la marmite et commencez la cuisson. Les instructions vous diront combien de fois vous devrez retirer du liquide par le robinet et le verser sur les aliments pour en rehausser le goût. Pendant cette cuisson, faites griller le poulet ou le homard directement sur la grille. Le résultat de tout ceci est que vous aurez des homards grillés, des palourdes cuites à la vapeur, de succulents épis de maïs et un bouillon de palourdes délicieux de lui-même, mais qui pourrait faire une bonne base pour une chaudrée de palourdes.

Manipulation du poisson cru

Manipuler du poisson cru n'est pas plus dangereux que de manipuler d'autres aliments crus. En réalité, c'est moins dangereux que de manipuler des morceaux de poulet pleins de bactéries. Servez-vous toutefois de votre bon sens pour éviter les complications qui ne sont pas nécessaires. Pour les débutants, si vous faites cuire un poisson que vous avez pêché vous-même, assurez-vous d'enlever l'hameçon avant de le faire cuire. Il n'y a rien qui ruinera votre repas plus rapidement qu'un invité mordant dans votre prise du jour pour se retrouver avec un hameçon dans la lèvre. Aussi, lorsque vous nettoyez le poisson, assurez-vous de bien le rincer à l'eau courante pour en enlever les viscères (les entrailles).

Poissons plus difficiles à faire griller

- Bar noir
- Bar rouge
- Églefin
- Encornet
- Filet de flétan
- Filets de saumon
- Hareng

- Homards vivants
- Hoplostère orange
- Pétoncles
- Queues de homard
- Touladi
- Truite arc-en-ciel
- Vivaneau

Quand vous manipulez un poisson entier, faites particulièrement attention près des nageoires. Ces dernières peuvent être très coupantes. La plupart des gens les enlèvent avant la cuisson, mais certains les laissent pour fins d'esthétique. C'est la même chose pour les dents. Certains poissons ont beaucoup de dents pointues ; si vous les faites cuire avec la tête, faites attention de ne pas vous couper en lui mettant quelque chose dans la gueule.

Vous trouverez même des arêtes dans certains filets que vous achèterez à la poissonnerie. Comme elles sont une partie vitale du squelette d'un poisson, il est très difficile de toutes les enlever. Pour vérifier la présence d'arêtes, passez vos doigts de bas en haut sur le filet. Si vous en trouvez, enlevez-les avec des pinces à épiler. S'il en reste une que vous n'avez pas trouvée avant de prendre une bouchée et qu'elle se retrouve dans votre gorge, vous avez un problème. Ceci nécessitera une visite chez le médecin. Normalement, ce n'est pas dangereux, mais c'est douloureux et ennuyeux.

Maintenant, vous savez qu'il est important de laver vos mains après avoir manipulé toute viande crue, et le poisson ne fait pas exception. Un autre problème avec le poisson est que l'odeur restera sur vos mains longtemps après les avoir lavées. Pour vous en débarrasser, frottez vos mains avec une branche de céleri. Ceci vous aidera également à vous débarrasser des odeurs d'oignons ou d'ail qui persistent sur vos gants de cuisinier.

Recettes pour le poisson

- Saumon
- Thon
- Espadon
- Vivaneau
- Sole
- Truite
- Requin
- Crevettes
- Pétoncles
- Queues de homard
- Huîtres

Saumon grillé avec câpres et oignons verts

4 darnes de saumon
45 ml (3 c. à soupe) de câpres
4 oignons verts, coupés en dés
60 ml (4 c. à soupe) d'huile d'olive
5 ml (1 c. à thé) de poudre d'oignon
7,5 ml (1½ c. à thé) de moutarde sèche,
    ou 5 ml (1 c. à thé) de moutarde préparée
20 ml (4 c. à thé) de jus de citron
15 ml (1 c. à soupe) de fécule de maïs
125 ml (½ tasse) d'eau froide

Mélanger les oignons verts, la poudre d'oignon, la moutarde, le jus de citron et l'huile d'olive. En badigeonner les darnes de saumon et réserver le reste. Faire cuire les darnes sur une chaleur directe, environ 10 minutes de chaque côté, en tournant une fois. Arroser toutes les 5 minutes environ pour garder l'hydratation et sceller les saveurs.

Mélanger 15 ml (1 c. à soupe) de fécule de maïs dans de l'eau froide et l'ajouter au liquide déjà préparé avec 125 ml (½ tasse) d'eau et les câpres. Brasser jusqu'à épaississement. Verser la sauce sur le poisson pour servir. Donne 4 portions.

Darnes de saumon à la sauce teriyaki

125 ml (½ tasse) de sauce soja
125 ml (½ tasse) de xérès doux
60 ml (¼ tasse) de sucre
4 darnes de saumon, d'environ 2,5 cm (1 po) d'épaisseur

Porter la sauce soja, le xérès et le sucre à ébullition en brassant constamment. Réduire la chaleur et laisser mijoter en brassant de temps à autre, jusqu'à ce qu'elle épaississe (environ 10 minutes).

Badigeonner le saumon avec le mélange de sauce soja. Faire cuire jusqu'à ce qu'il soit bien grillé (environ 2 minutes). Tourner et badigeonner de nouveau avec le mélange de sauce soja. Continuer la cuisson jusqu'à ce que le poisson soit grillé à l'extérieur et translucide au centre (environ 3 minutes). Arroser avec le reste de la sauce et servir. Donne 4 portions.

Saumon grillé au pesto

250 ml (1 tasse) de basilic frais
90 ml (6 c. à soupe) de pignons
Jus de ½ lime
7,5 ml (1½ c. à thé) d'ail finement haché
125 ml + 15 ml (½ tasse + 1 c. à soupe) d'huile d'olive
Sel et poivre
6 filets de saumon sans la peau

Dans un mélangeur ou un robot culinaire, combiner le basilic, les pignons, le jus de lime, l'ail et 125 ml (½ tasse) d'huile d'olive. Mélanger jusqu'à ce que les pignons et le basilic soient hachés finement. Saler et poivrer au goût.

Rincer les filets de saumon et bien les éponger. Badigeonner chaque côté avec 15 ml (1 c. à soupe) d'huile d'olive. Saler et poivrer les filets.

Faire griller à feu moyen pendant environ 6 minutes. Tourner et badigeonner de pesto. Faire cuire 6 minutes encore, ou jusqu'à ce que le saumon soit bien cuit. Servir avec du pesto. Donne 6 portions.

Darnes de thon grillées

30 ml (2 c. à soupe) d'huile d'olive
30 ml (2 c. à soupe) de moutarde de Dijon
30 ml (2 c. à soupe) de moutarde préparée
30 ml (2 c. à soupe) de miel
2,5 ml (½ c. à thé) de poivre noir
450 g (1 lb) de darnes de thon (germon), (fraîches, ou surgelées et
   décongelées)

Combiner l'huile d'olive, les moutardes, le miel et le poivre noir ; verser sur les darnes. Laisser mariner au réfrigérateur de 1 à 2 heures.

Enlever de la marinade et faire griller de 1 à 3 minutes de chaque côté. Ne pas trop faire cuire. Le poisson doit être blanc et bien se défaire à la fourchette. Donne 4 portions.

Thon grillé

4 darnes fraîches de thon (germon)
60 ml (¼ tasse) d'huile d'olive légère
60 ml (¼ tasse) d'huile végétale
60 ml (¼ tasse) de jus de citron
2 gousses d'ail, émincées
2,5 ml (½ c. à thé) de poudre d'oignon
60 ml (¼ tasse) de vin blanc sec ou de bouillon de légumes

Enlever les bandes noires des darnes de thon, qui deviendraient amères à la cuisson. Mélanger les huiles, le jus de citron, l'ail et la poudre d'oignon, puis verser sur le thon. Couvrir et laisser mariner au réfrigérateur pendant 2 heures.

Verser la marinade dans une poêle et porter à ébullition. Faire mijoter pendant quelques minutes pour enlever les bactéries. Ajouter le vin ou le bouillon de légumes.

Faire saisir les côtés des darnes sur un gril très chaud pour sceller les jus. Puis faire cuire en tournant et en badigeonnant fréquemment jusqu'à ce que la chair soit opaque et se défasse bien à la fourchette (de 3 à 5 minutes par côté environ). Donne 4 portions.

Thon à la sauce teriyaki

60 ml (¼ tasse) de sauce soja
30 ml (2 c. à soupe) de sucre
3 gousses d'ail, émincées
15 ml (1 c. à soupe) de vinaigre de riz
1 morceau de gingembre frais de 2,5 cm (1 po), pelé et haché
    (environ 20 ml [4 c. à thé])
450 g (1 lb) de thon frais

Dans un petit bol, mélanger la sauce soja, le sucre, l'ail, le vinaigre et le gingembre. Rincer le thon à l'eau courante et le percer à plusieurs endroits à l'aide d'une fourchette. Faire mariner pendant 15 minutes, le tournant 1 fois.

Faire griller le thon environ 4 minutes, selon l'épaisseur. Tourner et badigeonner avec la marinade, à la mi-cuisson. Donne 2 à 4 portions.

Chichekébabs à l'espadon

675 g (1½ lb) de darnes d'espadon, d'environ 2,5 cm (1 po) d'épaisseur,
  coupées en cubes de 2,5 cm (1 po)
20 à 30 feuilles de laurier fraîches
75 ml (5 c. à soupe) d'huile d'olive
60 ml (¼ tasse) de chapelure assaisonnée
30 ml (2 c. à soupe) de persil plat, haché
3,75 ml (¾ c. à thé) de sel
2,5 ml (½ c. à thé) de poivre noir fraîchement moulu

Enfiler les cubes de poisson en alternance avec les feuilles de laurier sur quatre brochettes. Placer les chichekébabs sur une assiette et les badigeonner avec 45 ml (3 c. à soupe) d'huile.

Mélanger la chapelure, le persil, le sel et le poivre dans une assiette ou un bol peu profond. En enrober les brochettes. Faire griller les chichekébabs de 8 à 10 minutes sur feu moyen-doux en les badigeonnant avec le reste de l'huile. Donne 4 portions.

Darnes d'espadon grillées
avec sauce aux câpres

45 ml (3 c. à soupe) de câpres égouttées
30 ml (2 c. à soupe) de jus de citron
60 ml (¼ tasse) de persil frais, haché
3,75 ml (¾ c. à thé) de sel, divisé
2,5 ml (½ c. à thé) de poivre noir fraîchement moulu, divisé
125 ml (½ tasse) d'huile d'olive, divisée
4 darnes d'espadon

Dans un petit bol en verre, écraser les câpres à l'aide d'une fourchette. Incorporer le jus de citron, le persil, 2,5 ml (½ c. à thé) de sel, 1,25 ml (¼ c. à thé) de poivre et 105 ml (⅜ tasse) d'huile. Enrober l'espadon avec le reste de l'huile, et assaisonner avec le reste du sel et du poivre.

Faire griller l'espadon pendant environ 4 minutes. Tourner et continuer la cuisson 3 à 4 minutes, ou jusqu'à ce qu'il soit bien cuit. Arroser de sauce avant de servir. Donne 4 portions.

Espadon à la mangue

3 grosses tomates italiennes
1 grosse mangue, pelée et coupée en cubes
1 oignon moyen, coupé en dés
5 ml (1 c. à thé) d'ail émincé
1 petit piment jalapeno, épépiné et coupé en dés
80 ml (⅓ tasse) de vinaigre de cidre
125 ml (½ tasse) de cassonade foncée
30 ml (2 c. à soupe) de moutarde de Dijon
5 ml (1 c. à thé) de cumin moulu
5 ml (1 c. à thé) de thym séché
5 ml (1 c. à thé) d'origan séché
165 ml (⅔ tasse) de jus d'orange
15 ml (1 c. à soupe) de sel casher, divisé
5 ml (1 c. à thé) de poivre noir fraîchement moulu, divisé
4 darnes d'espadon
15 ml (1 c. à soupe) d'huile d'olive

Perforer les tomates à l'aide d'une fourchette et les tenir au-dessus de la flamme jusqu'à ce que la pelure devienne calcinée. L'enlever ainsi que les graines, et mettre les tomates dans une poêle. Ajouter la mangue, l'oignon, l'ail, le jalapeno, le vinaigre, la cassonade, la moutarde, le cumin, le thym, l'origan, le jus d'orange, 10 ml (2 c. à thé) de sel et 2,5 ml (½ c. à thé) de poivre noir. Laisser mijoter à feu doux pendant environ 15 minutes. Verser dans le mélangeur et réduire en purée jusqu'à ce que la consistance soit homogène.

Assaisonner l'espadon avec le reste du sel et du poivre. Arroser d'huile d'olive. Placer les darnes d'espadon sur des grilles légèrement huilées et faire cuire pendant environ 3 minutes sur la chaleur directe. Arroser fréquemment avec la sauce à la mangue. Tourner et faire cuire 3 minutes tout en continuant à arroser généreusement. Retirer du gril et servir avec la sauce. Donne 4 portions.

Vivaneau au barbecue, avec rhum

2 vivaneaux de 900 g (2 lb) chacun, éviscérés et écaillés
60 ml (¼ tasse) d'huile d'olive, divisée
1 oignon moyen, coupé en dés
2 gousses d'ail, émincées
5 ml (1 c. à thé) de cumin
2,5 ml (½ c. à thé) d'origan
15 ml (1 c. à soupe) de sel casher
7,5 ml (½ c. à soupe) de poivre noir fraîchement moulu
250 ml (1 tasse) de jus d'orange
60 ml (¼ tasse) de jus de lime
60 ml (¼ tasse) de rhum brun

Dans une casserole moyenne, faire chauffer 45 ml (3 c. à soupe) d'huile d'olive. Ajouter l'oignon et faire cuire environ 3 minutes. Ajouter l'ail, le cumin, l'origan, le sel et le poivre. Faire cuire 2 minutes. Ajouter le jus d'orange, le jus de lime et le rhum. Porter à ébullition, puis réduire la chaleur et laisser mijoter pendant 10 minutes. Retirer du feu et laisser refroidir.

Rincer le poisson à l'eau courante. À l'aide d'un couteau bien aiguisé, pratiquer 3 incisions de 5 cm (2 po) chacune de chaque côté du poisson. Placer le poisson dans un plat en verre allant au four et verser la sauce en n'oubliant pas de bien arroser les incisions. Couvrir et laisser mariner au réfrigérateur pendant 1 heure.

Retirer le poisson de la marinade et l'éponger à l'aide d'un essuie-tout. Le placer dans le panier à poisson, si désiré. L'arroser avec le reste de l'huile d'olive et le mettre sur le gril.

Faire griller jusqu'à ce que le premier côté devienne doré et croustillant (environ 5 à 7 minutes), en badigeonnant de temps à autre avec la sauce au rhum. Tourner le poisson avec soin et continuer la cuisson. Badigeonner le vivaneau jusqu'à ce que la cuisson soit complète, 5 à 7 minutes encore. Donne 4 portions.

Vivaneau grillé à l'aneth

1 gros vivaneau (environ 900 g [2 lb])
Sel
Poivre noir
30 ml (2 c. à soupe) d'huile d'olive extra vierge
1 citron, tranché
3-4 branches d'aneth frais

Nettoyer le poisson et pratiquer plusieurs incisions de chaque côté. Saler et poivrer l'intérieur et l'extérieur. Huiler un grand carré de papier d'aluminium et placer le poisson sur la partie huilée. Mettre les tranches de citron et les branches d'aneth dans la cavité et sur le dessus du poisson. Refermer hermétiquement le papier d'aluminium.

Placer sur le gril et faire cuire à feu moyen environ 25 minutes. Le poisson est cuit lorsque la chair est blanche et tendre. Donne 4 portions.

Filets de poisson à la cajun

15 ml + 10 ml (1 c. à soupe + 2 c. à thé) de paprika
5 ml (1 c. à thé) d'origan séché, écrasé
5 ml (1 c. à thé) de thym séché, écrasé
5 ml (1 c. à thé) de persil séché, écrasé
5 ml (1 c. à thé) de poivre de Cayenne
5 ml (1 c. à thé) de poivre noir finement moulu
2,5 ml (½ c. à thé) de poudre d'ail
2,5 ml (½ c. à thé) de poudre d'oignon
6 filets de vivaneau (ou de tout autre poisson à chair ferme)
30 ml (2 c. à soupe) d'huile végétale

Mélanger le paprika, l'origan, le thym, le persil, le poivre de Cayenne, le poivre noir, la poudre d'ail et la poudre d'oignon ; conserver dans un contenant fermé hermétiquement.

Rincer les filets de poisson et les éponger. Les enduire légèrement d'huile et les saupoudrer du mélange d'assaisonnements. Placer dans le panier à barbecue. Faire griller de 2 à 3 minutes de chaque côté, selon l'épaisseur du poisson. Donne 6 portions.

Poisson grillé au miel à l'asiatique

60 ml (¼ tasse) de miel
½ petit oignon blanc, haché
Jus de 1 lime
30 ml (2 c. à soupe) de sauce soja
30 ml (2 c. à soupe) de sauce hoisin
2 gousses d'ail, émincées
1 piment jalapeno frais, épépiné et émincé
5 ml (1 c. à thé) de gingembre frais, émincé
450 g (1 lb) de darnes de poisson (choisir les variétés à chair ferme)

Dans un bol à mélanger, combiner le miel, l'oignon, le jus de lime, la sauce soja, la sauce hoisin, l'ail, le jalapeno et le gingembre. Brasser pour bien mélanger. Verser sur le poisson. Laisser mariner au moins 2 heures au réfrigérateur.

Faire griller le poisson pendant 5 minutes. Tourner et cuire 5 minutes encore, ou jusqu'à ce que la chair se défasse bien à la fourchette. Donne 3 à 4 portions.

Sole grillée avec citron

6 soles, éviscérées et nettoyées, la peau intacte
60 ml (¼ tasse) d'huile d'olive extra vierge
15 ml (1 c. à soupe) de persil haché
2 gousses d'ail, hachées
Sel
1,25 ml (¼ c. à thé) de poivre fraîchement moulu
1 citron, coupé en quartiers

Laver et éponger le poisson. Dans un grand bol, mélanger l'huile avec le persil et l'ail; ajouter le sel et le poivre. Verser sur le poisson et laisser mariner pendant environ 2 heures, en le tournant souvent.

Placer le poisson dans un panier à poisson et faire griller pendant environ 3 minutes de chaque côté. Servir avec les quartiers de citron. Donne 6 à 8 portions.

Truite grillée aux fines herbes

60 ml (¼ tasse) d'huile d'olive
1 gousse d'ail, finement tranchée
2,5 ml (½ c. à thé) de romarin séché, écrasé
2,5 ml (½ c. à thé) de basilic séché, écrasé
30 ml (2 c. à soupe) de vinaigre de vin rouge
2,5 ml (½ c. à thé) de sel
1,25 ml (¼ c. à thé) de poivre noir
6 filets de truite (d'environ 0,6 cm [¼ po] d'épais)

Dans une petite poêle, combiner l'huile, l'ail, le romarin et le basilic. Cuire à feu doux jusqu'à ce que l'ail commence à brunir (environ 2 minutes). Retirer du feu. Incorporer le vinaigre, 1,25 ml (¼ c. à thé) de sel, et le poivre.

Placer les filets de truite dans un plat en verre ou en acier inoxydable allant au four. Saupoudrer avec le reste du sel. Ajouter la moitié du mélange d'huile et tourner pour enrober uniformément. Mariner pendant 1 à 2 minutes et faire griller, le côté avec la peau en dessous pendant 2 minutes. Tourner et faire cuire 2 minutes encore. Verser le reste du mélange d'huile sur le poisson avant de servir. Donne 4 portions.

Truite grillée à l'origan

4 truites entières, nettoyées
3 gousses d'ail, émincées
30 ml (2 c. à soupe) d'huile d'olive
30 ml (2 c. à soupe) d'origan frais, haché
Sel et poivre
Quartiers de citron

Combiner l'ail, l'huile et l'origan, et en frotter le poisson à l'intérieur comme à l'extérieur. Placer le poisson dans un panier à poisson ou enfiler chaque truite, sur le sens de la longueur, sur une brochette, de la gueule à la queue. Faire griller les truites de chaque côté jusqu'à ce qu'elles soient cuites (le temps de cuisson dépend de l'épaisseur du poisson), environ 20 minutes par 450 g (1 lb). Servir avec les quartiers de citron frais, le sel et le poivre. Donne 4 portions.

Darnes de requin

125 ml (½ tasse) de sauce soja
60 ml (¼ tasse) de ketchup
125 ml (½ tasse) de jus d'orange
60 ml (¼ tasse) de persil frais, haché
30 ml (2 c. à soupe) de vinaigre de cidre
5 ml (1 c. à thé) de poivre noir
5 ml (1 c. à thé) de sucre
2 gousses d'ail, émincées
6 darnes de requin

Combiner la sauce soja, le ketchup, le jus d'orange, le persil, le vinaigre, le poivre, le sucre et l'ail. Placer le poisson dans un plat peu profond allant au four et le couvrir de marinade. Fermer le couvercle et laisser mariner de 2 à 4 heures.

Retirer le poisson de la marinade et réserver cette dernière. Faire griller le poisson au-dessus des briquettes chaudes en badigeonnant occasionnellement avec la marinade, de 4 à 6 minutes de chaque côté, ou jusqu'à ce que le poisson se détache facilement lorsque vous vérifiez la cuisson. Donne 6 portions.

Mahi-Mahi grillé au basilic

45 ml (3 c. à soupe) d'huile d'olive
30 ml (2 c. à soupe) de basilic frais, haché
2 gousses d'ail, émincées
45 ml (3 c. à soupe) de jus de citron frais
15 ml (1 c. à soupe) de sauce Worcestershire
15 ml (1 c. à soupe) de sauce soja
Sel et poivre, au goût
2 darnes de Mahi-Mahi (d'environ 2,5 cm [1 po] d'épais)

Combiner tous les ingrédients, sauf le poisson. Verser la marinade sur les darnes. Mariner au réfrigérateur de 2 à 4 heures.

Faire griller le Mahi-Mahi à feu moyen jusqu'à ce qu'il ait bien bruni. Tourner et continuer à le faire griller jusqu'à ce qu'il soit opaque et se détache à la fourchette. Le temps de cuisson variera selon l'épaisseur des darnes. Servir avec du riz et des quartiers de citron. Donne 2 portions.

Crevettes avec salsa à la mangue

250 ml (1 tasse) d'huile d'olive
8 gousses d'ail, émincées
Jus de 3 limes
5 ml (1 c. à thé) de sel, divisé
2,5 ml (½ c. à thé) de poivre noir fraîchement moulu
900 g (2 lb) de grosses crevettes, décortiquées
2 mangues mûres
6 oignons verts, finement tranchés
2 piments jalapenos frais, épépinés et émincés
125 ml (½ tasse) de coriandre, hachée

Faire sauter l'ail dans l'huile d'olive jusqu'à ce qu'il soit tendre (de 3 à 5 minutes). Retirer du feu. Verser dans un plat peu profond allant au four et laisser refroidir. Ajouter le jus de 2 limes, 2,5 ml (½ c. à thé) de sel, et le poivre.

Enfiler les crevettes sur des brochettes de bambou et les placer dans le mélange d'huile d'olive. Couvrir et laisser mariner au réfrigérateur jusqu'à 12 heures. Tourner les brochettes de temps à autre pour les enrober uniformément.

Peler les mangues, enlever les noyaux et les couper en cubes de 0,6 cm (¼ po). Placer dans un bol à mélanger. Ajouter les oignons verts, les jalapenos, la coriandre, le jus de 1 lime et 2,5 ml (½ c. à thé) de sel. Couvrir et réfrigérer pendant au moins 30 minutes avant de servir.

Faire griller les brochettes de crevettes à environ 7,5 cm (3 po) de la source de chaleur pendant environ 3 minutes de chaque côté. Elles seront roses et opaques lorsque complètement cuites. Servir avec la salsa à la mangue. Donne 6 portions.

Crevettes grillées à l'espagnole

225 g (½ lb) de crevettes géantes, non décortiquées
Sel de mer
Huile d'olive extra vierge
Jus de citron frais

Saupoudrer les deux côtés des crevettes décortiquées avec le sel et arroser d'huile. Laisser reposer pendant 15 minutes. Placer les crevettes sur le gril et faire cuire de 1 à 2 minutes de chaque côté, jusqu'à ce que la chair soit opaque. Arroser de jus de citron et servir. Donne 2 portions.

Crevettes à la sauce aigre-douce

30 ml (2 c. à soupe) d'huile végétale
1 oignon blanc, haché
2 gousses d'ail, émincées
125 ml (½ tasse) de jus d'orange
125 ml (½ tasse) de ketchup
30 ml (2 c. à soupe) de cassonade
30 ml (2 c. à soupe) de vinaigre de cidre
5 ml (1 c. à thé) de sauce Worcestershire
900 g (2 lb) de crevettes, décortiquées
Quartiers de citron frais

Faire sauter les oignons dans l'huile jusqu'à ce qu'ils soient tendres. Ajouter l'ail, le jus d'orange, le ketchup, le sucre, le vinaigre et la sauce Worcestershire, puis porter à ébullition. Réduire la chaleur et laisser mijoter pendant 15 minutes en brassant de temps à autre.

Enfiler les crevettes sur les brochettes. Les badigeonner de sauce. Placer sur le gril et faire cuire pendant 3 minutes environ. Les tourner et les badigeonner à nouveau avec la sauce. Faire griller de 2 à 3 minutes. Servir avec les quartiers de citron. Donne 4 portions.

Crevettes grillées à la mexicaine

900 g (2 lb) de grosses crevettes, décortiquées et déveinées,
    avec la queue
190 ml (¾ tasse) d'huile d'olive
125 ml (½ tasse) de coriandre, hachée finement
60 ml (¼ tasse) de vinaigre de vin blanc
2 piments jalapenos, épépinés et émincés
45 ml (3 c. à soupe) de jus de citron
2 gousses d'ail, émincées
2,5 ml (½ c. à thé) de poivre de Cayenne
2,5 ml (½ c. à thé) de flocons de piment rouge
Sel et poivre

Après avoir préparé les crevettes, combiner tous les autres ingrédients dans un bol. Mélanger à l'aide d'un fouet. Incorporer les crevettes et remuer délicatement pour bien les enrober de tous les côtés. Les étendre dans une grande lèchefrite en verre ou en céramique. Verser le reste de la sauce et couvrir d'une pellicule de plastique. Laisser les crevettes mariner dans ce mélange au réfrigérateur pendant environ 3 heures, en remuant de temps à autre.

Placer les crevettes dans le panier à légumes et les mettre sur le gril. Tourner fréquemment pour qu'elles cuisent complètement, environ 5 minutes. Donne 4 portions.

Crevettes et pétoncles avec sauce aux piments rouges

1 pot de 200 g (7 oz) de piments rouges rôtis, égouttés et rincés
60 ml (4 c. à soupe) d'huile végétale, divisée
2 gousses d'ail, hachées
2,5 ml (½ c. à thé) de vinaigre de vin
2,5 ml (½ c. à thé) de sucre
3,75 ml (¾ c. à thé) de sel, divisé
2,5 ml (½ c. à thé) de poivre noir fraîchement moulu, divisé
225 g (½ lb) de crevettes moyennes, décortiquées
225 g (½ lb) de pétoncles géants

Dans un mélangeur ou un robot culinaire, réduire en purée les piments rouges, 45 ml (3 c. à soupe) d'huile, l'ail, le vinaigre, le sucre, 2,5 ml (½ c. à thé) de sel et 1,25 ml (¼ c. à thé) de poivre noir.

Enfiler les crevettes et les pétoncles sur des brochettes différentes, et les arroser avec 10 ml (2 c. à thé) d'huile. Saupoudrer avec 1,25 ml (¼ c. à thé) de sel et 1,25 ml (¼ c. à thé) de poivre noir.

Faire griller les brochettes en les tournant une fois, jusqu'à ce que tout soit cuit (environ 3 minutes de chaque côté pour les crevettes et 4 minutes de chaque côté pour les pétoncles). Servir avec la sauce aux piments rouges. Donne 4 à 6 portions.

Pétoncles grillés avec bacon

450 g (1 lb) de pétoncles géants
15 ml (1 c. à soupe) d'huile d'olive
3,75 ml (¾ c. à thé) de sel
2,5 ml (½ c. à thé) de poivre noir fraîchement moulu
6 tranches de bacon, cuites partiellement et
    coupées en morceaux de 2,5 cm (1 po)
Beurre fondu
Quartiers de citron frais

Assaisonner les pétoncles avec l'huile, le sel et le poivre. Enfiler sur une brochette en alternant avec les morceaux de bacon. Faire griller les brochettes en les tournant une fois, jusqu'à ce que les pétoncles deviennent opaques en leur centre (environ de 3 à 4 minutes de chaque côté). Servir avec du beurre fondu et des quartiers de citron. Donne 4 portions.

Queues de homard à la mexicaine

4 queues de homard
5 ml (1 c. à thé) de sel de mer (plus pour saupoudrer)
5 ml (1 c. à thé) de poivre noir fraîchement moulu
    (plus pour saupoudrer)
6 échalotes, hachées
45 ml (3 c. à soupe) d'huile d'olive
2 gousses d'ail, émincées
3 piments jalapenos frais, épépinés et hachés
10 ml (2 c. à thé) de cumin moulu
10 ml (2 c. à thé) de paprika
2,5 ml (½ c. à thé) de poivre de Cayenne
Jus de 2 limes
30 à 60 ml (2 à 4 c. à soupe) de beurre non salé
Quartiers de lime

Couper les queues de homard en deux dans le sens de la longueur. Les saupoudrer légèrement de sel et de poivre noir. Faire sauter les échalotes dans l'huile d'olive jusqu'à ce qu'elles brunissent (environ 3 à 5 minutes). Ajouter l'ail et les jalapenos ; faire sauter de 1 à 2 minutes. Ajouter le cumin, le paprika et le poivre de Cayenne. Faire cuire, en brassant, de 1 à 2 minutes. Retirer de la chaleur. Incorporer le jus de lime, le beurre, 5 ml (1 c. à thé) de sel et 5 ml (1 c. à thé) de poivre noir.

Placer les queues de homard sur le gril, le côté de la carapace en dessous, à environ 10 cm (4 po) de la source de chaleur. Faire griller de 8 à 9 minutes, en les tournant de temps à autre sur les côtés pour qu'elles cuisent complètement. À l'aide d'une cuillère, verser le mélange de beurre sur le homard durant la cuisson. Servir avec des quartiers de lime frais. Donne 4 portions.

Huîtres grillées

125 ml (½ tasse) de sauce chili en bouteille
2,5 ml (½ c. à thé) de sauce aux piments forts
60 ml (¼ tasse) de sauce Worcestershire
30 ml (2 c. à soupe) de jus de citron
15 ml (1 c. à soupe) d'huile d'olive
4 gousses d'ail, émincées
1,25 ml (¼ c. à thé) de sel
1,25 ml (¼ c. à thé) de poivre noir concassé
4 douzaines d'huîtres dans leur coquille, brossées
60 ml (¼ tasse) de persil frais, haché
Quartiers de citron frais

Dans une petite casserole, combiner la sauce chili, la sauce aux piments forts, la sauce Worcestershire, le jus de citron, l'huile d'olive, l'ail, le sel et le poivre. Bien mélanger et garder au chaud.

Placer les huîtres sur le gril et faire cuire environ 5 minutes, ou jusqu'à ce qu'elles commencent à ouvrir. Les retirer de la chaleur et les ouvrir complètement à l'aide d'un couteau à huîtres. Enlever les coquilles du dessus, laissant les huîtres dans les coquilles du dessous. À l'aide d'une cuillère, verser un peu de sauce sur les huîtres et les saupoudrer de persil. Servir avec des quartiers de citron. Donne 4 à 6 portions.

Chapitre 9

Plats d'accompagnement

Ces amis sous-estimés

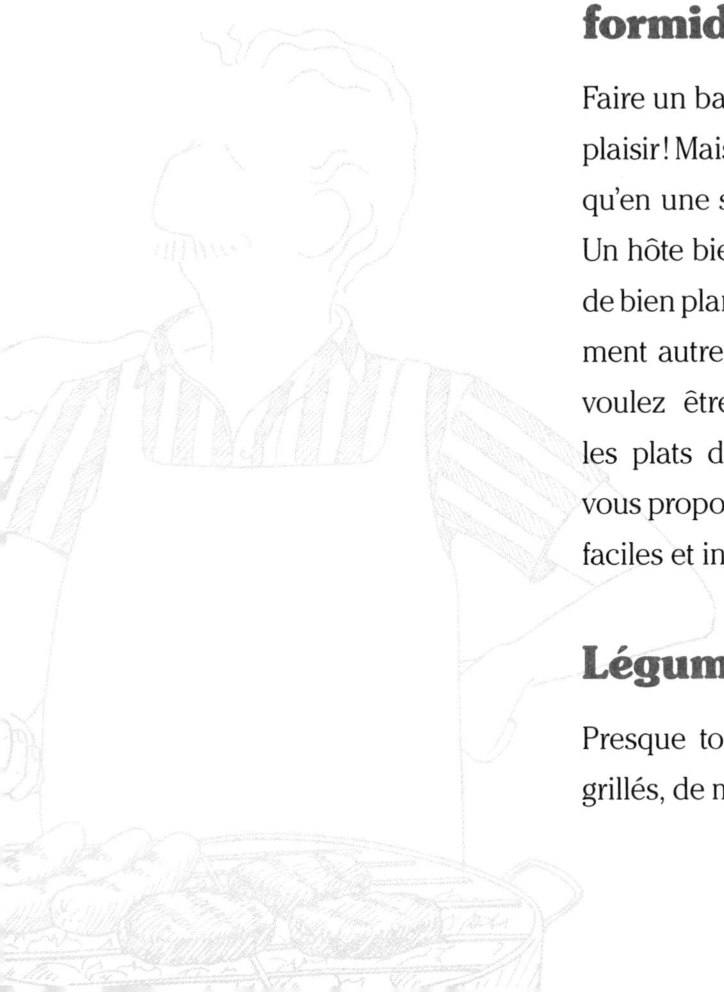

Plats d'accompagnement formidables

Faire un barbecue procure beaucoup de plaisir! Mais votre menu ne peut consister qu'en une seule grosse pièce de viande. Un hôte bien attentionné prend le temps de bien planifier des plats d'accompagnement autres que des croustilles. Si vous voulez être comme cet hôte, essayez les plats d'accompagnement que nous vous proposons dans ce chapitre, ils sont faciles et intéressants à faire.

Légumes à faire griller

Presque tous les légumes peuvent être grillés, de même que beaucoup de fruits.

Ce qui rend les légumes particulièrement bons sur le gril est que la chaleur sèche les saisit et les garde hydratés tout en scellant leurs saveurs. Certains légumes peuvent difficilement être grillés, par exemple le maïs en grains, les épinards en crème ou les pommes de terre en purée. À part ça, presque tout peut être grillé. La plupart des fruits et légumes peuvent être placés dans un panier à griller ou sur une grille pour légumes. Ces grilles sont des surfaces en métal avec de petites perforations qui empêchent les petits aliments délicats comme les légumes et le poisson de passer au travers. On peut se les procurer dans n'importe quel magasin où l'on vend des grils et des pièces d'équipement pour le barbecue. Voici quelques légumes populaires et d'autres moins connus, que vous pouvez faire griller.

Ail : Cette rose a une odeur entêtante qui fascine lorsqu'on la fait cuire sur le gril. Elle est douce, sucrée et tout simplement divine lorsqu'elle est pressée sur une tranche de pain français grillée. Prenez une tête d'ail entière et coupez-en le dessus — juste assez pour voir le dessus des gousses à nu. Placez-la sur un carré de papier d'aluminium et arrosez avec d'huile d'olive extra vierge. Repliez le papier d'aluminium et pincez-le sur le dessus. Placez-le sur le gril pendant que votre repas cuit. L'ail sera chaud, tendre et prêt à faire plaisir à votre palais dans 45 à 60 minutes. Retirez une gousse et pressez-la pour en faire sortir l'ail ramolli sur votre tranche de pain ou vos pommes de terre. S'il chatouille trop votre palais, c'est que vous avez essayé de manger l'ail, la pelure et tout. Ne le refaites plus.

Artichauts : Les artichauts ont une forme bizarre avec plusieurs rangées de feuilles non comestibles. En réalité, elles sont comestibles, mais atteindre la petite partie comestible sur chaque feuille demande beaucoup de travail. La meilleure partie, naturellement, est le cœur de l'artichaut. Il est délicieux, tendre, et demande très peu de travail.

Coupez votre artichaut en deux, enlevez le foin et faites-le cuire à l'étuvée. Cuire à l'étuvée est une forme de cuisson à la vapeur. Après 20 minutes de cuisson à l'étuvée, votre artichaut est prêt pour le gril. Badigeonnez-le avec de l'huile et faites-le cuire sur un feu moyen à moyen-vif, de 20 à 30 minutes.

Asperge : Lavez les asperges et pelez les tiges presque jusqu'en haut. Brossez-les avec de l'huile et étendez-les perpendiculairement sur la grille pour qu'elles ne tombent pas au travers. Faire cuire à feu moyen de 10 à 20 minutes, jusqu'à ce que les tiges soient tendres et légèrement brunies. Tournez-les fréquemment pour éviter qu'elles brûlent.

L'apparence «grillée»

Une autre chose intéressante au sujet des aubergines, c'est qu'à la cuisson, elles ont tendance à acquérir de très belles marques de grilles. On peut encore plus améliorer l'apparence de ces dernières en les tournant pour en faire un effet de croisé. Après 5 minutes de cuisson sur un côté, tournez-les délicatement de 90 degrés, à l'aide d'une spatule. Les marques seront à angle droit avec les premières marques, et votre aubergine aura belle apparence dans votre assiette. Cette méthode peut également être utilisée pour les hamburgers.

Aubergine : L'aubergine est délicieuse sur le gril, mais demande de la préparation. Il faut la saler pour en enlever l'eau et l'amertume. Pour ce faire, coupez une aubergine non pelée en tranches de 1,25 cm (½ po). Placez une de ces tranches sur un essuie-tout et salez-la généreusement. Mettez un autre essuie-tout sur le dessus et ajoutez-y une autre tranche d'aubergine. Salez cette tranche et répétez pour toutes les autres tranches. Laissez les pendant 30 minutes, puis retirez les tranches et essuyez-les. Maintenant elles sont prêtes pour le gril.

Badigeonnez les tranches avec de l'huile et placez-les directement sur le gril de 10 à 15 minutes. Tournez-les et continuez la cuisson de 10 à 15 minutes, jusqu'à ce qu'elles soient tendres.

Betteraves : Je n'ai jamais pensé faire cuire des betteraves sur le gril parce que je ne pense pas souvent aux betteraves. Je n'aime pas les betteraves, mais je connais beaucoup de gens qui les aiment. Si vous êtes l'un d'entre eux, voici ce qu'il faut faire. Lavez-les et enlevez la pelure, coupez la tige verte et coupez-les en tranches de 0,6 cm (¼ po). Badigeonnez-les d'huile, étendez-les sur la grille et faites cuire à feu moyen-vif de 20 à 25 minutes. Lorsque les tranches sont tendres, elles sont cuites.

Bok-choy : C'est un légume chinois qui ressemble à du céleri et goûte comme la bette à carde. C'est marrant qu'un légume chinois puisse goûter comme un légume suisse, mais c'est la beauté de la diversité des légumes. Après avoir lavé la tête du Bok-choy, coupez-le en deux dans le sens de la longueur. Badigeonnez les moitiés avec de l'huile et déposez-les sur le gril, côté coupé en dessous. Après 10 minutes, tournez-les et continuez la cuisson pendant 10 minutes, ou jusqu'à ce qu'ils soient tendres. Retirez-les du gril, enlevez la partie du bas et servez-les à vos invités affamés.

Brocoli : George H. W. Bush n'aime pas le brocoli, mais moi, je l'aime. Il est rempli de vitamines A et C aussi bien que de fer et de calcium, alors il est très, très bon pour vous. La meilleure façon de faire griller ce légume fleur est d'en couper des tronçons et de les enfiler sur une brochette. Après avoir enfilé les morceaux sur la brochette de bambou que vous aurez au préalable fait tremper dans l'eau, ou une brochette en métal que vous aurez enduite d'huile, badigeonnez les morceaux avec de l'huile et faites-les cuire de 10 à 20 minutes. Alors que les bouquets cuiront rapidement, les tronçons provenant de la tige prendront plus de temps. Lorsque le brocoli est tendre, vous pouvez servir une brochette à chaque invité ou les enlever de la brochette et les servir dans un bol.

Comment faire cuire les pains

Pour faire rôtir sur le gril le pain qui accompagnera votre repas, séparez-le en deux. Placez-le à plat sur la grille, de 1 à 3 minutes avant la fin de la cuisson de vos aliments. Pour des rôties, assurez-vous de les tourner à mi-cuisson. Vous voulez avoir un pain ferme au toucher, mais moelleux à l'intérieur. S'il est tellement dur qu'il casse dans vos mains, vous l'avez trop fait cuire.

Carotte : La carotte est un des légumes que vous ne pensez pas à faire cuire sur le gril, mais elle est délicieuse. La chaleur du feu caramélisera légèrement l'extérieur alors que l'intérieur demeurera sucré. Pour les faire griller, lavez-les bien et coupez les plus grosses en angle pour obtenir des tranches ovales. Placez-les dans un panier à légumes ou sur une grille pour légumes. On peut aussi les couper en deux dans le sens de la longueur et les placer sur la grille; les mini carottes peuvent être grillées entières. Quelle que soit la méthode employée, n'oubliez pas de badigeonner les carottes avec de l'huile avant de les faire cuire, jusqu'à ce qu'elles aient bruni. Le temps de cuisson devrait être de 10 à 15 minutes.

Champignon : Il y a des douzaines de variétés de champignons, et elles sont toutes bonnes cuites sur le gril. Quelques-unes d'entre elles sont vénéneuses et, même si elles pouvaient être très bonnes, elles consisteraient en votre dernier repas. Voici un conseil de sécurité que chacun devrait suivre : NE MANGEZ PAS DE CHAMPIGNONS VÉNÉNEUX. Maintenant, voyons les champignons qui peuvent être cuits sur le gril sans vous faire mourir.

Tous les champignons ont plusieurs qualités similaires. Tout d'abord, ils sont tous très poreux. Pour cette raison, lavez-les rapidement sous l'eau courante et asséchez-les. Si vous les faites tremper dans l'eau, ils l'absorberont et deviendront pâteux sur le gril. Vous pouvez même acheter une brosse conçue spécialement pour nettoyer les champignons. Elle est faite de soies douces et fait un excellent travail sans avoir à utiliser trop d'eau.

Une autre caractéristique de tous les champignons, c'est qu'ils ne se conservent pas longtemps. Utilisez-les aussitôt que possible après les avoir achetés. Si le bord est tellement retroussé que vous voyez le dessous, vous avez de vieux champignons.

Pour faire griller les petits champignons, ils peuvent être enfilés sur une brochette ou placés dans une grille pour légumes, alors que pour faire griller les variétés plus grandes comme les champignons Portobello et les shiitakes, vous pouvez les garder entiers. Assurez-vous de faire mariner les champignons ou de les badigeonner d'huile avant la cuisson. Rappelez-vous que les champignons sont poreux et qu'ils absorberont beaucoup de marinade, alors utilisez-en très peu. J'aime badigeonner les champignons portobello avec de l'huile d'olive et les placer sur le gril à l'envers (l'intérieur du champignon vous regardant dans les yeux) de 5 à 10 minutes, selon leur grosseur. Tournez-les ensuite et continuez la cuisson de 5 à 10 minutes. Piquez-les avec une brochette de bois pour en vérifier la cuisson.

Choux de Bruxelles : Je ne suis jamais allé en Belgique, mais si les choux en Belgique sont aussi bons que ceux que nous avons ici, je vais planifier mes prochaines vacances au pays des petits choux. Les choux doivent être lavés et coupés en deux. Vous pouvez enfiler les moitiés sur une brochette ou les faire cuire dans un panier à légumes. Comme tous les autres légumes, badigeonnez-les avec de l'huile et placez-les sur un gril à feu moyen-vif. (Ceci les empêchera de brûler et de coller.) Vos choux devraient être cuits dans 10 à 15 minutes. Vérifiez-les avec une fourchette ou une brochette, et s'ils sont tendres, ils sont cuits.

Chou-fleur : Le chou-fleur peut être mariné ou tout simplement badigeonné d'huile pour obtenir un goût délicieux sur le gril. Lavez la tête du chou-fleur et brisez-la en bouquets. Ils peuvent être enfilés sur une brochette ou mis dans un panier pour légumes. Votre chou-fleur sera tendre et délicieux en 15 à 20 minutes.

Chou-rave : Le chou-rave, deuxième place pour l'originalité de son nom, consiste en une tige charnue comestible de la famille du chou. Si vous pouviez croiser un brocoli avec un rutabaga et un radis, vous obtiendriez une sorte de chou-rave. Lorsque j'étais jeune, nous avions l'habitude de les manger crus, mais maintenant que je suis assez vieux pour faire un feu, j'aime les faire griller. Lavez-les et enlevez la pelure dure. Tranchez-les ou coupez-les en morceaux, badigeonnez-les avec de l'huile et faites-les cuire 20 minutes, ou jusqu'à ce qu'ils soient tendres.

Courge : La courge existe en deux variétés distinctes — la courge d'été et la courge d'hiver. La courge d'été mûrit à l'été et est l'un des légumes les plus faciles à faire griller. Tout ce que vous avez à faire est de la laver, la trancher, la badigeonner avec de l'huile, et de la mettre sur le gril. Si la courge est assez petite, vous pouvez même la faire griller entière. La plupart des courges seront prêtes en environ 15 minutes.

Il y a plusieurs types de courge d'été qui donnent de bons résultats sur le gril comme la courge cou tors ou courge jaune, le pâtisson, et l'omniprésente courgette. De celles-ci, la courgette est celle que nous connaissons le plus. Elle est verte, de forme cylindrique et varie en taille de 7,5 cm (3 po) de long à la grandeur d'une maison de deux chambres. Généralement parlant, les plus petites courgettes sont les plus savoureuses, alors que les gigantesques, qu'on a laissées trop longtemps sur le plant, peuvent être mieux utilisées comme butoir, ou vous pouvez les donner au voisin que vous n'aimez pas. Le pâtisson a environ la taille d'une pièce de 1 $ et environ 2,5 cm (1 po) d'épaisseur en son centre. J'aime les enfiler sur une brochette avec d'autres légumes, de la viande ou du poisson. Les courges cou tors ressemblent à des petits cygnes sans leurs ailes. Naturellement, lorsqu'à l'avenir vous en verrez une, vous penserez à un cygne sans ailes et vous ne pourrez pas la manger. Mille excuses.

Doliques bulbeux : Ce légume tubéreux a bon goût et il est agréable à prononcer. Il a la texture du rutabaga, mais il est un peu plus doux. Pour le faire griller, pelez-le, tranchez-le ou coupez-le en morceaux. Marinez-le ou badigeonnez-le avec de l'huile, faites-le griller pendant 20 minutes et régalez-vous.

La précuisson des légumes

Pour étuver un légume, submergez-le dans l'eau bouillante de 3 à 4 minutes. L'idée est de ne faire cuire le légume qu'à moitié, tout en gardant le reste pour la cuisson sur le gril. L'étuvage réduit le temps de grillage tout en réduisant le risque de brûler les légumes sur le gril.

Gombo : Le gombo est un légume qui nous vient du sud et que l'on retrouve dans les ragoûts ou les soupes, ou bien pané et frit. Mais il est bien meilleur cuit sur le gril. Lavez l'enveloppe ferme, enlevez la tige et coupez-le en deux. En réalité, vous n'avez pas à le couper en deux si vous ne voulez pas. Il cuira tout aussi bien. Badigeonnez le gombo avec de l'huile et faites-le cuire de 10 à 20 minutes

Igname : Comme nous en discuterons un peu plus loin, une igname n'est pas une patate douce, mais vous la faites cuire sur le gril de la même façon. Si vous avez eu la chance de mettre la main sur une igname véritable, vous êtes probablement allé au marché sud-américain, où vous pouvez acheter

Maïs en épi

Voici une recette pour obtenir le meilleur maïs en épi que vous n'avez jamais mangé. Mon père a conçu cette recette et me l'a transmise alors que j'étais très jeune. Puisque je ne faisais pas de barbecue lorsque j'étais jeune, j'ai attendu de vieillir pour l'essayer moi-même, et elle est aussi bonne que dans mes souvenirs.

Étape 1 : Éplucher le maïs. L'important est de ne pas tout enlever. N'enlever que la couche extérieure (appelée également « les soies »), en laissant plusieurs couches de feuilles vertes autour de l'épi.

Étape 2 : Utilisez une très grande boîte en fer-blanc avec un couvercle qui ferme hermétiquement. C'est la partie la plus difficile. Vous pouvez utiliser une de ces boîtes métalliques de croustilles ou de bretzels, ou bien la grosse boîte de maïs éclaté que vous avez reçue à Noël. Enlevez tout d'abord le maïs éclaté.

Étape 3 : Perforez une ouverture sur le dessus de la boîte et versez-y environ 500 ml (2 tasses) d'eau. Mettez maintenant la boîte sur la source de chaleur pour que l'eau bouille.

Étape 4 : Placez le maïs dans la boîte et bien fermer le couvercle. Lorsque l'eau bouillira, la vapeur fera cuire le maïs comme le ferait un autocuiseur. L'ouverture pratiquée dans le couvercle permettra à la vapeur de s'échapper et empêchera la boîte d'exploser et de projeter des éclats sur vos invités. Surveillez la vapeur qui sort de l'ouverture. Votre maïs sera cuit après 10 minutes.

Étape 5 : Enlevez la boîte de la source de chaleur et ouvrez le couvercle avec précaution en utilisant des gants de cuisinier. Le maïs sera TRÈS chaud, alors utilisez de longues pinces pour les retirer. Disposez-les sur une assiette de service et apportez-les à la table.

Étape 6 : C'est à cette étape que vous mangez réellement le maïs. L'avantage de cette méthode est que lorsque vous descendez la pelure, vous avez une poignée pratique pour tenir votre épi. Ajoutez du beurre et du sel au goût.

Étape 7 : Il est maintenant temps d'utiliser la soie dentaire.

les ignames en morceaux, vendues au poids. De retour à la maison, lavez, pelez et tranchez votre igname. Badigeonnez avec de l'huile et faites griller de 15 à 20 minutes. Si, parmi vos invités, il y en a qui n'aiment pas l'igname, dites-leur que c'est une patate douce.

Maïs : Le maïs est l'un des légumes les plus populaires pour la cuisson sur le gril, et chacun a sa propre façon de le préparer. On peut laisser l'enveloppe ou l'enlever, pour le faire griller. On peut le placer directement sur la grille ou il peut être enveloppé dans du papier d'aluminium. On peut le couper en tronçons de 3,5 cm (1½ po) et le faire cuire sur une brochette avec les autres légumes, la viande ou les fruits de mer.

Quelle que soit la façon dont vous le préparez, n'oubliez pas qu'il commence à perdre de sa saveur sucrée à partir du moment où il est cueilli ; ainsi, plus rapidement vous le ferez cuire après la cueillette, plus sucré il sera. Les fanatiques du maïs sont reconnus pour avoir fait des feux près de leur champ de maïs pour minimiser le temps entre la cueillette et la cuisson. J'ai un cousin qui a même apporté une marmite d'eau bouillante à l'usine de préparation du maïs et y a mis un épi encore attaché à sa tige. Il l'a même mangé de cette façon. Il y a très longtemps que nous n'avons pas revu ce cousin, mais il nous envoie toujours une carte de Noël.

Navet : Question : Comment réchauffez-vous une chambre ? Réponse : Navet-vous pas pensé à mettre la chaleur ? Ça alors, j'aime les bons jeux de mots avec le navet presque autant que j'aime les navets sur le gril. Faites griller ce légume-racine comme vous le feriez avec les autres légumes-racines. S'il est gros (de la grosseur d'une pomme), lavez-le et pelez-le. Pour les petits navets, lavez-les et enfilez-les sur une brochette. Badigeonnez-les avec de l'huile et faites griller de 15 à 20 minutes. Ils seront croustillants et succulents. Ils ne demandent qu'un petit morceau de beurre pour activer les papilles gustatives.

Oignon : Si la royauté existe dans le monde des légumes grillés (et pourquoi pas ?), alors l'oignon en est sûrement le roi. Les oignons sur le gril sont comme les olives dans un martini ; vous devez en avoir un ou deux, ou alors ce n'est pas la même chose. J'aime toutes les variétés d'oignons cuites sur le gril, mais les variétés plus douces comme les Maui, Vidalia et Walla Walla sont particulièrement délicieuses. Les oignons espagnols, des Bermudes et italiens sont excellents sur le gril. Ce qui me fait me demander pourquoi nos oignons tirent leur nom de lieux géographiques. Pourquoi devez-vous avoir un oignon qui porte le nom de votre ville ? Peut-on l'inclure dans un scrutin ? Fait-il partie des pétitions ? Je ne sais pas, alors si vous trouvez la réponse, écrivez-nous.

Les oignons sont parfaits lorsqu'ils sont tranchés, badigeonnés avec de l'huile et placés sur le gril. Si vous le désirez, vous pouvez les saupoudrer d'origan ou de basilic. Les plus petits oignons peuvent être enfilés sur une brochette avec les autres légumes pour en faire un chichekébab aux légumes. Ils peuvent également être rôtis entiers, comme les pommes de terre, pour obtenir une saveur différente de barbecue. N'enlevez que la pelure extérieure, coupez les racines, enveloppez-le dans du papier d'aluminium et placez-le sur les briquettes de votre feu de camp ou sur la grille de votre gril. Il sera très tendre dans 45 minutes.

Oignons verts : Les oignons verts sont faciles à faire cuire sur le gril. Ils font une belle garniture pour tous les repas. Tout ce que vous avez à faire est de les laver, en enlever les racines et de couper les bouts pour ne laisser que 7,5 à 10 cm (3 à 4 po) de vert. Badigeonnez-les avec de l'huile et disposez-les perpendiculairement sur la grille, comme vous l'avez fait avec les asperges. Ceci les empêchera de tomber sur le feu. Tournez-les fréquemment, et ils seront prêts dans 10 minutes.

Panais : Vous n'avez peut-être jamais mangé de panais, et personnellement je ne vous blâme pas. Juste le nom nous incite à aller vers un autre légume délicieux. Il a le goût du poulet — non, plutôt comme un mélange de radis et de rutabaga. Le mot panais fait plus penser à un acte médical qu'à quelque chose de mangeable. En réalité, les panais sont des légumes-racines comestibles comme les carottes, les rutabagas et les radis. Ils ressemblent à des carottes sauf qu'il sont blancs. Pour faire griller les panais, lavez-les bien (après tout, ce sont des légumes-racines comestibles et ils ont peut-être encore de la saleté), mais ne les pelez pas. Faites cuire les plus petits entiers, et coupez les plus gros en deux. Badigeonnez-les avec de l'huile, et faites griller de 15 à 20 minutes, ou jusqu'à ce qu'ils soient tendres. Vérifiez la cuisson à l'aide d'une brochette comme vous le feriez avec les carottes. Et, comme les carottes, les panais peuvent être coupés en morceaux et cuits sur une brochette ou dans un panier pour légumes.

De la dynamite

Le piquant d'un piment fort ne vient pas de son enveloppe. Il provient plutôt des graines et des côtes. Si vous voulez que votre piment fort soit plus facile à avaler, enlevez les côtes et les graines. Ils garderont quand même leur saveur et leur mordant, mais perdront un peu de leur feu qui vous ferait dire : « Aïe, ça brûle ! »

Piments et poivrons : Les piments et les poivrons sont délicieux cuits sur le gril, et on les retrouve en plusieurs variétés délicieuses allant de très piquantes à très douces. Les piments forts peuvent être grillés ou rôtis. Mais ce ne sont pas tous les piments forts qui sont bons rôtis ; quelques-uns comme le populaire jalapeno et le habanero sont meilleurs crus. Ils sont tous les deux très piquants, et peu importe le temps de cuisson, ils seront encore très piquants. Pour la grillade, je préfère le piment banane doux, le piment Anaheim et le poblano. Chacun de ces piments a un goût distinct, et je vous laisse décider lequel vous préférez. La façon de les faire griller est la même. Vous pouvez les faire griller entiers ou coupés en deux, mais la méthode préférée est de les faire griller jusqu'à ce qu'ils soient carbonisés à l'extérieur. Ensuite, mettez les piments carbonisés dans un sac de papier et laissez-les de côté. Les piments cuiront à la vapeur dans leur propre chaleur. C'est un autre miracle de la physique. Vous pouvez les retirer du sac après 15 minutes, enlever la partie carbonisée, enlever les graines et les côtes. Maintenant, vous pouvez les couper en dés, les trancher ou les farcir pour terminer votre plat d'accompagnement. Un avertissement : toujours porter des gants de plastique ou de caoutchouc lorsque vous manipulez des piments forts, et ne touchez jamais à votre figure.

Les poivrons doux sont les piments les plus souvent employés sur le gril, car ils accompagnent plusieurs viandes. La plupart du temps, les poivrons sont verts, mais vous pouvez également en trouver des orange, des jaunes,

des rouges, et même des pourpres s'ils ont été laissés plus longtemps sur le plant — plus longtemps on l'aura laissé, plus il sera doux. Les poivrons peuvent être grillés en lanières, en morceaux, en tranches, en deux ou dans n'importe quelle autre forme. Ils sont souvent enfilés sur une brochette, faisant partie d'un chichekébab, mais ils peuvent tout simplement être badigeonnés d'huile et placés directement sur le gril. Vous pouvez faire rôtir les poivrons de la même façon que les piments forts, en employant la même méthode si vous le désirez. Faites-les calciner et placez-les dans un sac en papier pendant 15 minutes afin qu'ils cuisent à la vapeur. Enlevez la partie carbonisée, et vous pouvez les trancher, les farcir ou les ajouter à la sauce barbecue que vous faites pour obtenir une saveur particulière.

Poireau : Les poireaux sont de la famille de l'oignon et de l'ail ; les plus petits sont généralement plus tendres que les plus gros. Pour faire griller un poireau, enlevez les racines et les feuilles comme vous l'avez fait pour les oignons verts. Laissez 5 à 7,5 cm (2 à 3 po) de vert au-dessus de la partie blanche. Coupez les poireaux dans le sens de la longueur et lavez-les pour bien en enlever le sable. Badigeonnez-les avec de l'huile et placez-les perpendiculairement à la grille. Faire cuire de 7 à 10 minutes, puis tournez-les et continuez la cuisson de 7 à 10 minutes.

Pommes de terre : La pomme de terre est un des légumes les plus utilisés et les plus aimés au monde. Elle est souvent servie sous forme de frites, mais la faire griller est plus facile et meilleur pour la santé. En plus de la faire cuire entière sur le gril, vous pouvez également la trancher, l'enfiler sur une brochette, la couper en quartiers, en deux ou en cubes. Vous pouvez la peler ou la laisser sous sa forme naturelle rustique… ou devrais-je dire sous forme « russet » ?

Il y a autant de variétés de pommes de terre qu'il y a de méthodes de les faire cuire. En voici quelques-unes que vous trouverez facilement dans les épiceries à travers le pays.

Russet : C'est la plus connue des pommes de terre, et elle est souvent appelée pomme de terre Idaho. Elle est de forme ovale avec une pelure brun foncé. Sa chair est blanche. Elle est très grosse et peut peser jusqu'à 450 g (1 lb). Elle est meilleure cuite au four ou réduite en purée.

Long White : Ces pommes de terre sont longues et blanches, d'où provient leur nom, probablement. Leur pelure est mince et presque blanche alors que la chair est blanche. Elles sont grosses, mais moins que les Russet. Elles peuvent peser jusqu'à 225 g (½ lb) chacune.

Round White : On réfère souvent à cette variété comme étant la pomme de terre Katahdin. C'est une pomme de terre de forme ovale dont la pelure est d'un brun clair. C'est une variété avec laquelle on peut presque tout faire, et elle est le meilleur choix pour le gril. Elle pèse environ 150 g (⅓ lb).

Round Red : Cette pomme de terre a une pelure mince et d'un beau rouge, et sa chair est blanche. Elle peut être utilisée à toutes les sauces, car elle peut être bouillie, cuite à la vapeur, rôtie, cuite au four, ou utilisée dans les soupes, les salades et les ragoûts.

Pommes de terre nouvelles : Celles-ci ne sont pas une variété, mais plutôt une description selon leur âge. Les pommes de terre nouvelles sont très jeunes et ont généralement une pelure très mince et une teneur très élevée en glucides. Elles sont bonnes grillées, ou faisant partie d'un chichekébab.

Yukon Gold : Elles sont aussi connues comme des pommes de terre à chair jaune. Elles ont un goût de beurre frais et elles sont délicieuses en purée ou sur le gril. D'autres pommes de terre à chair jaune sont également offertes sous d'autres noms comme « Yellow Fin », mais la Yukon Gold est la plus populaire.

Patates douces : En fait, la patate douce n'est ni une pomme de terre ni une igname, mais puisque le nom semble suggérer qu'elle appartient à cette liste, nous l'avons donc incluse. Pour plus d'informations sur la patate douce et l'igname, voyez la page 250.

Pour faire griller une pomme de terre, coupez-la en morceaux et badigeonnez-la avec de l'huile. Placez-la sur le gril ou sur une grille pour légumes de 15 à 25 minutes, selon la grosseur des morceaux. Lorsqu'elles sont cuites, les patates devraient être tendres et avoir bruni.

Patate douce : Les patates douces ne sont pas réellement des pommes de terre. Ce sont des racines de tubéreuses. Cette information vous sera utile seulement si vous participez à un jeu-questionnaire. En pratique, vous pouvez appeler une patate douce une « patate », mais ne l'appelez jamais une « igname ».

Les patates douces versus les ignames

Ces deux légumes sont constamment confondus. Alors que ni l'une ni l'autre n'est une pomme de terre, elles sont toutes les deux distinctes. La patate douce, qui pousse en Amérique, est un plant dont les fleurs rose pâle sont en forme d'entonnoir. La racine tubéreuse orange est la partie comestible. L'igname, d'autre part, est également un plant à racine, mais pousse principalement en Amérique centrale et en Amérique du Sud, où elle est la base de l'alimentation. L'igname, contrairement à la patate douce, peut mesurer jusqu'à 1,8 m (6 pi) de long ; il est alors très difficile de la placer dans le panier à l'épicerie.

La plupart d'entre nous dégustent les patates douces lors des dîners traditionnels de l'Action de grâces, mais elles sont bonnes en tout temps, spécialement sur le gril. On en retrouve deux variétés courantes dans la plupart des épiceries. La première a la pelure jaune et la chair orange pâle, alors que la seconde a une pelure orange et une chair plus foncée et plus moelleuse. Les deux sont délicieuses sur le gril. Pour faire griller une patate douce, lavez-la et coupez-la en tranches, en quartiers ou en morceaux. Badigeonnez-la d'huile, et elle devrait être prête après 15 à 20 minutes sur le gril.

Rutabaga : Ce légume racine en est un autre avec un nom bizarre. Le rutabaga a une chair duveteuse et un goût de beurre frais qui est grandement rehaussée par la cuisson sur le gril. Pour cuisiner un rutabaga, placez-le sous une lumière très forte et ne lui donnez ni eau ni cigarette jusqu'à ce qu'il réponde à vos questions. Oups, excusez-moi, je parlais de la façon de cuisiner un suspect. Pour faire griller un rutabaga, lavez-le et pelez-le. Coupez-le en tranches de 1,25 cm (½ po) ou en morceaux. Badigeonnez-le légèrement d'huile et placez-le sur le gril de 15 à 20 minutes ou jusqu'à ce qu'il soit tendre et bruni.

Tofu

Tofu ? Ce n'est pas un légume n'est-ce pas ? Oui, le tofu est un légume traité — fait de fèves de soja. Il est blanc et spongieux et prend la saveur des aliments avec lesquels il est cuit ou mariné. Il est parfait pour le gril.

Pour faire griller le tofu, coupez-le en tranches, et faites-les mariner pendant environ 30 minutes. Vous pouvez les enfiler sur des brochettes ou les placer directement sur la grille pour légumes — une avec de petites ouvertures qui empêchera les légumes de tomber. Faites cuire le tofu pendant 15 minutes ou jusqu'à ce qu'il soit chaud et bruni.

Tomate : Tout le monde a entendu parler des tomates vertes grillées, mais avez-vous entendu parler des tomates rouges grillées ? Les tomates sur le gril donnent une saveur différente des tomates fraîches ; néanmoins, elles sont délicieuses. Les grosses tomates peuvent être tranchées alors que les petites peuvent être coupées en deux, et les tomates cerise ou les tomates raisin peuvent être enfilées sur une brochette et grillées entières. Vous pouvez également combiner des tomates rouges et des tomates jaunes sur le gril pour avoir des saveurs différentes. Le secret pour bien griller les tomates est de ne pas trop les faire cuire. Laissez-les seulement de 8 à 10 minutes, ou jusqu'à ce qu'elles soient chaudes et aient légèrement bruni. Les tomates restent chaudes beaucoup plus longtemps que les autres légumes, alors attention de ne pas vous brûler la bouche si vous y goûtez immédiatement après la cuisson.

Fruits à faire griller

Saviez-vous que vous pouviez aussi faire griller plusieurs fruits ? Oui, vous le pouvez. Que ce soit pour le dessert ou comme plat d'accompagnement, les fruits grillés sont agréables et rafraichissants. Si vous utilisez de petits morceaux, mettez-les dans le panier pour légumes ou enfilez-les sur de fines brochettes en métal ou en bambou. Assurez-vous que le côté plat repose sur la grille. Enduisez-les de beurre fondu ou badigeonnez-les avec la même marinade qui a servi pour badigeonner la viande. N'UTILISEZ PAS la marinade dans laquelle la viande a trempé! C'est dangereux, car la bactérie de la viande infeste la marinade et elle ne sera pas détruite pendant le peu de temps que les fruits mettront à griller.

Placez les fruits sur une grille légèrement huilée, de 15 à 17,7 cm (6 à 7 po) au-dessus d'un feu moyen. Laissez griller jusqu'à ce qu'ils soient chauds et que les marques brunes de la grille apparaissent.

Ananas : Lorsque je veux faire griller des fruits, c'est à ce fruit que je pense. L'ananas est tellement bon et polyvalent, et il se prête bien au barbecue. En premier, lavez l'extérieur de l'ananas, et coupez la partie verte du dessus et la partie dure du dessous. Coupez la pelure rêche en tenant l'ananas debout, en partant du haut avec un couteau bien aiguisé et en poussant bien jusqu'en bas avec les deux mains. Vous pouvez enlever les yeux, s'il y a lieu, avec un couteau d'office. Coupez l'ananas en tranches de 1,8 cm (¾ po) d'épaisseur ou en gros morceaux. Si vous le coupez en morceau, enlevez le cœur. Badigeonnez légèrement avec du beurre et enfilez-les à plat sur des brochettes. Les tranches mettront 6 minutes à cuire, alors que les morceaux prendront 4 minutes.

Abricot : Je parie que vous n'avez jamais pensé à faire griller des abricots, n'est-ce pas? Coupez-les en deux et jetez les noyaux. Enfilez-les à plat sur des brochettes. Badigeonnez-les avec du beurre, de la sauce, ou ajoutez quelques gouttes de sirop d'érable ou de liqueur de pêche. Faites griller de 4 à 6 minutes.

Banane : Ne les pelez pas! Coupez-les en deux dans le sens de la longueur, dans leur pelure. Faites griller de 4 à 6 minutes. Pour un régal, arrosez-les de chocolat fondu. Pour faire fondre le chocolat, placez 30 ml (2 c. à coupe) de beurre dans une casserole peu profonde sur le dessus de la grille. Lorsque le beurre commence à fondre, ajouter des pépites de chocolat mi-sucré ou des morceaux provenant d'une barre de chocolat, en brassant constamment, jusqu'à ce que le mélange devienne homogène. Enlevez les pelures des bananes et placez-les sur une assiette. Arrosez-les avec le chocolat fondu. Vous pouvez aussi ajouter un peu de sirop de chocolat ou de liqueur de chocolat au mélange avant d'arroser pour obtenir une saveur différente.

Figues : Coupez-les en deux dans le sens de la longueur. Enfilez-les sur une brochette en vous assurant que le côté plat, et non le côté rond, soit sur la grille. Pour obtenir un goût intéressant, badigeonnez-les avec de la mangue ou de la papaye écrasée, et saupoudrez-les de noix de coco.

Nectarine : Coupez-les en deux dans le sens de la longueur et jetez les noyaux. (Je parie que vous le saviez déjà.) Enfilez-les sur des brochettes minces et faites-les griller de 4 à 6 minutes. Pour obtenir une bonne garniture pour la crème glacée, badigeonnez les nectarines avec une sauce faite de beurre fondu, de cassonade et de cannelle. Lorsqu'elles sont grillées, enlevez la pelure et réduisez-les en purée au mélangeur électrique ou au batteur à main. Versez sur de la crème glacée à la vanille. Délicieux!

Orange ou autres agrumes : Ne pelez pas les agrumes. Coupez les plus petits en deux et en diagonale; coupez les plus gros en diagonale en tranches de 2 cm (¾ po) d'épaisseur. Enfilez-les à plat sur une brochette. Les tranches seront grillées en environ 4 minutes; les tranches plus épaisses prendront de 10 à 12 minutes. Pour varier, saupoudrez un peu de muscade et arrosez de beurre fondu avant de les faire griller.

Papaye : Pelez-la pour commencer. Coupez-la en diagonale en tranches de 1,8 cm (¾ po) ou dans le sens de la longueur en quartiers. Enlevez les graines et jetez-les. Faites griller de 5 à 8 minutes. Miam!

Pêche : Pelez-les ou coupez-les en deux dans le sens de la longueur. Jetez les noyaux. Enfilez-les à plat sur une brochette. Faites-les griller de 6 à 8 minutes. Pour préparer une délicieuse sauce aux pêches que vous verserez sur les gâteaux, les crèmes caramel, les crèmes glacées ou que vous mangerez tout simplement telle quelle, suivez ces étapes : Faites griller environ 5 pêches moyennes; ensuite, enlevez la peau (elle s'enlèvera facilement). Hachez-les et placez-les dans une poêle avec 60 ml (¼ tasse) de sucre, 30 ml (2 c. à soupe) de fécule de maïs et 1,25 ml (¼ c. à thé) de zeste d'orange râpé. Faites cuire jusqu'à la formation de bulles. Ajoutez 80 ml (⅓ tasse) de jus d'orange concentré et 15 ml (1 c. à soupe) de beurre. Mélangez bien. Délicieuse sur gaufres et crêpes dans la nature!

Pêches farcies grillées

4 grosses pêches
250 ml (1 tasse) de framboises fraîches
80 ml (⅓ tasse) de cassonade
45 ml (3 c. à soupe) de jus de citron

Laver les pêches, les couper en deux et enlever le noyau. Les placer sur une double épaisseur de papier d'aluminium. À l'aide d'une cuillère, verser 30 ml (2 c. à soupe) de framboises dans chaque moitié de pêche. Saupoudrer uniformément la cassonade et presser 5 ml (1 c. à thé) de jus de citron dans chaque moitié. Replier le papier d'aluminium et sceller. Placer sur un gril chaud et faire cuire de 15 à 20 minutes, en tournant 1 fois. Enlever du gril. Pratiquer une ouverture dans le papier d'aluminium pour servir. Donne 4 portions.

Poire : Pelez les poires avec un éplucheur. Coupez-les en quartiers. Enlevez les graines et le cœur. Enfilez-les sur des petites brochettes. Faites griller environ 6 à 8 minutes. Servir avec une sauce au chocolat (voir les bananes, ci-dessus).

Pomme : Quel goût auraient les pommes si vous les faisiez cuire sur des copeaux de pommier, que vous les badigeonniez de beurre et les saupoudriez de cannelle? Miam! Saupoudrez de la cannelle avant de mettre vos pommes sur le gril, parce que la cannelle fera des étincelles. Pour les préparer, étrognez-les, pelez-les si vous le désirez, puis coupez-les en rondelles ou en gros morceaux. Les rondelles grilleront en environ 6 minutes, et les gros morceaux prendront de 10 à 12 minutes.

Recettes pour les plats d'accompagnement

- Légumes
- Fèves et grains
- Salades
- Pains

Aubergines rapides grillées avec vinaigre noir chinois

6 petites aubergines
125 ml (½ tasse) d'huile d'olive extra vierge
125 ml (½ tasse) de sauce soja à faible teneur en sodium
Sauce au vinaigre noir chinois

Couper les aubergines en tranches de 1,8 cm (¾ po) d'épais. Saler les deux côtés et les placer dans un bol peu profond pendant la préparation de la sauce au vinaigre noir chinois décrite ci-dessous.

Rincer les aubergines et les éponger avec un essuie-tout. (Le sel enlève le goût amer.) Badigeonner les deux côtés avec de l'huile d'olive et réserver. Mélanger le reste de l'huile d'olive avec la sauce soja. Allumer le gril. Lorsqu'il sera prêt (une couche légère de cendre recouvrira les briquettes, si utilisées), faire griller les aubergines. Environ 4 minutes de chaque côté devraient suffire en les badigeonnant constamment avec le mélange d'huile et de soja.

Pour servir, disposer les aubergines grillées dans une assiette et verser la sauce. Donne 6 à 8 portions.

Sauce au vinaigre noir chinois
90 ml (6 c. à soupe) de vinaigre noir chinois
20 ml (4 c. à thé) de sucre blanc
15 ml (1 c. à soupe) de coriandre sèche concassée (placer les graines dans un petit bol et les écraser avec la base d'un verre)
125 ml (½ tasse) d'huile de sésame
15 ml (1 c. à soupe) de pâte de chili à l'ail

Combiner le vinaigre, le sucre et la coriandre dans un petit bol. Incorporer l'huile de sésame en fouettant jusqu'à ce que le mélange soit épais et dense. Continuer à fouetter en ajoutant la pâte de chili.

Artichauts avec bulbes d'ail grillés

4 bulbes d'ail entiers
4 artichauts frais
Jus de 1 citron
2,5 ml (½ c. à thé) de zeste de citron râpé
125 ml (½ tasse) de beurre
60 ml (¼ tasse) d'huile d'olive
15 ml (3 c. à thé) de thym séché broyé
Sel et poivre, au goût

Enlever la fine membrane blanchâtre du bulbe d'ail. Couper le dessus du bulbe pour mettre à nu le dessus des gousses. Verser le jus de citron dans un grand bol d'eau.

Couper les queues des artichauts et enlever les feuilles sur le point de se détacher de la base. Couper le quart supérieur des artichauts, et à l'aide d'un ciseau, couper les pointes de chaque feuille. Mettre les artichauts dans le bol d'eau. (Ceci pourrait être amusant si vos invités commencent à s'ennuyer. «Lancez les artichauts.») Lorsqu'ils sont tous dans le bol, placer une assiette sur le dessus pour les maintenir submergés.

Enlever les artichauts et les secouer pour en enlever l'eau. Les couper en quartiers. Ajouter 30 ml (2 c. à soupe) de beurre, et arroser légèrement avec l'huile et saupoudrer de sel, de poivre, de zeste de citron et d'une pincée de thym. Bien les envelopper.

Lorsque le gril est prêt, les placer directement sur la grille et faire cuire de 30 à 40 minutes en les tournant 4 fois (toutes les 10 minutes) pour une cuisson uniforme. Donne 4 portions.

Patates douces grillées

6 patates douces, avec pelure
90 ml (6 c. à soupe) de beurre
45 ml (3 c. à soupe) de cassonade
Cannelle et muscade

Couper les patates douces en quartiers. Faire des incisions diagonales à l'intérieur des quartiers. Arroser avec la moitié de beurre fondu. Placer dans une casserole à légumes ou dans un panier métallique, ou tout simplement les envelopper dans du papier d'aluminium, et les placer sur le feu.

Pendant ce temps, mélanger le reste du beurre, la cassonade, la cannelle et la muscade, au goût. Faire cuire les patates douces environ 30 minutes ou jusqu'à ce qu'elles puissent facilement être percées avec un couteau. Disposer dans une assiette sur un lit de laitue romaine et verser le sirop sur le dessus. Donne 6 portions.

Fenouil avec huile d'olive et mozzarella fumée

3 bulbes de fenouil, les feuilles coupées à environ 15 cm (6 po)
90 ml (6 c. à soupe) d'huile d'olive extra vierge
6 tranches de mozzarella fumée
Sel de mer

Laver le fenouil en enlevant les parties brunes et le couper en deux dans le sens de la longueur. Le placer dans un panier à légumes, dans un panier métallique pour poisson ou sur une feuille de papier d'aluminium. Badigeonner avec l'huile d'olive et saupoudrer légèrement de sel de mer. Faire cuire à feu moyen-vif pendant environ 20 minutes en tournant 1 fois, ou jusqu'à ce qu'une brochette perce facilement le bulbe.

Au dernier moment, avant de l'enlever du gril, mettre 1 tranche de mozzarella sur le fenouil et la laisser fondre légèrement avant de servir. Donne 6 portions.

Panier de légumes mélangés

1 poivron de chaque couleur (rouge, jaune et vert), coupés en lanières
12 tomates cerise
3 courgettes, coupées en tranches épaisses
1 petit oignon, coupé en morceaux
225 ml (8 oz) de champignons de Paris entiers
60 ml (4 c. à soupe) de jus de citron fraîchement pressé
125 ml (½ tasse) d'huile d'olive extra vierge
2,5 ml (½ c. à thé) de thym écrasé
1,25 ml (¼ c. à thé) de graines de moutarde écrasées
1,25 ml (¼ c. à thé) de poivre noir moulu

Laver et préparer tous les légumes ; couper les pieds des champignons ; enlever les tiges des tomates. Réserver. Combiner l'huile, le jus de citron et les assaisonnements dans un grand bol et fouetter. Incorporer les légumes et remuer pour les enrober.

Déposer les légumes dans un panier conçu pour le gril et réserver le surplus de liquide pour l'utiliser afin de badigeonner lors de la cuisson. Faire griller environ 15 minutes, jusqu'à l'obtention de la consistance désirée. Badigeonner au moins 1 fois. Donne 6 portions.

Champignons Portobello avec marinade balsamique

450 g (1 lb) de champignons Portobello
375 ml (1½ tasse) de bouillon de poulet
125 ml (½ tasse) de vin blanc
30 ml (2 c. à soupe) de beurre
60 ml (¼ tasse) d'huile d'olive
60 ml (¼ tasse) de vinaigre balsamique
3 gousses d'ail, finement tranchées

Laver les champignons et enlever le pied. Les placer à plat dans un récipient en verre allant au four. Faire chauffer l'huile et faire sauter les gousses d'ail. Les enlever et incorporer le vinaigre. Verser ce mélange sur les champignons pour bien les couvrir. Laisser mariner pendant 20 minutes en les tournant 1 fois.

Faire griller les champignons pendant 6 minutes (3 minutes de chaque côté). Faire mijoter le bouillon et le vin dans une poêle. Laisser mijoter pendant 10 minutes. Incorporer le beurre en fouettant. Pour servir, verser la sauce chaude dans une assiette et mettre les champignons. Garnir avec du persil, si désiré.

Champignons farcis grillés

25 chapeaux de champignons de Paris (de taille moyenne), nettoyés
60 ml (¼ tasse) de beurre
170 g (6 oz) de chair de crabe en conserve
225 ml (8 oz) de fromage à la crème, fouetté
225 g (8 oz) de Monterey Jack râpé
6 oignons verts finement hachés
15 ml (1 c. à soupe) de sauce Worcestershire
45 ml (3 c. à soupe) de mélange de fromage parmesan-romano

Laver les champignons et en enlever les pieds. Faire fondre le beurre et mélanger avec les champignons jusqu'à ce qu'ils soient bien enrobés. Réserver.

Égoutter la chair de crabe et conserver le liquide. Mélanger la chair de crabe, le fromage à la crème, le Monterey Jack, les oignons, la sauce Worcestershire et 60 ml (¼ tasse) du liquide de crabe pour obtenir la consistance du thon égoutté.

Farcir les champignons et les placer à plat sur une feuille d'aluminium. Saupoudrer de fromage parmesan-romano. Mettre une autre feuille de papier d'aluminium sur les champignons afin de créer une casserole scellée. Pratiquer une petite ouverture pour permettre à la vapeur de s'échapper. Placer sur la chaleur indirecte de 20 à 30 minutes. Ceci fera un plat d'accompagnement délicieux pour le poisson, le poulet, l'agneau ou tout simplement un hors-d'œuvre délectable. Donne 5 portions.

Brocoli avec aneth et citron

1 tête de brocoli, coupée en morceaux
15 ml (1 c. à soupe) d'huile d'olive
30 ml (2 c. à soupe) de beurre
30 ml (2 c. à soupe) de farine
5 ml (1 c. à thé) de zeste de citron râpé
2,5 ml (½ c. à thé) d'aneth frais, émincé
1,25 ml (¼ c. à thé) de sel
1,25 ml (¼ c. à thé) de paprika
250 ml (1 tasse) de lait

Laver le brocoli et le couper en morceaux. Vaporiser un panier à légumes avec un enduit antiadhésif à l'huile d'olive. Placer le brocoli sur la chaleur indirecte.

Pendant ce temps, faire fondre le beurre dans une casserole. Ajouter la farine, le citron, l'aneth, le sel et le paprika.

Tourner le brocoli. Ajouter lentement le lait dans la casserole en le fouettant. Brasser jusqu'à épaississement. Le brocoli est cuit lorsqu'il est tendre. Mettre le brocoli dans une assiette et le couvrir de sauce pour servir. Donne 6 portions.

Maïs en épi au basilic

45 ml (3 c. à soupe) de beurre
4 épis de maïs sucré frais
30 ml (2 c. à soupe) de basilic frais, émincé
125 ml (½ tasse) d'oignons verts hachés
Sel et poivre, au goût

Éplucher le maïs. Faire fondre le beurre ; ajouter le basilic, les oignons, le sel et le poivre, et bien mélanger. En arroser le maïs. L'envelopper dans du papier d'aluminium. Placer sur le gril pendant environ 20 minutes ; le tourner 1 fois. Donne 4 portions.

Poivrons rouges braisés avec farce aux épinards à la crème

3 gros poivrons rouges
560 g (20 oz) d'épinards hachés surgelés, décongelés
185 ml (6 oz) de sauce blanche (achetée ou faite à la maison)
250 ml (1 tasse) de crème sure
30 ml (2 c. à soupe) de mélange instantané de soupe à l'oignon
5 ml (1 c. à thé) de bouillon de poulet en poudre

Laver les poivrons, les couper en deux et les épépiner. Placer sur le gril pendant 2 minutes de chaque côté jusqu'à ce qu'ils soient légèrement ramollis. Mettre les épinards au four à micro-ondes à température élevée. Dans une casserole, combiner la sauce, la crème sure, le mélange de soupe à l'oignon et la poudre de bouillon de poulet. Incorporer les épinards. En farcir les poivrons rouges. Envelopper chaque poivron dans du papier d'aluminium et les faire cuire de 10 à 15 minutes. Ne pas les tourner! Donne 6 portions.

Oignons sur barbecue

4 gros oignons blancs
4 cubes de bouillon de bœuf

Enlever la pelure et couper le dessus des oignons. À l'aide d'un couteau bien aiguisé, faire un petit trou, sur le dessus de chacun, en forme de cône inversé, et insérer un cube de bouillon. Placer chaque oignon sur une double feuille de papier d'aluminium. Plier pour bien sceller. Placer sur le gril et faire cuire pendant environ 45 minutes. Retirer du gril et ouvrir les paquets pour servir. Les cubes de bouillon se seront dissouts, ajoutant ainsi une saveur délicieuse aux oignons.

Relish à l'oignon et à la coriandre

1 petit oignon blanc, émincé
2 piments Serrano frais, épépinés et émincés
1 bouquet de coriandre fraîche, grossièrement hachée
5 ml (1 c. à thé) de sel
Jus de 1 lime
15 ml (1 c. à soupe) d'huile d'olive

Combiner tous les ingrédients et bien mélanger. Servir avec du bœuf grillé.

Courge poivrée sucrée

3 courges poivrées
15 ml (1 c. à soupe) d'huile végétale
60 ml (¼ tasse) de raisins secs
60 ml (¼ tasse) de cassonade tassée
30 ml (2 c. à soupe) de beurre ou de margarine

Couper les courges en deux et les épépiner. Les placer sur une double épaisseur de papier d'aluminium, le côté coupé sur le dessus. Badigeonner le côté coupé avec de l'huile et parsemer de raisins secs. Replier les bords du papier d'aluminium pour bien sceller. Faire griller à feu moyen pendant 45 minutes environ, ou jusqu'à ce qu'elles soient tendres.

Développer délicatement les courges et saupoudrer de cassonade. Ajouter des noisettes de beurre ou de margarine. Refermer le papier d'aluminium avec soin et continuer la cuisson pendant 5 minutes. Donne 6 portions.

Maïs pour le camping

6 épis de maïs frais avec leurs feuilles
Beurre ou margarine
Sel et poivre

Tirer les feuilles sans les enlever. Enlever et jeter les soies en laissant les feuilles vertes intactes. Beurrer les épis de maïs. Saupoudrer de sel et de poivre. Remonter les feuilles et placer chaque épi sur une double épaisseur de papier d'aluminium. Les placer directement sur les briquettes ou sur la grille si vous utilisez un barbecue au gaz, et faire cuire jusqu'à ce qu'ils soient tendres (environ 10 à 15 minutes selon la source de chaleur). Donne 3 portions.

Salade de pommes de terre traditionnelle

1,1 kg (2½ lb) de petites pommes de terre rouges, non pelées
5 ml (1 c. à thé) de sel
3 tiges de céleri, tranchées
½ oignon rouge, émincé
125 ml (½ tasse) de yogourt nature
125 ml (½ tasse) de mayonnaise
2 oignons verts avec la partie verte, finement hachés
60 ml (¼ tasse) de persil frais, haché, plus pour garnir
5 ml (1 c. à thé) de moutarde sèche
1,25 ml (¼ c. à thé) de sel
0,5 ml (⅛ c. à thé) de poivre fraîchement moulu

Remplir une grande casserole avec de l'eau en laissant suffisamment d'espace pour les pommes de terre, et porter à ébullition. Ajouter le sel et les pommes de terre. Faire bouillir de 20 à 25 minutes, ou jusqu'à ce qu'elles soient tendres, mais non pâteuses. Égoutter et laisser refroidir. Couper les pommes de terre, non pelées, en cubes de 1,25 cm (½ po).

Dans un grand bol, combiner les pommes de terre, le céleri et l'oignon rouge. Remuer pour bien mélanger. Dans un petit bol, fouetter le yogourt, la mayonnaise, les oignons verts, le persil, la moutarde, le sel et le poivre. Verser ce mélange sur les pommes de terre. À l'aide d'une grande cuillère, remuer délicatement afin de ne pas défaire les pommes de terre. Couvrir et laisser reposer au moins deux heures avant de servir. Garnir avec du persil frais. Donne 10 portions.

Les fameuses pommes de terre de Carol Keller

8 tranches de bacon frit, émiettées
2 oignons moyens, coupés en dés
190 ml (¾ tasse) de vinaigre
190 ml (¾ tasse) de sucre
60 ml (¼ tasse) d'eau
3,75 ml (¾ c. à thé) de sel
1,25 ml (¼ c. à thé) de poivre
1,5 l (6 tasses) de pommes de terre, pelées, coupées en dés
de 1,25 cm (½ po) et cuites

Faire cuire les oignons dans l'huile jusqu'à ce qu'ils soient transparents. Baisser le feu et ajouter le vinaigre, le sucre, l'eau, le sel et le poivre. Porter à ébullition ; laisser mijoter 5 minutes. Ajouter les pommes de terre cuites en dés et le bacon. Bien mélanger. Laisser reposer 30 minutes pour que les saveurs se mélangent bien. Ajouter un peu plus de sel, au goût, avant de servir. Donne 8 portions.

Chou grillé

Huile végétale
1 chou, coupé en quartiers et le cœur enlevé
4 tranches de bacon (peut être à moitié cuit)
1 oignon, haché
60 ml (¼ tasse) de beurre
Sel et poivre

Enduire 4 grands carrés de papier d'aluminium avec de l'huile végétale. Sur chaque carré, placer 1 quartier de chou, 1 tranche de bacon, 1 morceau d'oignon et une noisette de beurre (coupée en petits morceaux). Saupoudrer de sel et de poivre, et replier les bords pour sceller. Faire griller à feu doux, jusqu'à ce que le chou soit cuit à votre goût. Tourner occasionnellement pour éviter qu'il brûle. Donne 4 portions.

Aubergines grillées

2 gousses d'ail, émincées
125 ml (½ tasse) d'huile d'olive
Sel
Poivre fraîchement moulu
2 aubergines de taille moyenne
30 ml (2 c. à soupe) de vinaigre de vin rouge

Dans un bol, mélanger l'ail, l'huile d'olive, 1 pincée de sel et de poivre ; réserver. Couper les aubergines dans le sens de la longueur, en tranches d'environ 0,6 cm (¼ po) d'épais. Saupoudrer de sel et laisser reposer sur une planche inclinée ou dans un égouttoir pendant au moins 1 heure afin qu'elles éliminent leur jus amer.

Rincer les tranches d'aubergines pour en enlever le sel et les éponger avec un essuie-tout. Badigeonner avec l'huile et le mélange d'ail, et faire griller de 3 à 5 minutes de chaque côté. Transférer dans un plat de service et laisser refroidir. Arroser de vinaigre et servir. Donne 4 portions.

Patates douces grillées dans le papier d'aluminium

4 patates douces de taille moyenne
Huile de Canola ou de tournesol
Beurre ou margarine
Sel et poivre
Fromage cheddar fort, râpé (facultatif)
Miettes de bacon, véritable ou de soja (facultatif)

Brosser les patates douces et les enduire légèrement d'huile. Les placer sur une double épaisseur de papier d'aluminium et serrer le papier autour des patates. Placer sur le gril et faire cuire de 45 minutes à 1 heure, en tournant occasionnellement. Retirer du feu et trancher au travers du papier et des patates. Servir avec beurre ou margarine, et sel et poivre. Garnir avec du fromage et des miettes de bacon si désiré. Donne 4 portions.

Légumes grillés avec vinaigrette aux fines herbes

900 g (2 lb) de légumes variés*
60 ml (4 c. à soupe) d'huile d'olive
45 ml (3 c. à soupe) de vinaigre de vin rouge
3-4 gousses d'ail, hachées
15 ml (1 c. à soupe) chacun de basilic et d'origan frais, finement hachés
2,5 ml (½ c. à thé) de sel
1,25 ml (¼ c. à thé) de poivre

Placer les légumes sur une grille huilée, au dessus de la source de chaleur directe. Utiliser des brochettes ou un panier à barbecue pour les légumes plus petits et plus fragiles. Combiner l'huile, le vinaigre, l'ail, les fines herbes, le sel et le poivre. Bien mélanger. Faire griller de 7 à 10 minutes, ou jusqu'à ce qu'ils soient tendres, en les badigeonnant souvent avec la vinaigrette. Servir avec plus de vinaigrette.

---

* Un bon choix de légumes : Champignons, lanières de poivrons rouges ou verts, tranches d'aubergines, courges jaunes ou courgettes, tronçons d'épis de maïs, tiges d'asperges, carottes, petites pommes de terre (coupées en deux ou en quatre), ignames en tranches épaisses, haricots verts ou morceaux d'oignons. Les légumes plus fermes peuvent être cuits à l'étuvée avant d'être grillés.

Tranches d'igname grillées

4 grosses ignames (ou patates douces)
125 ml (½ tasse) de beurre fondu
45 ml (3 c. à soupe) de cassonade
15 ml (1 c. à soupe) de jus d'orange

Couper les ignames en tranches de 2,5 cm (1 po) d'épais. Ne pas peler. Porter à ébullition 3 l (12 tasses) d'eau et ajouter les ignames. Cuire jusqu'à ce qu'elles commencent à ramollir. Laisser refroidir et peler. Dans un petit bol, combiner le beurre, la cassonade et le jus d'orange. Placer les ignames sur le gril et les badigeonner avec le mélange de beurre. Faire griller, en tournant 1 fois, jusqu'à ce que les ignames aient légèrement bruni. Badigeonner occasionnellement avec le mélange. Donne 4 portions.

Courgettes grillées

450 g (1 lb) de courgettes, coupées dans le sens de
   la longueur en tranches d'environ 0,6 cm (¼ po)
30 ml (2 c. à soupe) d'huile d'olive
1,5 ml (⅜ c. à thé) de sel
0,5 ml (⅛ c. à thé) de poivre noir, plus pour saupoudrer
1,25 ml (¼ c. à thé) de vinaigre de vin
1 gousse d'ail, émincée
15 ml (1 c. à soupe) de persil plat, haché

Dans un bol en verre, mettre les courgettes avec 15 ml (1 c. à soupe) d'huile, 1,25 ml (¼ c. à thé) de sel et 0,5 ml (⅛ c. à thé) de poivre. Faire griller sur le gril ou dans un four conventionnel en tournant 1 fois, jusqu'à ce qu'elles soient tendres et aient bruni, environ 5 minutes de chaque côté. Dans un bol, combiner 7,5 ml (½ c. à soupe) d'huile, 0,5 ml (⅛ c. à thé) de sel, le vinaigre, l'ail et le persil, et ajouter les courgettes grillées. Remuer délicatement. Placer les courgettes sur une assiette de service. Arroser avec le reste de l'huile et saupoudrer de poivre. Donne 4 portions.

Fèves au lard au four

2 conserves de 420 ml (15 oz) chacune de fèves au lard
60 ml (¼ tasse) de rhum
30 ml (2 c. à soupe) d'arôme de fumée liquide
125 ml (½ tasse) de cassonade
5 ml (1 c. à thé) de moutarde sèche
2 gousses d'ail, émincées
½ oignon, émincé
15 ml (1 c. à soupe) de vinaigre de cidre
1 poivron vert, finement haché
30 ml (2 c. à soupe) de sauce Worcestershire
15 ml (1 c. à thé) de jus de citron

Mélanger tous les ingrédients et les placer dans un plat en verre allant au four. Faire cuire à 180 °C (350 °F) pendant 1 h 30. Donne 6 portions.

Caviar texan

2 avocats fermes, mûrs

30 ml (2 c. à soupe) d'huile végétale

45 ml (3 c. à soupe) de sauce Tabasco

30 ml (2 c. à soupe) de vinaigre de vin rouge

5 ml (1 c. à thé) de poivre noir grossièrement moulu

1 tête d'ail fraîche, émincée

1 conserve de 420 g (15 oz) de maïs en grains, égoutté et rincé

1 conserve de 420 g (15 oz) de doliques à œil noir, égouttés et rincés

1 conserve de 420 g (15 oz) de haricots noirs, égouttés et rincés

1 bouquet de coriandre fraîche, hachée

2 tomates de taille moyenne, coupées en cubes

1 petit oignon rouge, haché

Couper les avocats en cubes de 1,25 cm (½ po). Dans un petit bol, mélanger l'huile végétale, la sauce Tabasco, le vinaigre, le poivre et l'ail. Verser le mélange sur les avocats et remuer délicatement pour enrober. Dans un grand bol, mélanger le maïs, les doliques, les haricots, la coriandre, les tomates et l'oignon. Ajouter le mélange d'avocats dans le grand bol et mélanger délicatement. Servir avec des croustilles de tortillas ou des craquelins.

Riz vert

500 ml (1 tasse) de riz non cuit
2 œufs battus
125 ml (½ tasse) d'huile à cuisson
225 g (½ lb) de fromage cheddar fort râpé
250 ml (1 tasse) de persil frais
1 petit oignon, haché
1 gousse d'ail
1 conserve de 500 ml (16 oz) de lait condensé
Sel et poivre, au goût

Préchauffer le four à 180 °C (350 °F). Faire cuire le riz dans l'eau dans une cas-serole couverte jusqu'à ce qu'il soit tendre (environ 20 minutes). Combiner tous les ingrédients et les placer dans un plat à cuisson de 23 x 23 x 5 cm (9 x 9 x 2 po) bien huilé, allant au four. Placer le plat dans une lèchefrite remplie de 2,5 cm (1 po) d'eau. Faire cuire pendant 1 heure environ, jusqu'à ce qu'il soit prêt. Donne de 2 à 4 portions.

Pilaf au gombo, aux tomates et au chili

3 tranches de bacon
250 ml (1 tasse) de riz cuit
1 petit oignon, haché
500 ml (2 tasses) de tomates à l'étuvée en conserve,
    à la mexicaine, hachées
500 ml (2 tasses) de gombo finement tranché
5 ml (1 c. à thé) d'assaisonnement au chili

Dans une grande poêle, faire cuire le bacon jusqu'à ce qu'il ait bruni. Ajouter l'oignon, et cuire jusqu'à ce qu'il soit transparent. Ajouter les tomates et le gombo, et cuire avec le couvercle en brassant de temps à autre, jusqu'à ce que le gombo soit tendre. Ajouter l'assaisonnement au chili ; saler et poivrer au goût. Laisser mijoter pendant 10 minutes. Servir sur le riz. Garnir avec du persil frais, si désiré. Donne 4 à 6 portions.

Polenta au parmesan grillée

Polenta

375 ml (1½ tasse) d'eau

2,5 ml (½ c. à thé) de sel

90 g (3 oz) de semoule de maïs
jaune à gros grains

125 ml (½ tasse) d'eau très froide

30 ml (2 c. à soupe) de fromage
parmesan râpé, plus pour garnir

Sauce

6 tomates mûres

15 ml (1 c. à soupe) d'huile d'olive

2 oignons verts, tranchés

2 gousses d'ail, émincées

2,5 ml (½ c. à thé) de sel

1,25 ml (¼ c. à thé) de poivre

Pour le gril

15 ml (1 c. à soupe) de basilic frais, finement haché, plus pour garnir

60 ml (¼ tasse) d'huile d'olive

Pour préparer la polenta : Dans une poêle, porter à ébullition 375 ml (1½ tasse) d'eau et le sel. Dans un petit bol, mélanger la semoule de maïs, 125 ml (½ tasse) d'eau froide et le fromage parmesan. En brassant, ajouter lentement le mélange de polenta à l'eau bouillante. Porter à ébullition à nouveau en brassant constamment. Réduire la chaleur et laisser mijoter pendant environ 35 minutes, ou jusqu'à ce que le mélange soit très épais, en brassant de temps à autre. Verser dans un moule à pain préalablement huilé, et laisser refroidir pendant 45 minutes. Couvrir et mettre au réfrigérateur toute la nuit.

Pour la sauce : Faire griller les tomates à feu moyen-vif pendant 5 à 6 minutes, en les tournant de temps à autre avec des pinces. Les retirer du gril lorsque la pelure commence à gonfler. Les couper en 2 en extrayant la chair; laisser la pelure intacte. Hacher les tomates. Faire chauffer l'huile dans une grande poêle. Ajouter les oignons verts et l'ail, et faire sauter pendant 2 minutes. Ajouter les tomates hachées, le sel et le poivre, et porter le tout à ébullition. Réduire la chaleur. Couvrir et laisser mijoter pendant 5 minutes.

Dans un petit bol, mélanger le basilic et l'huile d'olive. Couper la polenta froide en 8 tranches d'environ 5 cm (2 po) d'épais. Badigeonner les 2 côtés avec le mélange basilic-huile. Faire griller à découvert pendant 6 minutes, ou jusqu'à ce qu'elles aient bruni. Badigeonner les dessus avec le mélange basilic-huile. Tourner et continuer la cuisson pendant 6 minutes, ou jusqu'à ce qu'elles aient bruni.

Mettre les tranches de polenta dans une assiette de service et verser la sauce. Saupoudrer de fromage parmesan.

Riz aux vermicelles

30 ml (2 c. à soupe) de beurre
140 g (5 oz) de vermicelles secs
560 ml (2¼ tasses) d'eau
250 ml (1 tasse) de riz blanc à long grain
5 ml (1 c. à thé) de sel
Quartiers de citron frais

Faire fondre le beurre à feu moyen dans une casserole. Briser le vermicelle en petits morceaux et l'ajouter au beurre. Faire sauter jusqu'à ce que le vermicelle ait bruni. Ajouter l'eau, le riz et le sel. Couvrir et faire cuire pendant 25 minutes, ou jusqu'à ce que l'eau soit toute absorbée. Ce plat accompagne très bien le bœuf, le poulet, le porc ou le poisson. Servir avec des quartiers de citron frais.

Salade César

45 ml (3 c. à soupe) d'huile d'olive extra vierge
30 ml (2 c. à soupe) de mayonnaise
Jus de ½ citron
5 ml (1 c. à thé) de pâte d'anchois
5 ml (1 c. à thé) de sauce Worcestershire
5 ml (1 c. à thé) de moutarde de Dijon
1,25 ml (¼ c. à thé) de poivre noir grossièrement moulu
1 tête de laitue romaine, lavée, séchée et déchirée en morceaux
    de la grosseur d'une bouchée
125 ml (½ tasse) de fromage parmesan râpé
280 g (10 oz) de gros croûtons

Verser l'huile d'olive dans un grand bol à salade en bois. Ajouter la mayonnaise, le jus de citron, la pâte d'anchois, la sauce Worcestershire, la moutarde et le poivre. Mélanger à la fourchette jusqu'à ce que le mélange soit homogène. Ajouter la laitue et bien remuer pour enrober. Ajouter le fromage et les croûtons, et remuer à nouveau.

Salade céviche

450 g (1 lb) de filets de bar commun
250 ml (1 tasse) de jus de lime frais
1 petit oignon, haché
2-6 piments Serrano frais, épépinés et hachés
60 ml (¼ tasse) d'huile d'olive
3,75 ml (¾ c. à thé) de sel
5 ml (1 c. à thé) d'origan frais, haché
    (ou 1,25 ml [¼ c. à thé] d'origan séché)
0,5 ml (⅛ c. à thé) de poivre
2 tomates, pelées, épépinées et hachées
1 piment jalapeno frais, finement haché (facultatif)
60 ml (4 c. à soupe) de persil haché

Couper le poisson en cubes de 1,25 cm (½ po). Le mettre dans un contenant en plastique ou en verre et le couvrir de jus de lime. Fermer le contenant et laisser mariner au réfrigérateur toute la nuit. Ajouter le reste des ingrédients et réfrigérer 12 heures encore avant de servir.

Salade de légumes glacés

225 ml (8 oz) de chacun : maïs, pois et haricots, ou toute autre
    combinaison de légumes, surgelés (pour un total de 675 ml [24 oz])
250 ml (1 tasse) de céleri, coupé en dés
1 oignon moyen, émincé
250 ml (1 tasse) de sucre
125 ml (½ tasse) de vinaigre
60 ml (¼ tasse) d'huile
5 ml (1 c. à thé) de sel
2,5 ml (½ c. à thé) de poivre

Faire décongeler les légumes à la température ambiante et en égoutter l'excès d'eau. Dans une casserole de grandeur moyenne, combiner le sucre, le vinaigre, l'huile, le sel et le poivre. Porter à ébullition et laisser refroidir.

Dans un grand bol, combiner les légumes décongelés, le céleri, l'oignon, la sauce refroidie, et bien brasser. Garder au réfrigérateur toute la nuit pour que les saveurs se mélangent bien. Remuer quelques fois avant de servir. Donne 6 portions.

Salade de chou facile

1 chou de taille moyenne
60 ml (¼ tasse) de vinaigre de cidre
60 ml (¼ tasse) de mayonnaise
30 ml (2 c. à soupe) de crème 11,5 % M.G. (ou autre type de crème)
15 ml (1 c. à soupe) de sucre
1 petit cornichon sucré, coupé en dés (facultatif)
7,5 ml (1½ c. à thé) de poivre noir
5 ml (1 c. à thé) de sel

Hacher finement le chou (ou si vous préférez, le râper grossièrement) et le placer dans un grand bol. Mélanger le vinaigre, la mayonnaise, la crème, le sucre, le cornichon, le poivre et le sel. Verser sur le chou et remuer. Réfrigérer avant de servir. Donne 6 portions.

Salsa à la tomate et au concombre

560 g (1¼ lb) de tomates italiennes
15 ml (1 c. à soupe) d'huile de Canola
1 concombre, pelé, épépiné et coupé en dés
7,5 ml (1½ c. à thé) de vinaigre de vin rouge
15 ml (1 c. à soupe) d'aneth frais, haché
2,5 ml (½ c. à thé) de sel
1,25 ml (¼ c. à thé) de poivre
7,5 ml (1½ c. à thé) de jus de citron

Faire rôtir les tomates sur le gril jusqu'à ce que la pelure commence à noircir. Retirer du gril et les peler. Dans un grand bol, combiner les tomates, le concombre, l'huile, le vinaigre, le jus de citron, l'aneth, le sel et le poivre. Bien mélanger en défaisant les tomates en les brassant. Servir avec du poisson grillé.

Fromage de chèvre et tomates avec marinade à l'ail

1 tête d'ail
225 ml (8 oz) d'huile d'olive extra vierge
1 rondin de 140 g (5 oz) de fromage de chèvre
6 tomates mûres de taille moyenne
22,5 ml (1½ c. à soupe) de romarin séché
5 ml (1 c. à thé) de sel
15 ml (1 c. à soupe) de grains de poivre noir concassés
30 ml (2 c. à soupe) de basilic frais, haché
1 pain français

Enlever la fine membrane de la tête d'ail et couper le dessus ainsi que le dessous pour exposer les gousses tout en laissant le bulbe intact. Badigeonner l'ail avec de l'huile et l'envelopper dans du papier d'aluminium ; placer sur le gril pendant 15 minutes.

Trancher finement le fromage et les tomates. Combiner les fines herbes et le reste de l'huile. Lorsque l'ail est cuit, le retirer du feu et le passer à la centrifugeuse, au presse-herbe de blé ou tout simplement au presse-ail. Ajouter le mélange huile-fines herbes, et bien mélanger. En badigeonner le fromage et les tomates des deux côtés. Saupoudrer de basilic. Laisser reposer pendant 1 heure avant de servir pour obtenir une saveur d'intensité idéale. Le surplus du mélange de fines herbes peut être conservé au réfrigérateur jusqu'à 2 semaines.

Pour préparer le pain, couper des tranches de 2,5 cm (1 po) d'épais et les placer sur le gril à la chaleur indirecte. Dès que la dernière tranche est déposée sur le gril, commencer à les tourner dans l'ordre dans lequel elles ont été mises sur le gril. Dès qu'elles sont grillées, les retirer et les servir chaudes en accompagnement au mélange de fromage et de tomates.

Quesadillas sur le gril

1 piment rouge, coupé en quartiers
2 piments chili, lavés et épépinés
½ oignon moyen, coupé en rondelles
8 tortillas au maïs ou 6 à la farine
350 ml (1½ tasse) de fromage (utiliser 2 sortes) cheddar, Muenster,
   Jalapeno Jack ou Monterey Jack
1 oignon vert émincé
Poivre noir

Placer les piments sur le gril jusqu'à ce que les pelures soient noircies. Étendre les rondelles d'oignons et les faire cuire jusqu'à ce que les marques de la grille apparaissent.

Placer les tortillas sur la grille jusqu'à ce qu'ils soient chauds et se manipulent facilement. Sur une moitié, saupoudrer une quantité égale de chacun des fromages, laissant environ 2,5 cm (1 po) autour. Ajouter les piments, les oignons grillés et les oignons verts émincés. Saupoudrer d'un peu de poivre. Plier en 2 et placer sur le gril à la chaleur indirecte — loin de la source de chaleur, mais où le fromage peut quand même fondre. Tourner si nécessaire, environ 2 fois en 5 minutes. Ils sont prêts à servir lorsque le fromage est fondu. Donne 4 à 6 portions.

Pain à l'ail exceptionnel

1 pain français
125 ml (½ tasse) d'huile d'olive vierge
4 gousses d'ail, émincées
Poivre fraîchement moulu
1,25 ml (¼ c. à thé) de sel d'oignon
45 ml (3 c. à soupe) de beurre fondu
5 ml (1 c. à thé) de persil frais, haché, ou de persil séché

Couper le pain en tranches de 2,5 cm (1 po) d'épais sans couper jusqu'en bas.

Combiner le reste des ingrédients dans un bol à mélanger et bien remuer. À l'aide d'un pinceau, badigeonner les 2 côtés des tranches sans les séparer. Envelopper le pain au complet dans le papier d'aluminium et le mettre sur la grille. Tourner après 4 à 6 minutes, et continuer la cuisson pendant 4 à 6 minutes. Donne 3 portions.

Pain nan à la cardamome

875 ml (3½ tasses) de farine
310 ml (1¼ tasse) d'eau tiède (environ 43 °C [110 °F])
1 enveloppe de levure sèche active
15 ml (1 c. à soupe) de sel
15 ml (1 c. à soupe) de miel
15 ml (1 c. à soupe) de cardamome moulue
15 ml (1 c. à soupe) d'huile d'olive

Dissoudre la levure dans l'eau et ajouter le miel. Laisser reposer jusqu'à la formation d'une mousse (environ 10 minutes). Ajouter l'huile d'olive, la farine, le sel et la cardamome, et mélanger jusqu'à ce que la pâte forme une boule facile à manipuler. Placer la boule de pâte sur une surface légèrement farinée et pétrir jusqu'à ce que la pâte devienne molle et élastique (environ 6 minutes). Diviser la pâte en 8 portions égales et former des boules. Placer les boules sur une plaque à cuisson huilée et les badigeonner avec de l'huile d'olive. Couvrir lâchement avec une pellicule plastique et laisser lever dans un endroit chaud jusqu'à ce que les boules aient doublé de volume (1 à 2 heures). Sur une surface légèrement farinée, rouler les boules de pâte en une abaisse de 20 cm (8 po). Les disposer sur une plaque à cuisson huilée et laisser reposer pendant 20 minutes. Allumer le gril. Badigeonner chaque pain nan légèrement avec de l'huile d'olive et faire griller pendant environ 1 minute, jusqu'à ce qu'ils soient dorés en dessous et qu'il se forme des bulles sur le dessus. Tourner et continuer la cuisson jusqu'à ce qu'ils soient entièrement dorés (environ 1 minute).

Courtoisie de Derrick Riches, About.com : Barbecues and Grilling

Références

La bible du barbecue
Steven Raichlen
Éditions de l'Homme, 2002

Born to Grill
Cheryl Alters Jamison et Bill Jamison
The Harvard Common Press, 1998

The Captain Cooks
Fillipow Neumann et Ruth Vendley Neumann
Donlan Associates, 1983

The Fannie Farmer Cookbook
Révisé par Marion Cunningham avec Jeri Laber
Alfred A. Knopf

Fish on the Grill
Barbara Grunes et Phyllis Magida
Contemporary Books, Inc.

Gourmet Fish on the Grill
Barbara Grunes et Phyllis Magida
Contemporary Books, Inc.

The Joy of Cooking
Irma S. Rombauer et Marion Rombauer Becker
Bobbs-Merrill Company, Inc.

The Joy of Grilling
Joseph Famularo
Barron's Educational Series, Inc.

Mr. Food Grills It All in a Snap
Art Ginsburg
William Morrow and Company, Inc.

The Passion of Barbecue
The Kansas City Barbecue Society
Pig Out Publications

Roughing It Easy
Dian Thomas
Dian Thomas Company, 1994

Vegetables on the Grill
Kelly McCune
HarperCollins Publishers, Inc., 1992

Index

Aussi disponibles, de la même série :

KAETER, MARGARET

Tout sur la mijoteuse

300 repas sains et délicieux que vous pouvez préparer dans votre récipient en grès et cuisiner en un clin d'œil!

Proposant des centaines de recettes nourrissantes, ce livre rend la préparation de repas sains et délicieux plus facile que jamais. Que vous souhaitiez préparer un repas rapide et sain pour une personne ou préparer un festin élaboré pour des invités, *Tout sur la mijoteuse* propose des recettes qui peuvent combler l'appétit de chacun.

KARG, BARB., SPAITE, ARJEAN ET SUTHERLAND, RICK

Tout sur les vampires

De Vlad, l'Empaleur, à Lestat, le vampire – les vampires dans la littérature, les légendes et au cinéma

Dans *Tout sur les vampires*, vous découvrirez tous les secrets de ce beau et terrible monde des Ténèbres. Soumettez-vous aux immortels – et tombez sous le charme de *Tout sur les vampires*. Mordez à belles dents dans les légendes et le folklore qui se transmettent depuis des générations partout sur la planète.

KOSARIN, JENNI

Tout sur les rêves

La signification de vos rêves et leur influence au quotidien

Vos rêves sont la clé de vos peurs et de vos désirs intimes! Grâce à ce manuel exhaustif sur les rêves, vous approfondirez la connaissance intuitive de votre bien-être physique et spirituel, bonifiant votre connaissance de soi, vos relations interpersonnelles et votre existence. Avec *Tout sur les rêves* en main, vous aurez tous les renseignements nécessaires pour découvrir le sens caché de vos rêves... et de votre vie.

McDILDA, DIANE GOW

Tout sur le virage vert

Changer votre mode de vie. Des truc faciles pour conserver l'énergie, protéger la santé de votre famille et contribuer à sauvegarder l'environnement

La façon dont vous vivez, travaillez, voyagez, mangez, buvez et vous habillez a un effet sur la Terre et l'environnement – ce livre concis et éclairé vous donne tous les outils dont vous avez besoin pour vivre une vie «verte ».

NOWAK, BARBARA ET WICHMAN, BEVERLY

Tout sur le vin

Bien sûr, vous savez reconnaître un blanc d'un rouge, mais ensuite ? Savez-vous comment déchiffrer une étiquette et juger un vin à la vue ou à l'arôme ? *Tout sur le vin* est votre clé d'entrée pour conquérir le monde du vin – une grappe à la fois !

RICH, JASON

Tout sur les vacances familiales à Las Vegas

Les hôtels, les casinos, les restaurants, les principales attractions familiales, et bien plus !

Ce livre exhaustif comprend un système de notation des spectacles et des divertissements adapté selon les âges. Que vous voyagiez avec des parents vertueux, des enfants querelleurs ou des adolescents noctambules, ce guide a ce qu'il vous faut pour amuser tous et chacun.

RITCHIE, SCOT

Tout sur les dragons – pour les enfants

Livre d'égnimes et d'activités

Apprenez-en davantage sur les dragons, ces créatures magiques et mystérieuses. Le livre contient plus de 100 énigmes en plus d'une quantité innombrable de faits, de blagues et de questions qui vous mèneront parmi les nuages et dans l'exploration de profondes cavernes.

TIMMERMAN, CHARLES

Tout sur le sudoku en 15 minutes

Plus de 200 grilles avec toutes les instructions nécessaires pour les résoudre

Vous trouverez dans ce livre des informations confidentielles sur les règles et les stratégies à suivre, ainsi que des conseils pratiques pour devenir un véritable maître Sudoku.

ADA
éditions

www.AdA-inc.com
info@AdA-inc.com

NOWAK, BARBARA ET WICHMAN, BEVERLY

Tout sur le vin

Bien sûr, vous savez reconnaître un blanc d'un rouge, mais ensuite? Savez-vous comment déchiffrer une étiquette et juger un vin à la vue ou à l'arôme? *Tout sur le vin* est votre clé d'entrée pour conquérir le monde du vin – une grappe à la fois!

RICH, JASON

Tout sur les vacances familiales à Las Vegas

Les hôtels, les casinos, les restaurants, les principales attractions familiales, et bien plus!

Ce livre exhaustif comprend un système de notation des spectacles et des divertissements adapté selon les âges. Que vous voyagiez avec des parents vertueux, des enfants querelleurs ou des adolescents noctambules, ce guide a ce qu'il vous faut pour amuser tous et chacun.

RITCHIE, SCOT

Tout sur les dragons – pour les enfants

Livre d'égnimes et d'activités

Apprenez-en davantage sur les dragons, ces créatures magiques et mystérieuses. Le livre contient plus de 100 énigmes en plus d'une quantité innombrable de faits, de blagues et de questions qui vous mèneront parmi les nuages et dans l'exploration de profondes cavernes.

TIMMERMAN, CHARLES

Tout sur le sudoku en 15 minutes

Plus de 200 grilles avec toutes les instructions nécessaires pour les résoudre

Vous trouverez dans ce livre des informations confidentielles sur les règles et les stratégies à suivre, ainsi que des conseils pratiques pour devenir un véritable maître Sudoku.

www.AdA-inc.com
info@AdA-inc.com